_____ 님의 소중한 미래를 위해
이 책을 드립니다.

곽수종 박사의
경제대예측
2025-2029

곽수종 박사의
경제대예측

2025-2029

곽수종 지음

메이트북스

메이트북스 우리는 책이 독자를 위한 것임을 잊지 않는다.
우리는 독자의 꿈을 사랑하고,
그 꿈이 실현될 수 있는 도구를 세상에 내놓는다.

곽수종 박사의 경제대예측 2025-2029

초판 1쇄 발행 2024년 10월 1일 | **초판 3쇄 발행** 2024년 11월 15일 | **지은이** 곽수종
펴낸곳 (주)원앤원콘텐츠그룹 | **펴낸이** 강현규·정영훈
등록번호 제301-2006-001호 | **등록일자** 2013년 5월 24일
주소 04607 서울시 중구 다산로 139 랜더스빌딩 5층 | **전화** (02)2234-7117
팩스 (02)2234-1086 | **홈페이지** matebooks.co.kr | **이메일** khg0109@hanmail.net
값 19,800원 | **ISBN** 979-11-6002-151-6 03320

잘못 만들어진 책은 구입하신 서점에서 교환해 드립니다.
이 책을 무단 복사·복제·전재하는 것은 저작권법에 저촉됩니다.

"진정한 변화는 위기상황에서만 나타난다"

• 밀턴 프리드만(미국 경제학자) •

지은이의 말

글로벌 뉴노멀이 과연 어떻게 정의될 것인가?

1

지난 2023년 10월 『경제대예측 2024-2028』을 출간한 이후 1년이 지났다. 2023년 당시에 중장기 전망을 위해 가정한 많은 내용들이 2024년 8월인 지금 현재에도 변화를 거듭하고 있다. 아직 2024년 11월 미국 대선의 향방을 판단하기가 쉽지 않은 상황이며, 미 연준의 금리 정책 또한 2024년 8월 기준, 9월 1회 혹은 9월과 12월에 각각 1회씩 이루어질지에 대한 전망도 불투명하다. (하지만 0.5%p 빅 컷은 실업률 데이터에 의해 결정될 것으로 보인다. 속내를 보면 월가는 실업률과 상관없이 0.5%p 컷을 원하는 듯 보인다. 미 대선에서도 트럼프보다는 해리스의 민주당 지지를 위해선 그 정도 인하가 바람직하다는 견해인 듯하다.) 미 대선 결과가 미 연준의 금리정책 및 달러의 약세 전환 등에 중요한 변수가 된다는 것은 충분히 이해할 수 있다.

이러한 변화는 지속적으로 계속될 것이다. 따라서 변화된 내용 등을 반영해 부분적인 수정이 불가피하다. 물론 다양한 가정들 중 아직 그대로 유효한 것들도 있다. 전망이란 것은 그런 한계를 지닌다. 다양한 가정을 토대로 수많은 시나리오를 만들어보고, 그 가운데 하나씩 옳고 그른 것을 골라 수정해나가는 과정이 불가피하다. 경제 전망 시나리오를 만들기 위해서는 다양한 경제 내적 혹은 외생적 변수들에 대한 변화를 가정으로 삼아야 한다.

이렇게 구성된 시나리오가 얼마나 정확히 현실과 맞아 떨어질지에 대한 확률적 의심은 자연스럽고 당연하다. 그럼에도 불구하고 우리는 미래에 대한 변화를 재조명하고, 2023년 시계열상에 나타난 주요 국가들의 경제정책과 정책 결정권자들의 발언의 속내를 거듭 확인해가면서 미세한 조정(fine tuning)을 만들어가야 한다. IMF, 세계은행, OECD 등 세계 주요 경제 관련 기관들은 물론이고 골드만삭스, JP Morgan, BoA(뱅크 오브 아메리카), UBS(Union Bank of Swizerland) 등 주요 투자은행들도 경제 전망을 같은 방식으로 준비하고 발표한다.

2

주역과 명리학 등 개인의 미래 길흉화복을 예측하는 데는 소위 '사주'라 불리는 생년월일시가 필요하다. 통상 사람이 타고난 운과 명을 합쳐 운명이라고 하는데, 운이라는 것과 명이라는 것은 그 의미를 하나의 단어로 이해해야 한다. 하늘로부터 받은 숙명이 어떻게 다양한 환경에 적응하면서 운세로 전환될 것인가를 따져보는 것이다. 조선시대에는 중인계급이 응시하는 잡과에서 음양과도 있었다. 이 음양과 안에는 명과라는 분야가 있었는데, 왕의 사주팔자는 물론 세자와 옹주들의 사주팔자를 모두 알고 있으니 왕가의 권력 세습과 관련해 일급비밀 정보를 가진 자들이라 하겠다.

보통 사주에서 년은 조상의 음덕과 초년운을 말한다. 월은 부모와 중년을, 일은 자신과 말년의 운세를, 그리고 시는 자식과 전반적인 환경 변화에 대한 개인의 운세 변화를 나타낸다고 본다. 경제학을 이러한 사주 명리학 혹은 추명학으로 빗대어 얘기하는 것에 약간의 의구심이 있을 수 있지만 이러한 비유를 말하는 것은 거시경제와 미시경제의 흐름이 결국 글로벌 경제질서와 환경변화를 토대로 이루어질 수밖에 없다는 점을 얘기하고자 함이다.

더 간단하게 얘기하자면 '종두득두(種豆得豆)', 즉 콩 심은 데 콩 나고 팥 심은 데 팥 난다는 의미다. 예컨대 요즘 화두가 되고 있는 인공지능(AI)과 관련해 많은 국가경제가 깊은 관심을 가지고 있지만 실질적인 과학, 산업 및 기술적 체계에서 헤게모니는, 비록 AI에 거품이 잔뜩 끼여 있는지에 대한 논리적 검증이 필요하다는 주장도 있다. 그러나 시대적 추세를 거스를 수는 없다는 점에서 시기적으로 AI 산업 진입 초기에 지나친 관심이나 심리적 기대감을 지적할 수는 있어도 언젠가는 AI가 주요 산업의 미시적이며 기술적 근간이 될 것이라는 점에 대해선 이견이 없을 듯하다. 우리는 AI 산업기술과 관련된 다양한 하드웨어 및 소프트웨어 산업에 있어 미국이 압도적 우위에 있음을 인지해야 한다.

물론 유럽 선진국들과 러시아, 중국 등 일부 국가들에서도 이와 관련한 선진 기술들이 상당한 수준일 것으로 짐작은 가능하다. 하지만 AI를 가지고 영화 및 소설 등 인문학적 소재로 활용한다거나, 실질적인 AI 과학 기술이 산업과 연관될 수 있도록 NFT, 메타버스(MetaVerse), 블록체인 및 암호화폐(Cryptocurrency) 등의 파생산업, 과학기술 및 서비스 상품으로 확장 연계하는 기술을 가지고 있는 국가경제는 미국이 압도적 우위에 있다. 왜냐하면 미국은 오랫동안 2차 세계대전 이후 글로벌 질서를 구축하는 데 있어 달러 중심의 기축통화력과 자본력을 바탕으로 과학기술과 산업발전에 실질적인 인큐베이터와 실험실 역할에 집중해왔기 때문이다. 이러한 토양이 바로 오늘날 이민자들의 '꿈을 실현'할 수 있는 나라라는 이미지를 갖게 한 것이고, 20세기에 이어 21세기에도 '글로벌 뉴노멀'에 대한 비전과 리더십을 유지 발전시킬 수 있게 한 근본이 된 것이다.

자본과 기술의 축적은 글로벌 신질서의 패권과 리더십 강화의 핵심 충분조건이다. 조상과 부모가 어떤 경제, 사회적 삶을 영위해왔는지는 오늘날 한 개인의 삶, 즉 운명에 절대적 영향력을 미친다. 마찬가지로, 오랜 세월 동안 한 국가경제가 다양한 산업, 과학과 기술, 철학과 사상 등을 통해 지구상에 매우 영향력 있는 질서(normal)체제를 구축해왔다는 것은 해당 국가경제가 오늘날 글로벌 경제질서에서 차지하고 있는 위치는 물론 미래 국가경제를 유지하는 국민들의 모든 실질적 생활체계 속에 다양한 정치, 경제, 사회 및 문명사적 규범을 지속 가능한 성장을 위해 유지 발전시켜 나갈 수밖에 없다는 '당위성'까지 소유한다고 보아도 무방하지 않을까?

운명(運命)이란 단어는 앞서 얘기했듯이 한 단어씩 따로 살펴보면 그 의미는 상당한 차이가 있다. '명(命)'이란 것이 이미 정해진 것이라 하면, '운(運)'이란 것은 정해진 바가 없다. 미국의 글로벌 질서체제 속에서 리더십은 '운(運)'일까, 아니면 '명(命)'일까? '명(命)'이란 단어는 영어로 'destiny'와 'fate'로 바꿀 수 있다. 전자는 하나의 점을 찾아가는 일련의 과정을 의미하는 뉘앙스를 가진다면, 후자는 이미 정해진 한 점을 의미한다. 즉 후자는 '명'에 해당하는 것이고, 전자는 '운'에 조금 더 가깝다는 생각도 든다. 21세기 세계경제의 질서변화는 결국 미국경제의 운명 가운데 어느 '운(運)'에 가까울지를 판가름해봐야 할 것 같다.

중국은 자국경제가 2050년 미국을 뛰어넘는 국가경제, 즉 '중국몽(中國夢)'을 언급하는 가운데, 많은 전문가들 역시 이 가능성을 놓고 제자백가(諸子百家)의 지혜와 지식을 쏟아내고 있다. 이는 다음과 같은 2가지 큰 의미를 내포한다. 첫째, 중국경제는 미국경제와 유럽선진경제에 긍정적 경쟁자로서 혹은 '메기이론'의 메기로서 충분히 자극제가 되어 글로벌 정치, 경제, 사회 및 문화의 문명사적 시대전환을 이룰 수 있는 촉매제가 될 수 있다는 점이다. 둘째, 중국 공산당이 국민당을 물리치고 중국을 공산화시킨 100년이 지난 직후가 되는 2050년부터 중국경제가 종전의 미국과 대서양 경제권을 제치고 명

실상부한 세계경제의 패권을 움켜쥔다는 것은 글로벌 신질서의 뉴노멀(new normal)이 중국에 의해 구체화되고 미래 비전이 연속적으로 제시된다는 점을 의미한다. 자강론 정도 된다. 아니면 태양이 2개일 수 없듯이, 언젠가 글로벌 질서 속에 중국이 패권국이 될 것이라는 야망일 수도 있다.

그런데 과연 미국과 대서양 경제권이 중국의 이런 도약을 인정하게 될까? 이 경우 21세기 이후 글로벌 질서는 지금까지 서구식 모델로 이루어져오던 과학기술 및 산업발전 패러다임의 전면적 지각변동(Seismic shift)이 일어나게 됨을 의미한다. 이러한 시대변화는 과연 엄청난 정치, 경제, 사회 및 문화적 변화를 가져오지 않을까? 동풍과 서풍이 부딪혀 회오리바람을 일으키고, 이어 동풍이 불어닥치게 될 경우 과연 세계경제는 어떠한 모습을 갖게 될 것인가? 2025년은 미국 대선 결과와 함께 중국이 얘기하던 '중국몽(中國夢)' 가운데 그 첫 번째 단계로 '중국경제가 미국과 세계경제의 초일류 경제로 부상하는 원년'이라는 점을 강조해온 것도 흥미롭게 지켜봐야 할 대목이다. 과연 그렇게 될까?

3

최근 우리에게 주어진 많은 다양한 질문들 가운데 먼저 거시적인 내용들을 요약하면 다음과 같은 6가지를 들 수 있다. 첫째, 21세기 미국 패권은 지속될 것인가? 둘째, 2024년 미 대선 결과와 향후 미국의 주요 대내외 정책 변화는 무엇인가? 셋째, 중국의 정치 및 경제

체제는 믿을 수 있는가? 넷째, 미국과 유럽의 대서양 정책에 이어 인도-태평양 정책의 전략적 변화는 무엇을 의미하는가? 다섯째, 러시아의 21세기 신냉전체제에 대한 구상, 즉 유라시아의 패권국가가 되겠다는 또 다른 원대한 비전(Eurasia Vision)은 성공할 것인가? 여섯째, 과연 21세기 후기산업 문명시대의 시대정신의 변화는 무엇인가?

이어서 산업, 과학기술의 발전, 주요 경제정책의 변화 가능성 등 미시적 의문들은 다음과 같은 6가지를 꼽을 수 있다. 첫째, 미 연준의 금리인하는 2024년 몇 번 이루어질 것이고, 아울러 2029년까지 어느 정도의 금리수준을 유지하려 들 것인가? 미 금리변화는 주요국 및 신흥국 금리, 환율 및 소비자 물가에 어떤 변화를 가져다줄 것인가? 둘째, 미 달러화의 기축통화 패권은 지속될 것인가? 셋째, 1990년 개인 컴퓨터와 인터넷 등 디지털 혁명이 미 증시의 'J' 커브를 가져온 것처럼 과연 어떤 산업이 2024년 이후 미 증시의 'J' 커브를 가져다줄 것인가? 넷째, 중국 부동산 시장이 중국경제와 정치의 새로운 전환을 가져올 것인가? 다섯째, 한중일 간 대미 달러화에 대한 환율 변화는 무엇을 의미하는가? 여섯째, AI는 과연 미래 산업의 화두인가? 일곱째, 한국경제는 과연 '지속 가능한 성장'이 가능할 것인가?

21세기 뉴노멀은 글로벌 패권 경쟁, 각자도생 및 문명의 전환이라는 시대변화를 요구하고 있다. 첫째, 정치는 모든 문제의 해결을 위한 핵심 요소임에도 불안정하다. 무엇보다 동맹체제의 해체가 강조되고 있고, 극단주의가 재등장하고 있으며, 적대적 공존이 비일비재하다. 이러한 극단주의는 극심한 사회분열과 포퓰리즘, 진영 다툼을 부추기는 대중 영합주의적 정치체제를 강화한다.

둘째, 경제적으로 보면 I4.0의 본격적인 산업, 과학기술의 발전을 앞두고 기초과학과 기술 우위의 경제가 주목받게 될 것이다. 새로운 우주 산업에 대한 관심이 점차 증가하는 가운데 이에 필요한 디지털 기반 인프라인 웹 3.0과 6G 이상의 시대를 준비해야 한다. 미래 각 국별 '지속 가능한 성장'의 정도는 바로 이 같은 미래 산업, 과학기술 발전의 인프라를 얼마나 구축하고 있는가에 달려 있다고 해도 과언이 아니다.

셋째, 사회는 점차 양극화와 빈곤, 특히 노인 빈곤 문제에 직면할 것이다. 출생률이 하락하는 가운데 인구동태적 변화는 정치, 경제, 및 사회적 변화의 핵심 변수가 되면서 신뢰 상실, 부끄러움이 없는 사회, 염치가 없는 사회로 점차 문명적 후퇴를 가속화시킬 수 있다. 고대 문명 이후 인류는 엄청난 사건을 겪기 전까지는 이처럼 인간 스스로에 대한 존엄과 가치를 스스로 무너뜨리는 일에 머뭇거림이 없었다는 점에 유의해야 한다. 넷째, 현대사회에 고대와 중세, 근대를 거치는 가운데 융성했던 철학의 부재가 문화 및 환경 뉴노멀의 한 단면이다. 따라서 상상력과 자존감의 붕괴 및 비전의 소멸은 미래 세대의 꿈과 희망의 소멸로 연결되어 인류 문명에 새로운 균열이 일어날 수도 있다.

이러한 4가지 점들을 고려하는 동시에 앞서 언급한 거시적 질문들 및 미시적 질문들을 각각의 가정으로 삼고, 이에 대한 다양한 정치경제적 시나리오를 구성한 다음 세계 주요 기관 및 투자은행들의 경제 전망치를 고려하는 가운데 2025~2029년 동안 한국경제를 포함한 주요국의 경제 전망과 2025년 한 해의 경제 전망을 각각 살펴보고자 한다.

  여러 차례 반복해서 강조했듯이 시대 변화를 일으키는 것은 거대한 '파도'가 아니라 그 거대한 '파도'를 일으키는 '바람'이라는 점을 간과해서는 안 된다. '파도'는 '겉'이고, '바람'은 '속내'인 셈이다. 여기서 거대한 '바람'을 일으키는 것은 바로 중국발 '동풍'과 20세기 이후 지속 가능한 패권을 노리는 미국과 선진 유럽발 '서풍'이라 하겠다. 이 두 바람이 저기압과 고기압을 형성하고, 차가운 바람과 뜨거운 바람이 부딪히는 형국을 보이면 자칫 커다란 '돌개바람'이 일어날 수도 있다. 이러한 '회오리 바람'은 엄청난 양의 비와 우박을 동원하는 것은 물론 주변 모든 건조물들을 무너뜨리는 거대한 힘이 잠재한다는 점도 주목해야 한다.

4

  이 책은 모두 6개의 장으로 구성되어 있다. 2023년에 출간한『경제대예측 2024-2028』에서 서술했던 주요 거시 및 미시적 내용은 이번 전망에서는 생략했다. 큰 변화나 차이가 없다는 점이 그 이유다. 비록 지난 2023년 자동차 산업이 한국경제를 지탱하고 2024년에는 반도체가 이를 대체했지만 지난『경제대예측 2024-2028』에서 이와 같은 내용을 담고 있기에, 이 책에서는 AI와 우주항공 및 방위 산업 등 미래 디지털 기술 분야에 기본적인 내용을 추가했다. 다만 중국 부동산 시장과 지방정부유동화기관(LGFV) 문제는 다시 한번 문제의 심각성을 재강조하고자 정리했다.

먼저 CHAPTER 1에서는 지정학적 글로벌 정치 지형의 변화와 패러다임 변화에 대해 정리했다. 미중 간의 양극체제 및 갈등과 협력 구조 속에 러시아의 틈새 전략, 러시아-우크라이나 전쟁 및 한반도 내에서 일어나고 있는 다양한 지정학적 패러다임 변화가 21세기 후기 산업사회로의 전환기에 어떤 속내를 감추고 있는지를 정리했다. CHAPTER 2에서는 미국 대선 전망에 대해 정리 및 요약하고, CHAPTER 3에서는 세계경제를 비롯한 미국과 중국경제 등 주요국의 경제 전망을 정리했다. CHAPTER 4에서는 미래 주요 산업의 발전 방향과 기술투자 등에 대한 내용을 정리했으며, 마지막으로 CHAPTER 5에서는 CHAPTER 1에서 CHAPTER 4까지의 내용을 시나리오로 구성해 2025년 단기 한국경제 전망을 비롯해 2025~2029년 중기 경제 전망을 각 시나리오별로 정리했다. 한국경제 전망의 주요 변수로는 GDP경제 성장률, 금리 및 환율 전망 등에 초점을 두었다.

차례

지은이의 말 글로벌 뉴노멀이 과연 어떻게 정의될 것인가? | 6

CHAPTER 1 글로벌 정치지형의 변화와 시대변화

새로운 5년의 변화와 관련한 거시적/미시적 질문들 23
20세기 노멀과는 다르게 정의될 가능성이 높다 23 | 거시적 관점에서의 6가지 질문 24 | 미시적으로는 어떤 구조 변화를 가져올까? 28 | 주변 산업 과학 및 기술 변화는 어떻게 전개될까? 33 |

21세기 후기 산업사회로의 본격적인 진화 39
새로운 희망은 어디에서 찾아야 할까? 39 | 긍정적 측면과 부정적 측면 모두 잠재한다 40 | 사회 정의와 삶의 질에 대한 새로운 시각과 관심 42 |

미국 글로벌 패권의 향방은 어떻게 될 것인가? 44
그 어느 때보다 더 큰 도전에 직면해 있는 미국 44 | 미국의 향후 과제는 무엇인가? 46 | 미국만 한 나라는 여전히 단연코 없다 49 |

중국과 시진핑의 '투쟁'은 어떤 도전에 직면할까? 52
다시 부각되는 중국의 '투쟁' 52 | 중국의 '투쟁' 역사 55 | 시진핑이 독려하는 '투쟁'은 어떤 투쟁인가? 57 |

세계는 미중 간 새로운 냉전을 대비해야 하나? 61
두 강대국 간의 공존이 과연 가능할까? 61 | 강력하지만 존재론적 위협은 아닌 경쟁 63 | 잠재적 후폭풍을 철저히 고려해야 한다 66 | 미국과 중국의 새로운 냉전체제 68 | 신냉전보다는 전략적 관리를 선택해야 한다 73 | 대중국 관계에 있어 미국의 원칙적 접근 방식 75 |

한반도의 지정학적 가치, 고도의 전략이 필요하다 82

동북아에서 첨예한 대립 구도가 형성되고 있다 82 | 중러 관계의 미묘한 기류 84 | 중러 갈등을 이용한 외교전략의 유연성이 필요한 시점 90 |

CHAPTER 2
2024년 11월 5일 미국 대선 전망

미국 대선 결과가 너무나 중요한 이유 99

강한 미국이 아니라 먹고사는 일자리 99 | 바이든의 중도 사퇴로 더욱 흥미로워진 미 대선 101 | 미국 대선 후보는 어떻게 결정되는가? 102 |

해리스와 트럼프, 누가 미 대선의 승자가 될까? 106

과연 해리스는 트럼프를 이길 수 있을까? 106 | 이제 단거리 경주로 전환된 미국 대선 109 | 캠페인 하나하나의 질이 매우 중요해지다 112 |

해리스와 트럼프의 주요 대선 공약 비교 116

해리스의 주요 대선 공약 116 | 트럼프의 주요 대선 공약 121 |

미국 대선의 승부처는 중산층 유권자들의 향배 125

중산층 가계 공략이 대선 승리의 핵심 변수 125 | 해리스의 중산층 공략책 129 | 트럼프의 중산층 공략책 133 | 해리스가 감당해야 할 과제 135 |

예기치 않은 변수로 떠오른 성별 대선 후보 지지도 137

젊은 남성층들을 공략중인 트럼프 137 | 왜 젊은 남성들은 트럼프를 지지하는가? 139 | 유권자들 사이에 형성된 새로운 균열선 140 |

미국 대선과 증시 수익률의 관계 143

미 대선 결과에 시장은 어떻게 반응할까? 143 | S&P 500의 선거 연도 투자 성과 147 | 미국 주식시장 성과: 민주당, 공화당, 혼합 의회 통제 시 150 | 미국 대선 해에 개인들의 투자 관리법 151 |

CHAPTER 3 2025~2029년 세계 및 주요국 경제 전망

2025~2029년 세계경제 전망 157
반드시 새로운 방향 전환이 필요한 때 157 | 지정학적 긴장의 지속 가능성 162 | 중국경제의 성장 둔화 163 | 금융 스트레스의 급증 165 | 세계 각국 간의 무역 분쟁 심화 167 | 기후 변화 리스크로 인한 글로벌 무역 둔화 169 | 글로벌 금융 및 통화 시스템의 변화 171 |

2025~2029년 미국경제 전망 177
미국경제는 향후 어떻게 될 것인가? 177 | 2024년 하반기 이후 미국경제에 대한 전망 180 | 미 연준: "문제는 타이밍이야, 바보야" 186 |

2025~2029년 중국경제 전망 193
중국경제 문제의 핵심 요소는 정치 193 | 과잉 공급으로 가격 하락 및 기업 수익 급락 197 | 중국의 그림자 금융과 리스크 201 | 중국 정부가 당면한 재정의 함정과 리스크 209 | 중국경제는 앞으로 어떻게 될 것인가? 213 |

CHAPTER 4 미래 주요 산업의 발전 방향과 기술 투자

R&D: R&D 글로벌화 정책 221
잘 설계된 글로벌 R&D 네트워트가 필수 221 | 글로벌 R&D 전략 성공을 위한 5가지 원칙 222 |

인공지능(AI): 인공지능의 도전과제 228
공상과학이 실제 과학으로 변해가다 228 | 인공지능(AI)의 급속한 발전과 그 영향력 230 | AI 기술에 대한 우려와 도전과제 233 |

우주항공 및 방산: A&D 산업의 4가지 트렌드 237
A&D 기업들의 도전과제 237 | 중요한 문제로 떠오른 '인력 문제 해결' 239 | 글로벌 공급망 복잡성으로 다층적 해결책이 요구되다 242 | 디지털 기술 채택을 통한 성장과

효율성의 극대화 244 | 국방 및 상업 분야의 발전과 A&D의 성장과 혁신 247 |

블록체인 기술과 AI: 금융자산의 토큰화 252

토큰화된 시장 자본화 252 | Web3.0을 가능하게 만드는 기술 256 | 토큰화가 제공하는 잠재적 이점 257 | Web3.0 자산의 토큰화 259 |

CHAPTER 5
2025~2029년 한국경제 전망 시나리오

'위기 관리' 계획은 과연 존재하는가? 265

매우 불투명해진 시장 상황 265 | 세계경제에 도사리고 있는 리스크들 269 | 한국경제가 맞닥뜨릴 리스크 272 | 여전히 존재하는 경기 침체 가능성 274 | "문제는 부동산 시장이야, 바보야." 276 |

한국경제 시나리오의 8가지 가정 278

미중 간 주요 이슈 변화 및 시나리오 가정 278 | 시나리오의 구체적인 구성과 내용 281 |

2025~2029년 한국경제 시나리오 1~12 288

시나리오의 전제 288 | 2025년부터의 미중 및 한국경제 전망 요약 290 | 미중 및 한국경제 시나리오 1~8 293 | 미중 및 한국경제 시나리오 9~12 296 |

고물가, 고금리, 고환율이 한국경제에 미친 파급효과 303

3년째 접어든 인플레이션과의 싸움 303 | 세계경제 변화의 중요한 이슈가 된 양극화 문제 307 |

부록 | 311

미주 | 314

CHAPTER 1에서는 지정학적 글로벌 정치 지형의 변화와 패러다임 변화에 대해 정리 및 요약했다. 미중 간의 양극체제 및 갈등과 협력 구조 속에 러시아의 틈새 전략, 러시아-우크라이나 전쟁 및 한반도 내에서 일어나고 있는 다양한 지정학적 패러다임 변화가 21세기 후기 산업사회로의 전환기에 어떤 속내를 감추고 있는지를 정리했다. 1912년 중국의 이종오의 『후흑학(厚黑學)』이라는 책 속에 '교토삼굴(狡兔三窟)'이라는 말이 있다. 지혜로운 토끼는 나중을 대비해서 세 개의 굴을 파놓는다는 말이다. '21세기 각자도생(各自圖生)'이라는 거대한 시대변화의 시작은 파도가 아니라 바람이다. 바람을 피하기보다 맞서는 것도 주요한 전략이 될 수 있다. 하지만 무조건 맞서기보다 거대한 변화를 피하는 방법도 중요한데 이것이 바로 '전략적 유연성'이다. 21세기 후기 문명 및 산업사회에 우리가 처한 지정학적 위상은 '유연한 대처'를 필요로 한다. '전략적 유연성'을 강조하는 교토삼굴의 지혜가 다시 한번 주목을 받을 듯하다.

CHAPTER 1
글로벌 정치지형의 변화와 시대변화

새로운 5년의 변화와 관련한 거시적/미시적 질문들

현재 진행형인 위기가 얼마나 오래 지속될지는 아무도 정확히 예측할 수 없다. 하지만 적어도 우리 모두가 공감할 수 있는 것은 최근 몇 년간의 글로벌 정치, 경제, 사회 및 문화적 질서는 20세기 노멀(normal)과는 다르게 정의될 가능성이 높다는 사실이다.

20세기 노멀과는 다르게 정의될 가능성이 높다

글로벌 정치경제 질서 및 환경은 근본적으로 변화하고 있다. 분명한 점은 내일의 환경은 다를 것이지만 준비된 국가와 사람들에게는 미래 잠재된 다양한 정치, 경제, 사회 및 문화적 발전 가능성이 풍부하다는 것이다.

2020년 팬데믹 이후 지금까지 글로벌 경제가 경험하고 있는 경기 후퇴는 지난 몇 십 년간의 불경기와는 근본적으로 다르다고 할 수 있다. 즉 현재 우리는 단순히 또 다른 경기 순환의 성장과 둔화 등의 변화를 경험하는 것이 아니라 경제 질서의 재구축 과정을 지나고 있다는 점에 주목할 필요가 있다. 일부 국가, 기업 및 가계들에는 우선 '생존'이 유일한 의제일 수 있지만 다른 국가, 기업 및 가계들은 '불확실성의 안개가 걷히고 위기가 지나 모든 것이 정상화될 때 자신들은 과연 어디에 놓여 있게 될 것인가'를 두고 고민하기 시작한 것이다.

결국 핵심 질문은 '글로벌 뉴노멀(new normal)이 어떻게 정의될 것인가' 하는 것이다. 현재 진행형인 위기가 얼마나 오래 지속될지는 아무도 정확히 예측할 수 없지만, 적어도 우리 모두가 공감할 수 있는 것은 최근 몇 년간의 글로벌 정치, 경제, 사회 및 문화적 질서는 과거 20세기 노멀(normal)과는 다르게 정의될 가능성이 높다는 사실이다. 21세기 '뉴노멀(new normal)'은 21세기 초엽에 발생한 미국발 서브프라임 금융위기를 거쳐 팬데믹과 미중 간의 질서 충돌에서 비롯된 강력한 힘들의 융합에 의해 형성될 것이라는 점을 누구라도 쉽게 이해할 수 있다. 러시아-우크라이나 전쟁은 동서양의 경쟁구도 속에 러시아 역시 '잊혀지지 않겠다'는 의도가 다분히 내포되어 있다. 푸틴의 '유라시아 비전(Eurasia Vision)'이 그것이다.

거시적 관점에서의 6가지 질문

새로운 5년의 세계경제 변화와 관련한 거시적 관점에서의 질문은 다음과 같이 6가지로 요약할 수 있다.

첫째, 미국의 초강대국 지위는 앞으로도 지속될 것인가? 둘째, 중국의 성장 둔화와 사회 불안 가중은 중국의 어떤 대내외적 변화의 단초가 될 것인가? 셋째, 양극화와 글로벌화의 부작용은 앞으로 어떤 모습이 될까? 넷째, 기업과 국가의 분리 현상은 앞으로 얼마나 진행될 것인가? 이 질문들을 좀 더 다른 방향으로 살펴보면 '향후 10년간 글로벌 경제 성장의 결과는 지역별로 어떻게 분배될 것인가'가 가장 핵심적인 질문이 될 것이다.[1]

지역별로 보면 동남아 지역의 경우 2022년 기준 21.33조 달러로, 2000년 기준 6.38조 달러에서 무려 2.34배 급속히 증가한 것을 볼 수 있다. 한편 중국을 포함한 한국과 일본 등의 동아시아 국가[2]의 GDP 규모는 2022년 기준 35.52조 달러로, 2000년 기준 12.10조 달러에 비해 역시 1.93배 증가함으로써 2000년 이후 세계경제 성장의 엔진 역할을 담당한 것을 볼 수 있다. 여기에 미국, 캐나다, 호주, 뉴질랜드(Western offshoots)의 GDP 규모인 22.8조 달러와 서유럽 국가들의 GDP 규모인 17.73조 달러를 합치면 총 97.38조 달러로, 2022년 기준 총 글로벌 GDP 규모인 130.04조 달러의 약 75%를 점유한다는 점에서 이미 세계는 '북미, 서유럽 및 아시아'의 3각 구도로 질서가 잡혀 있음을 알 수 있다.

이러한 공급사슬과 가치사슬의 긴밀한 연관성은 지난 코로나 팬데믹 기간 동안에 세계경제가 급속히 둔화될 수밖에 없었던 저간의 사정을 충분히 설명하고도 남는다. 지역 간 혹은 지역 내 공급사슬과 가치사슬의 밀접한 연결은 결국 IT 기술의 진화에 의해 이루어진

<표 1> 지역별 GDP 규모의 변화 추세

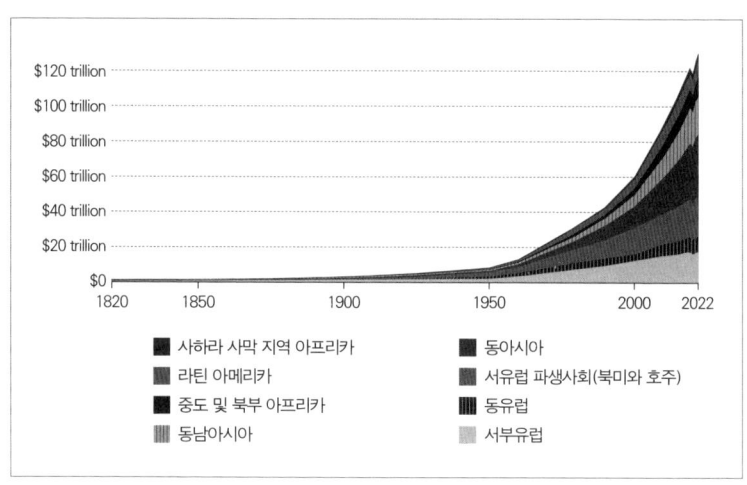

자료: Ourworlddata.com

것이다.

2025년 이후 I4.0으로 새롭게 갖추어질 IT 기술은 보다 효율적이고 합리적이며 실질적인 공급사슬 및 가치사슬 체계를 더욱 강화할 것이다. 이에 대한 기술적 대응이 늦은 지역과 국가는 상대적으로 글로벌 경제구조에서 떨어져 나가는 고통을 겪을 수도 있다. 이 과정에서 기업과 정부 간의 심각한 힘 겨루기가 지속될 수 있다. 특히 중국경제의 경우 공산당 일당 독재의 정치체제와 시장경제 중심으로 진화하려는 경제질서 간에 매우 험난한 충돌 구조가 잠재하고 있음에 주목해야 한다.

다섯째, 지난 2024년 7월 26일부터 개최되었던 파리올림픽에서, 비록 큰 관심을 끄는 데는 실패한 듯 보이지만 유럽 국가들이 얼마나 기후환경 변화에 대해 심각한 잣대를 준비하고 있는지 간파할 수 있다. 그러므로 탄소 중립의 기술적 지원이 없는 철강, 금속 및 광업, 발전과 같은 미래 산업은 자칫 대유럽 수출을 하는 데 있어 중요한 환경 관련 규제 및 고관세 정책 등에 각별히 대비해야 한다. 최근 글로벌 지속 가능성 기준에 맞추려는 기업들을 상대로 벤치마크 역할을 하는 소위 'ESG 경영'[3]에 대한 중요성이 더욱 증가할 것으로 보인다.

여섯째, 신자본주의 시대를 통해 머니마켓펀드(MMF, Money Market Fund), 상장지수펀드(ETF, Exchange Traded Fund) 및 주가연계증권(ELS, Equity Linked Securities) 등 새로운 현물 및 파생상품 시장의 등장과 각종 펀드에 의한 시장 지배구조가 심화될 전망이다. 여기에는 다음과 같은 2가지 의미가 숨겨져 있다. 첫 번째 의미는, 향후 과학기술의 발전에 필요한 투자는 스타트업과 벤처 등 중소형 기술기업 중심으로 이루어지되, 일정한 수준에 도달하거나 필요한 기술 기업을 인수합병할 경우 이에 따른 투자 자금 지원은 주주들의 자본시장 투자를 통해 조달함으로써 비시장적 위험을 회피하는 헷징 수단으로 활용된다는 점이다. 두 번째 의미는, 자본시장에서 다양한 현물 및 파생상품의 소개는 외국 투자자의 유치는 물론 국내 자본시장 활성화를 통해 '대마불사(大馬不死)', 즉 미국 자본시장과 미국 달러화가 글로벌 핵심 시장 및 기축통화로서의 지위를 지속가능케 한다는 의미가 담겨 있다.

미시적으로는 어떤 구조 변화를 가져올까?

지금까지 언급한 6가지 중요한 미래 거시적 변화들은 향후 미시적으로 어떠한 구체적인 구조 변화를 가져올지에 대해 알아보자. 퓨리서치 센터와 엘론대학교(Pew Research Center and Elon University)의 이메지닝 인터넷 센터(Imagining Internet Center)가 기술, 통신 및 사회 변화 전문가들을 대상으로 실시한 새로운 설문 조사 결과 등을 요약 인용해[4] 다음과 같이 4가지로 정리해본다.

첫째, 글로벌 경제 시스템 내 금융 레버리지는 상당히 줄어들 전망이다. 하지만 중요한 점은 위기 발생 전 금융 레버리지 증가에는 2가지 원인이 있었다는 사실이다.

첫 번째 원인은 금융 혁신으로 인한 부채의 합법적 증가였다. 이는 리스크를 줄이고 경제에 가치를 더한다는 새로운 금융상품이 시장에 등장하게 되는 명분을 제공했고, 이를 통해 미국과 선진 자본 시장은 새로운 금융 레버리지를 일으키는 사업 방식을 모색한 것이었다. 서브프라임 모기지 사태의 배경에는 '부채담보부증권(CDO, Collateralized Debt Obligation)'과 그 우산 아래 있었던 '자산담보부증권(ABS, Asset Backed Securities)'과 같은 부동산 자산을 담보로 하는 금융파생상품이 존재했었다는 점에 주목한다.

두 번째 원인은 부적절한 인센티브, 책임 없는 리스크 수용, 관리 감독의 느슨함, 그리고 사기로 인한 신용 거품이었다. 신금융자본주의는 근대 이후까지 존재했던 산업과 철학의 균형적 사고와 실천의 중도에서 벗어나면서 벌어진 인간의 본능적 탐욕이 저지른, 특히 미국의 신금융자본가들이 저지른 교만함과 금융제국주의적 수탈경제의 한 단면이었다는 점을 결코 간과해서는 안 된다. 하지만 최근 팬데믹 이후 우리가 경험하고 있는 또 다른 현실은 당분간 새로운 디지털 정보통신 과학과 기술이 산업 구조를 변화시켜 나가는 동안 21세기 신자본주의적 금융산업은 당초 기대했던 것보다 현저히 낮은 수준의 레버리지를 통해 (리스크에 대한 더 높은 가격을 포함한) 높은 수익을 기대하게 할 것이라는 점이다. 즉 오히려 높은 레버리지에 의존하는 비즈니스 모델은 줄어든 수익을 보일 수도 있게 된다. 보다 실질적이고 명시적인 생산성 향상을 통해 자산 수익률을 증대시키는 기업들이 더 큰 보상, 즉 수익을 얻게 될 수도 있게 되는 것이다.

둘째, 21세기 뉴노멀의 또 다른 중요한 특징은 정부 역할 확대 혹은 축소에 있다. 1930년대 대공황 시기에 루즈벨트 행정부는 미국 금융 시스템 내 정부의 역할을 새롭게 영구적으로 구축한 바 있다. 모두가 느낄지는 모르겠지만 최근 미국 연준의 기준금리 향방에 대한 관심이 집중되고 미국 달러를 비롯한 EU의 유로화, 중국 위엔화, 일본 엔화 등을 비롯해 금, 암호화폐와 중앙은행의 디지털 통화 등에 대한 논의가 이루어지는 것은 마치 지난 대공황 당시처럼 중요한 글로벌 금융 부문의 규제 재구축이 예정되어 있다는 것을 나타낸다고 볼 수 있다. 과연 누가 이러한 변화를 환영할 것인가? 일부 국가경제들은 이를 환영할 수도 있겠지만 다른 국가경제들은 이러한 변화를 원치 않는 정치적 간섭으로 여길 수도 있다. 이러한 갈등구조는 각국의 글로벌 뉴노멀 질서체제하에서 '패권' 경쟁의 중요한 단면을 나타내기 때문에 글로벌 기축통화 혹은 신금융자본주의체제로의 전환에 필요한 규제 시스템의 현대화가 명백히 지연될 수밖에 없다는 판단이 서게 된다. 어느 쪽이든, 현실은 전 세계 정부들이 한때 주목하지 않았던 신금융자본에 대해 통제권과 관리 감독권을 가질 것이라는 점이다.

탈중앙화를 위한 암호화폐의 진화는 분명 화폐로서의 기능을 인정할 수는 없지만 금과 은처럼 점차 금융 대체 자산으로 가치를 인정하게 될 경우, 이에 대한 통제와 관리 감독권을 정부가 움켜쥐려 들 것은 분명하다. 뿐만 아니라 정부는 헤지 펀드와 같은 투자 수단들에 대한 새로운 투명성과 공개 수준을 요구하게 될 것이다. 심지어 최근 일론 머스크의 보수에 대한 미국 정부와 사법부의 간섭에서도 보듯이, 기업 이사회의 고유 영역이었던 경영 보수를 비롯한 스톡옵션과 같은 금융상품의 포함 결정에도 깊게 관여하려 들 것이다.

이처럼 글로벌 뉴노멀에서는 금융 서비스 산업이 가장 직접적으로 영향을 받을 것이지만, 정부의 역할 확대의 영향은 광범위하게 이루어질 가능성이 높다. 새로운 금융보호주의 시대가 올 수도 있다는 의미다. 글로벌 경제가 경기둔화의 긴 터널을 지나는 동안 보다 큰 세계 금융시장에 대한 질서 조정과 투명성 제고가 이루어질 경우 이는 매우 긍정적인 평가를 받게 될 것은 분명하다. 그러나 금융산업의 속성이 인간 본능의 탐욕을 실어 나르는 역할에 충실하다는 점을 감안할 때 자칫 기업들이 가장 생산적인 장소로 자본 이동을 더 어렵게 만드는 보호무역주의 정책이 강화될 가능성이 농후하다. 이는 동남아시아를 비롯한 개발도상국 경제에는 치명적인 성장 방해 요소가 될 수 있다는 점에 주목해야 한다.

셋째, 금융산업에 있어 레버리지 감소와 정부 역할 증대는 금융위기 국면에서 직접 발생했지만 최근 사건들에 의해 강화된 다른 주요 변수들도 있다. 예컨대 위기가 시작되기 전에 이미 미국 소비가 글로벌 성장의 원동력으로는 지속될 수 없음이 명확해졌다. 소비는 소득 성장에 의존한다. 1985년 이후 미국의 소득 성장은 여성의 노동시장 진입, 대학 졸업생 수의 증가 등 일시적 요인들에 의해 증가한 바 있다. 이에 덧붙여 베이비붐 세대의 최고 소비 연도인 1980년대와 1990년대 역시 미국 소비는 폭발적으로 증가했다. 그러나 이제는 주택 시장 및 주식 시장 등에서 부의 증식 등의 연결고리가 약해지면서 부의 증발이 조금씩 진행되는 가운데 많지 않은 퇴직 연금을 통해 살아가야 하는 세대로의 전환을 앞두고, 미국이 20세기 동안 보였던 글로벌 소비시장으로서의 역할은 한계에 봉착하고 있다. 이러한 모습이 '보호주의무역' 정책으로 전환되는 미국경제정책의 '속내'임을 잊어서는 안 된다.

미국으로서는 새로운 '부의 증식'이 필요하지만 그 '부의 증식'을 위해 현재로서는 신금융자본주의와 레버리지 확대를 통한 방식을 고수하기엔 많은 국가경제가 더 이상 이를 용인하려 들지 않는다는 점도 주목해야 한다. 소비 수준이 감소할 때 이를 만회할 수 있는 '그 무엇'이 미국으로서는 절대적으로 필요한 순간을 맞이하고 있다.

영국의 '브렉시트(Brexit)'는 그러한 차원에서 실패한 정책이다. '유럽경제에서 영국의 패권은 바야흐로 석양에 비쳐진 그림자에 불과하다'는 평가를 미국은 매우 심각하게 받아들이고 있다. 이는 뒤에서 언급하겠지만 트럼프 전 대통령의 동맹정책에 대한 우려와 보호주의무역 정책을 통한 '미국을 다시 위대하게(Make America Great Again)'라는 대선 슬로건이 큰 파괴력이 없다는 가정을 갖게 하는 한 배경이기도 하다.

넷째, 수익과 소비 성장률을 높이려는 기업들은 점점 더 아시아를 바라보게 될 것이다. 아시아 성장의 근본적 원동력인 생산성 향상, 기술 수용, 문화적 및 기관적 변화는 1997년 아시아 금융위기의 결과로도 멈추지 않았다. 아시아 경제는 최근 팬데믹 기간 동안 잠시 급속히 악화되었지만 이 한 가지 사건으로 성장을 멈출 가능성은 결코 없다. 미국과 선진 유럽경제가 이를 가볍게 볼 리는 만무하다. 18세기와 19세기가 그랬었다. 세계경제의 중심은 계속해서 동쪽으로 이동할 가능성이 높다.

다섯째, 이러한 세기적 변화의 모든 상황 속에서 기술 혁신은 계속될 것이며, 인간 지식의 가치는 감소하지 않을 것이다. 리더십이 뛰어난 정치 및 경제 지도자들과 기술자들에게는 다음 몇 년간이 매우 풍성한 열매를 맺게 될 기회가 될 수 있다. 이미 고위험 고수익 기회를 찾는 투자자들이 금융 공학에서 유전 공학, 소프트웨어, 청정 에너지로 그들의 투자 관심 대상을 옮기는 중이다. 분명한 것은, 우리가 마침내 위기의 터널을 지나 새로운 시기로 접어들 때, 더이상 국가경제 구조, 비지니스 및 산업구조의 맥락은 아시아 외환위기, 서브프라임 모기지 위기 및 팬데믹에 따른 공급 및 가치사슬의 붕괴와 같은 과거의 상태로 돌아가지 않는다는 점이다.

21세기 뉴노멀에서 성공하기 위해 국가, 기업 및 가계는 그들 스스로에 대해 변화한 것과 기본적으로 변하지 않은 것에 집중해야 할 필요가 있다. 준비된 자들에게는 과거와는 다른 환경 가운데 새롭고 풍부한 가능성이 그들 앞에 펼쳐지게 될 것이기 때문이다.

주변 산업 과학 및 기술 변화는 어떻게 전개될까?

21세기 후기 산업사회와 뉴노멀의 출범은 2025년 이후 글로벌 주요 산업구조 변화의 근간이 될 것이다. 2025년 이후 예상되는 주변 산업 과학 및 기술 변화를 살펴보자.

2025년 이후 '뉴노멀'은, 1990년 이후 급속한 발전을 보였던 디지털 기술과는 또 다른 형태의 디지털 정보통신 기술이 중심이 될 전망이다. 당연히 이와 같은 '변화'에는 지금보다 더 크고 다양한 제도, 규칙 및 과학 기술, 사회 및 문화적 가치 변화 등이 기다리고 있을 것이다. 예컨대 사회적 변화가 광범위하게 일어나면서 팬데믹 이후 불평등의 증가, 상승하는 권위주의, 만연한 정보왜곡 혹은 오보에 의해 대부분 사람들의 삶이 악화될 수 있다.

한편 '모든 것이 원격으로' 진행되는 세상에서 직장, 건강 관리 및 사회 활동 등은 개선되고, 새로운 사회문화와 심리적 변화가 일어날 것으로 보인다. 팬데믹이 사회 전반을 휩쓸면서 건강 시스템 및 의료 체계는 물론 경제 생활, 사회경제적 계층 구조 및 인종 관계, 기본적인 제도 구축, 공동체 및 일상 가족 생활과 같은 중요한 사회구조 균열 현상이 나타나고 있다.

퓨 리서치 센터와 엘론대학교의 이메지닝 인터넷 센터가 기술, 통신 및 사회 변화 전문가들을 대상으로 실시한 새로운 설문 조사에 따르면, 응답자들은 팬데믹의 발생으로 다음과 같은 변화가 나타날 것으로 예상하고 있다. 답변 내용을 살펴보면 약 47%의 응답자는 '2025년의 삶이 팬데믹 이전보다 대부분의 사람들에게 주로 더 나빠질 것'이라고 말한 반면, 39%는 '2025년의 삶이 팬데믹 이전보다 대부분의 사람들에게 주로 더 나아질 것'이라고 보았다. 나머지 14%는 '큰 변화가 없을 것'으로 응답했다.

다음의 6가지 응답 내용은 팬데믹 이후 2025년에 '새로운 일상'이 어떻게 변화할지에 대한 각 분야 전문가들의 견해를 요약한 것으로, 부정적 측면과 긍정적 측면의 각각 3가지 예를 들어본다.

먼저 부정적 시각을 보자. 첫째, 디지털 기기에 대한 접근 및 이를 활용하기 위한 훈련이나 적성이 부족한 사람들과, 그와 반대로 이들과 매우 밀접하게 일상이 연결되어 있고 기술적 활용에 능숙한 사람들 간에 삶의 질이 더욱 격차가 벌어지면서 경제적 불평등이 악화될 것이다. 한편 기술적 변화가 강조되면서 일부 일자리가 사라질 것이다. 둘째, 대규모 기술 기업들이 시장에서 갖는 독점적 지위 혹은 이

점을 통해 인공지능(AI)과 같은 메커니즘을 이용해 사용자들의 프라이버시와 자율성을 더욱 침해시킬 가능성이 높은 방식으로 경제권력을 강화할 것이다.

셋째, 권위주의자와 양극화된 인구가 상호 정보 전쟁을 벌이면서 잘못된 정보의 확산이 증가할 수 있다. 특히 많은 응답자들은 온라인 허위 정보, 거짓말 및 증오 발언이 파괴적인 편견과 두려움을 퍼뜨리기 위해 고의로 무기화되어 공공 인식, 감정 및 행동을 조작하는 행위가 악화될 수 있다는 점에 대해 깊은 우려를 나타냈다. 이들은 사회적 안정성과 결속에 대한 심각한 피해는 물론 합리적인 토론 및 증거 등에 기반한 정책 결정이 더욱 줄어들 가능성에 대해서도 깊은 우려를 표했다. 또한 더 많은 사람들이 작업, 교육, 의료, 일상 상거래 및 필수적인 사회적 상호 작용을 위해 디지털 연결에 더 많이 의존하게 된다고 보았다. 그에 따라 기술과의 관계가 깊어질 것이라는 점에 주목하며 이를 '텔레-에브리씽(tele-everything)'이라고 정의했다. 동시에 일부 응답자들은 팬데믹이 초래한 변화로 인해 미래 삶에 긍정적인 결과를 가져다줄 수도 있다는 다소 희망적 견해를 예상하기도 했다.

넷째, 현재 경제 체제와 자본주의 자체에 대한 비판이 지지를 얻고 정책 결정자들의 주목을 받으면서 인종 정의와 사회적 형평성을 목표로 하는 새로운 개혁이 시작될 수 있다. 다섯째, 더 유연한 직장 환경이 영구화되고 공동체가 이에 적응하면서 많은 가정과 근로자들의 삶의 질이 향상될 것이다. 여섯째, 가상 현실 및 증강 현실과 인공지능(AI) 기술이 향상되어 사람들이 더 스마트하고 안전하며 생산적인 삶을 살 수 있게 된다. 이러한 긍정적 변화는 '스마트 시스템(smart system)'을 통해 가능해질 전망이다.

팬데믹 이후 어떠한 형태가 되었건 우리 삶의 방식과 형태에 있어 '변화'를 가져올 것이라고 말한 사람들 중 대부분은 디지털 생활의 진화가 긍정적인 면과 부정적인 면을 모두 포함할 것이라고 예상했다. 이러한 전문가들의 견해는 팬데믹 이후 일반 대중이 생각하는 태도 변화, 흥미로운 행동 및 생활 방식의 변화와 연결된다. 퓨 리서치 센터가 지난 2020년 8월에 실시한 설문 조사에서 미국 성인의 51%가 '팬데믹이 끝난 후에는 아마도 자신의 삶이 다른 형태로 변할 것'이라고 예상했었다.

흥미로운 점은 이들 전문가들이 2020년 중반에 일어난 일과 앞으로의 변화에 대해 생각하면서 '전환점(inflection point)' '중단된 평형(punctuated equilibrium)' '생각할 수 없는 규모(unthinkable scale)' '기하급수적 과정(exponential process)' '대규모 혼란(massive disruption)' '전례 없는 도전(unprecedented challenge)' 등과 같은 단어를 사용했다는 사실이다. 이 같은 특정 단어들이 나타내는 의미는 팬데믹 이후 변화가 사람들의 실존적 '존재(presence)'와 신뢰 및 진실에 대한 새로운 개념과 정의는 물론이고, 인간의 삶에 있어 근본적인 가치와 현실적 환경 변화를 재구성하게 되리라는 일종의 '시대적 변화'에 대한 이해를 하기 시작했다는 점이다.

생물학자 윌슨(E.O Wilson)의 말을 인용하자면, 과연 사람들은 인간이 가지고 있는 '원초적 시대의 감정, 중세의 제도 및 신과 같은 기술'을 어떻게 서로 조화롭게 융합시켜 나갈지에 대한 의문이 더 커지게 되었다는 점을 강조한다. 인간 본능은 고대 구석기 시대의 그것과 결코 크게 다르지 않다고 확신할 수 있는 가운데, 중세 이후 봉건제도 붕괴 과정에서 나타난 권리청원, 명예혁명 및 권리장전과 같은 인간이 발전시켜온 다양한 제도의 진화적 한계를 극복하면서 이전에 결코 경험해보지 못한 신의 경지에 근접할 만큼 발전한 과학기술의 발전을 어떻게 조화롭게 융화시켜 나갈지에 대한 의문을 그대로 제시하는 바이다.

예컨대 그들이 예상하는 수많은 변화 중에 우선 환자의 건강을 원격으로 모니터링할 수 있는 새로운 센서와 전자장비를 포함하는 '의료 사물 인터넷(IoMT)'의 출현, 질병 증상이 있는 사람을 진단하는 스마트 밀리미터파 기계(millimeter wave machines)[5], 약물 테스트와 표적 질병 치료를 개선하는 합성 생물학 및 계산 바이러스학의 발전, 사람의 식단, 유전자 및 미생물군을 포함하는 진단 스크리닝, 환경 문제를 해결하기 위해 시민들이 사용하는 휴대용 탐지 장치, 새로운 유형의 원격 의료 종사자의 출현 등이 다가올 21세기 후기 문명사회 혹은 산업사회와 조화롭게 발전할 수 있을지에 대한 의문과 동시에 기대 및 우려를 담고 있다는 점이다.

또한 2025년 이후 세계는 인간의 상호작용을 더욱더 풍부하게 하는 3D 소셜 미디어 시스템(때로는 홀로그램 아바타를 통해)의 등장을 예측할 수 있다. 디지털 에이전트(interdigital agents)의 산업화와 인간 생활

에의 침투는 점차 반복적이거나 시간이 많이 드는 작업을 대신 맡게 될 것이며, 이는 생산성 제고 차원에서도 '혁신적 변화'를 주도할 응용기술의 발전을 선도할 것으로 보인다. 예컨대 드론을 통한 감시, 탐사 및 배송 작업 등이 더욱 빈번하게 우리 일상 생활에 참여할 가능성이 많아짐에 따라 '비행 사물 인터넷(flying Internet of Things)'이 소개될 전망이다.

한편 어디서나 볼 수 있는 증강 현실(augmented reality), 재택근무 중심의 자유 계약자 확대와 '긱 경제(gig economy)'[6]의 일반화, 산업 규모에 도달하는 도시 농업, 더 많은 피어 투 피어 협업을 가능하게 하는 신뢰할 수 있는 암호화폐의 발전, 지역 기반 주문형 제조, '정신적으로도 실질적으로도 지역적인' 공급망, 학생들이 개인화된 교육 메뉴를 만들 수 있게 하는 탄탄한 교육 시장의 범위화 밀도의 증가, 법원이 대량의 사건을 원격으로 처리할 수 있게 하는 '텔레-정의(tele-justice)' 발전, 허위 정보의 매력을 줄이는 '진실 가치 평가' 프로토콜, 에너지 생산을 위한 소형의 안전한 원자로 등을 가정할 수 있다.

일상적인 수준에서, 원하든 원하지 않든 더 나은 음성 인식, 얼굴 인식(얼굴 표정에서 감정을 식별하는 기능 포함), 실시간 언어 번역, 자막 생성 및 자동 수정 기능, 감각 슈트, 강력한 비디오 검색, 신체 동작 센서, 3D 안경, 멀티미디어 데이터베이스 및 더 넓은 네트워크 대역폭이 전체 3D 가상 경험을 가능하게 하고, AI의 발전이 사람들의 다양한 요구를 더 많이 충족시킬 수 있게 될 것은 분명하다.

21세기 후기 산업사회로의 본격적인 진화

향후 '거대한 바람' 혹은 시대변화와 시대정신은 어떻게 될까? 일부는 가까운 미래에 21세기 후기 산업 및 문명사회의 본격적인 구조적 변화가 일어나기 시작할 때 글로벌 질서 체제의 범죄와 시민 자유에 대한 위협이 증가할 것이라고 이야기한다.

새로운 희망은 어디에서 찾아야 할까?

인류 출범 이후 지속되어온 '원초적 시대 감성'과 400년을 넘어가는 '제도와 관습'을 토대로 과학과 기술의 발전은 21세기 새로운 시대 변화와 시대정신을 요구하고 있다. 새로운 희망은 어디에서, 어떻게 찾아야 할 것인가?

역사학자인 유발 하라리(Yuval Noah Harrai)의 말처럼 글로벌 팬데믹 이전과 이후(BC/AC)의 세상은 많은 변화를 가져올 전망이다. 많은 사람들이 사회 정의를 요구하는 목소리에 귀를 기울이고, 기술 설계가 인간의 복지에 중점을 두어야 한다고 촉구하기도 한다. 사람들은 이제 '자본주의 구조, 교육, 의료 및 직장과 같은 주요 시스템을 재구성할 필요성이 있다'는 점에 대해서도 조금씩 이해하기 시작했다. 인공지능, 스마트 시티, 데이터 분석 및 가상 현실과 같은 기술의 발전은 모든 시스템을 더 안전하고 더 인간적이며 더 유용하게 생산적으로 만들 수 있다고는 보지만 '인간이 관여하지 않는 형태의 어떠한 기술 진화도 부담스럽기는 마찬가지'라는 시각도 공존한다.

  보다 정확한 정보의 원활한 소통은 위기 상황에서 비상 대응을 극적으로 개선하고 고통을 완화할 수 있다는 점에서 정부의 역할과 기능, 가계와 기업의 연합 세력화와 정부의 '정책'에 대한 '대책' 마련에 좀 더 많은 충돌과 협상이 나타날 수도 있다. 정부의 경제정책 하나하나가 결코 신뢰할 수 없는 몇 사람 혹은 의회와 같은 일부 정치 세력들에 의해 좌지우지된다는 것에 대해 어느 정도 불신감이 악화되는 것은 결코 이상하지 않다.

긍정적 측면과 부정적 측면 모두 잠재한다

그렇다면 향후 '거대한 바람' 혹은 시대변화와 시대정신은 어떤 조류를 타고 나타날까? 일부는 가까운 미래에 21세기 후기 산업 및 문명사회의 본격적인 구조적 변화가 일어나기 시작할 때 글로벌 질서체제의 범죄와 시민 자유에 대한 위협이 증가할 것이라고 이야기한다. 위기 상황에서는 사람들의 최선과 최악이 드러나기도 하면서 글로벌 질서는 새로운 노멀을 찾기 위해 다양한 노력과 희생이 불가피하다는 전망이다.

점차 사람들은 의존도가 높은 복잡한 시스템상 더 정교하고 밀접한 소통이 필요한 글로벌 거버넌스가 가장 큰 변화라고 생각한다. 마치 팬데믹 이후 원격의료, 원격근무, 원격학습 및 원격생활 등 '원격(remote)'이 확산되었던 것처럼 기술문명에 대한 의존도가 증가할 것은 분명하다. 따라서 안전한 디지털 통신 시스템의 확장, 디지털 문해력에 중점을 둔 교육 시스템 등에 대한 뉴노멀 역시 새롭게 정의될 가능성이 높다.

예컨대 새로운 인터넷 수요를 충족하기 위해 우리는 더 많은 양의 유비쿼터스 네트워크(Ubiquitous Network)를 보게 될 것이며, 사람들은 더 빠르고 정교한 정보 전달 체계를 통해 보다 풍부한 광대역 인터넷에 대한 접근성이 확대될 것이다. 사람들은 학습을 개인화하고 자신의 속도에 맞춰 학습할 수 있는 새로운 교육 모델을 찾고 연결된 학생, 교사 및 교수들 간의 협업을 가능하게 함으로써 교육 혁명 역시 가능할 것으로 보인다. 원격 교육 등을 통한 교육혁명은 근로자의 교육, 재교육 및 기술 향상 등에 큰 잠재적 이익을 가져올 것은 물론이고 의학적 진단과 의료서비스 등이 더 정확하고 더 시기적절하게 이루어지게 될 것으로 보인다.

반면에 보안, 프라이버시, AI의 추측 사용, 잘못되거나 오해를 불러일으키는 정보의 확산 등을 통해 정보의 홍수 속에 이를 악용하려는 시도에 대해서도 많은 우려가 잠재하고 있다. 이 같은 긍정적 측면과 부정적 측면 모두 우리가 어떻게 받아들이고 시대적 변화와 정신으로 재정립 및 해결할 의지를 가지고 있는가에 따라 다양한 결과가 나타날 것으로 보인다.

사회 정의와 삶의 질에 대한 새로운 시각과 관심

첫째, 향후 '사회 정의'가 새롭게 정립될 가능성이 높아졌다. 사회 정의와 경제적 평등을 위한 시민 운동의 새로운 각성은 다양성(diversity), 형평성(equity) 및 포용성(inclusion)을 더욱 잘 반영하면서 더 성실하게 대응하는 정부 및 사회정치적 시스템을 요구하게 될 것이다. 이 점에서 디지털 격차가 가져올 파급효과를 감안할 때 접근성의 격차를 해소하고 사각지대를 최소화하는 데 정부는 더 중점을 두어야 한다. 복지의 개념이 소득분배의 형평성 문제에서 디지털 기본 인프라에 대한 접근성 문제 등으로 전환될 가능성도 높다. 디지털 인프라에 접근성이 소득과 밀접한 관련이 있을 수 있기 때문이다.

둘째, 사람들의 복지가 개인의 이익 또는 효용보다 우선해야 한다고 믿게 될 수 있다. 따라서 보편적 의료, 기본소득, 광대역 인터넷과 같은 더 넓은 사회 안전망 구축에 정부의 역할이 요구된다.

셋째, 삶의 질에 대한 새로운 시각과 관심이 높아질 수 있다. 재택근무로의 전환은 도시 대기 오염, 과밀화 및 교통 체증을 줄일 것이다. 이는 전반적인 근로자의 삶의 질을 향상시키고, 가정 생활에 더 좋은 환경을 조성하며, 장애가 있는 사람들에게 더 많은 편의를 제공하면서 다양한 삶의 질 변화를 촉진할 것이다. 하지만 최근 미국의 상업용 부동산 시장의 침체 등 재택근무가 가져올 편익과 부정적 효과 등에 대해 좀 더 신중하고 면밀한 접근이 필요하다.

넷째, 인공지능(AI, Artificial Intelligence), 가상 현실(VR, Virtual Reality), 증강 현실(AR, Augmented Reality), 머신 러닝(ML, Machine Learning) 등의 기술 발전이 다중 시간과 공간을 훨씬 더 현실적이고, 대면적이고, 진정성 있고, 효과적으로 만들어갈 것이다. 인공지능의 기술 발전에 필요한 추가적인 디지털 기술 발전을 비롯한 파생적 기술발전도 상당한 수준에 이를 것으로 예상된다.

다섯째, 더 스마트한 시스템이 만들어지면서 의료 부문에서의 발전은 더욱 주목할 만하다. 사람들의 공간적 이동과 움직임은 적어지더라도, 인간이 습득하며 창작할 수 있는 범위와 규모 및 밀도의 확대는 불가피해질 전망이다.

미국 글로벌 패권의 향방은 어떻게 될 것인가?

미국만 한 나라는 여전히 단연코 없다. 미국이 제시하는 다양한 정치, 경제, 외교 및 사회 문화적 비전은 21세기에도 지속될 가능성이 높다. 오늘날의 주요 과제 중 하나는 미국 국민이 많은 혜택을 얻는 글로벌 자유경제 체제를 강화하는 것이다.

그 어느 때보다 더 큰 도전에 직면해 있는 미국

민주당과 공화당 행정부 모두에서 미국이 70년 이상 추구해온 경제적, 정치적, 안보 전략은 더 이상 예전 같지 않다. 현재 미국 국민들 다수가 미국의 글로벌 리더십 지속에 대해 의문을 가지고 있다. 더 근본적인 문제는 민주당과 공화 양당의 주요 정치 후보자들 역시 상대방 진영에 대해 미국의 대내외 전략에 대한 독특하거나 창의적인 전략을 갖고 있지 않다는 점이다. 그 결과 많은 미국인들은 더 이상 미국이 2차 세계대전 이후 만들어낸 냉전과 그 이후 자유주의 국제

질서에 대한 가치와 역할을 더 이상 중요하게 여기지 않는 것 같다.

그것이 아니라면, 지난 약 100년간 미국의 글로벌 리더십을 마치 당연하게 여기면서, 자신들이 크게 혜택을 보아왔던 글로벌 정치 및 경제 환경을 지원하는 미국의 필수적인 역할을 잊어버렸을 수도 있다. 어쩌면 그들 자신도 이해하지 못하기 때문일 수 있다는 사실은 미국이 국제관계 속에서 지불하고 받아들여야 할 계산서에 나타날 편익과 비용의 차이에 있다고 볼 수 있다. 즉 미국 스스로가 '거대한 섬'으로 스스로 홀로 남을 경우 치러야 할 편익과 비용 대비 적극적 참여자로서 지불해야 할 그것 사이에 현격한 차이가 존재한다는 것을 의미한다.

오늘날 미국의 이해관계는 지난 20세기 동안 미국이 창조한 국제 질서, 즉 냉전체제의 붕괴 이후 절정기를 지나면서 그 어느 때보다 더 큰 도전에 직면해 있다. 미국의 관점에서 보면 아시아와 유럽에서 떠오르는 새로운 권위주의 세력은 2차 세계대전 이후 평화를 유지해온 미국의 글로벌 안보 구조를 약화시키려 하고 있다는 판단이다.

러시아는 우크라이나를 침공해 일부 영토를 점령하면서 푸틴은 새로운 소비에트 연방공화국의 재건을 꿈꾸는 듯하다. 이를 두고 푸틴의 '유라시아 비전(Eurasia Vision)'이라고 부른다. 중국은 '일대일로(一帶一路, One Belt One Road)' 전략을 통해 점차 전 세계 상권의 큰 부분을 차지하는 해로를 장악하려고 한다. 중동에서는 이란이 헤즈볼라와 하마스, 시리아의 잔인한 독재를 지원해 패권을 추구하고 있으며, 이슬람 국가(IS)는 역사상 그 어느 테러 조직보다 더 많은 영토를 통제하면서 극단적인 이슬람 비전을 강제로 적용하고 중동, 북아프리카 및 유럽 전역의 목표물을 공격하고 있다. 마치 14세기 이후 유럽의 지정학적 국가 권의의 재편을 보는 듯하다.

　이러한 위협은 쉽게 사라지지 않을 것이다. 20세기에 두 번이나 겪은 1·2차 세계대전을 통해 보았듯이 국제 질서가 붕괴되면 미국도 그 영향을 피할 수 없다. 21세기에는 해양을 비롯한 우주 정책과 관련한 안전을 그 어느 국가도 앞장서서 주장하지 않는다. 텍사스 일대에 미국과 멕시코 국경을 따라 세운 벽도 마찬가지다. 무역 협정을 무시하고 콘크리트 장벽을 세워 미국을 글로벌 경제질서에서 고립시키려는 시도도 결코 바람직한 해결책이 아니다.

　그동안 '미국경제가 브라질, 러시아, 인도, 중국의 경제에 의해 추월되고 있다'는 식의 경계감은 일종의 신화 같은 시나리오가 분명하다. 하지만 이러한 일부 선동가들의 무책임한 말들이 미국의 글로벌 리더십을 재건하는 데 있어 초당적 외교 정책 합의를 회복해야 한다는 한 목소리로 강조되고 있다는 점은 그다지 이상한 반응은 아니다.

미국의 향후 과제는 무엇인가?

아직까지 미국의 글로벌 리더십의 잠재적 역량은 상당하다. 미국경제는 여전히 세계에서 가장 역동적이다. 달러는 세계의 기축 통화로 남아 있으며, 전 세계경제는 자국의 침체된 경제를 회복하기 위해 미국의 투자와 산업 기술을 원하고 있다. 미국의 고등 교육 기관들은 여전히 세계 최고이며, 전 세계의 모든 지역에서 인재들을 미국으로 모으고 있다.

미국이 지향하는 자유주의적 정치적 가치는 여전히 변화의 강력한 원동력이다. 러시아, 중국, 이란 등지에서 더 큰 자유를 요구하는 대중의 목소리를 들을 수 있으며, 그들은 미국으로부터 도덕적, 물질적 지원을 늘 기대하고 있다.

따라서 미국의 전략적 위치도 여전히 강력하다. 미국은 전 세계에 50개 이상의 동맹국과 파트너를 보유하고 있다. 러시아와 중국을 합쳐도 그 두 나라는 몇 안 되는 동맹국만을 보유하고 있을 따름이다.

미국에 있어 향후 과제는 이러한 강점을 활용해 전 세계 많은 사람들이 원하는 리더십을 제공하고, 미국 대중이 지지할 수 있는 시대정신의 변화에 부합되는 리더십을 제공해야 한다는 점이다. 미국이 가지고 있는 글로벌 싱크탱크의 지식 파워를 이용해 지난 2년 동안 미국 조야는 세계경제포럼(WEF, World Economic Forum)의 후원하에 다양한 초당적 미국인 그룹과 다른 국가의 대표들과 함께 미국 리더십을 재건하기 위한 전략의 대강을 마련해오고 있다. 여기엔 특별한 마법이 있는 것은 아니지만 현재의 국제 질서를 유지하기 위한 전략은 그 질서를 창조한 전략과 거의 같다고 볼 수 있다.

새로운 도전에 대응하고 새로운 기회를 활용하기 위해 이러한 전략에 적응하고 지속적으로 업데이트해야 할 필요성도 제기된다. 자유롭고 개방된 시장과 번창하는 국제 무역이 가능하게 만든 전례 없는 번영, 민주주의의 확산, 주요 강대국 간의 큰 갈등 회피를 통해 이룩한 지난 20세기 이후 세계의 모든 놀라운 정치경제적 성취는 전 세계에 걸친 지속적인 미국의 참여에 의존해왔다고 볼 수 있다. 미국이 제시하는 다양한 정치, 경제, 외교 및 사회 문화적 비전은 21세기에도 지속될 가능성이 높다.

오늘날의 주요 과제 중 하나는 미국 국민이 많은 혜택을 얻는 글로벌 자유경제 체제를 강화하는 것이다. 트럼프 전 대통령의 '미국을 다시 위대하게(Make America Great Again)'라는 대선 슬로건 역시 민주당의 미국 중심의 글로벌 경제질서 강화와 크게 다르지 않다. 그렇다고 해리스 후보의 대외 전략 역시 이와 큰 차이를 보일까? 미국의 이해관계가 양당 혹은 양당 출신 대통령이라고 해서 크게 다를 수 없기 때문이다. 그동안 미국은 다자 간 세계무역기구(WTO) 체제에서 점차 이해 당사국 간의 자유무역협정 체제로 무역질서 체제를 이동시켜왔다. 이러한 전략 선상에서 미국은 동아시아 및 유럽의 거대한 경제 간의 관계를 강화하는 무역 협정을 통과시켜왔다.

트럼프 전 대통령에 의해 논의중 탈퇴한 환태평양경제동반자협정(TPP)은 미국경제 전반에 상당한 이익을 가져다줄 것으로 추정되었다.[7] 미국은 또한 국제통화기금(IMF)과 같은 기존의 국제기구를 개혁해 중국과 같은 신흥 경제 강국이 더 큰 이해관계를 느낄 수 있도록 노력해야 하며, 아시아인프라투자은행(AIIB, Asian Infrastructure Investment Bank)과 같은 새로운 기관과 협력해 자유주의 경제 규범을 약화시키지 않고 강화하도록 해야 한다는 점도 주목하고 있다. 이는 미국의 실리적 이해관계와 동행함은 물론 중국에 대한 실질적 견제 내지 중국으로부터 최대한의 '부의 이해관계'를 가져오겠다는 점을 의미한다.

　미국을 세계 주요 공급국 중 하나로 만든 에너지 혁명은 또 다른 강력한 전략적 이점을 제공한다. 올바른 정책 연합으로 미국은 유럽과 아시아의 동맹국들이 에너지 공급원을 다양화해 러시아의 에너지가격 조작에 대한 취약성을 줄이는 데 도움을 줄 수 있다고 믿는다. 천연가스 수출에 크게 의존하는 러시아와 이란 같은 국가들의 상대적 영향력은 약화될 것이며, 석유 카르텔인 OPEC도 마찬가지 파급효과를 느끼고 있을 것으로 보인다.

미국만 한 나라는 여전히 단연코 없다

교육, 창의성, 혁신이 결국 국가 번영의 열쇠다. 세계 국가경제는 이러한 사실을 인식하게 되었고, 대부분의 국가들은 미국을 이 분야의 선두주자로 인정한다. 많은 나라들이 미국 시장, 미국 금융, 미국의 혁신에 접근하고 싶어 하는 이유도 여기에 있다.

　미국 시장을 뚫어낸다는 것 자체가 함의하는 바가 크다. 글로벌 표준과 룰을 만족시키는 재화와 용역이라는 신용평가인 셈이다. 전 세계 사업가들은 자신들의 실리콘밸리와는 다른 미국식 기업가정신의 중심지에 가까이 접근하려 든다. 이러한 수요에 부응해 미국 정부와 의회를 통해 민간 부문의 대외, 특히 개발도상국들과 협력을 강화하는 데 초점을 두고 있다. 경기성장기에는 값싸고 질 좋은 재화와 용역의 수입이 증가하지만 경기 둔화기에는 이들 국가들에 일정한 미국의 부채를 떠 넘기는 일종의 헤징(Hedging) 전략의 하나로도 볼 수 있다.

　미국은 이민자들에게는 꿈의 나라다. 현재 바이든 민주당 정부의 이민정책에서 보듯이 이민을 더욱 환영하고 장려하는 태도를 가져야 한다는 목소리가 아직도 유효하다. 트럼프 전 대통령의 이민정책이 텍사스주와 멕시코 국경 간의 거대한 콘크리트 장벽으로 묘사되기도 하지만 본질적으로 미국의 자유주의적 정치, 경제, 사회 및 문화는 이민자들에 의해 성취되었다. 미국의 세계적인 대학에서 공부하는 학생들, 첨단 기술 인큐베이터에서 혁신을 이루는 기업가들, 새로운 기회를 찾는 이민자들이 미국을 강화하고 민주주의가 제공하는 기회를 세계에 보여준다. 미국의 존재 이유는 이민자들이 가지고 오는 그들의 꿈 속에 있다.

　마지막으로, 미국은 동맹국들이 공격을 받을 경우 그들을 지원할 것이라는 확신을 줄 필요가 있다는 점 역시 민주당과 공화당 모두 공감하는 부분이다. 미국이 볼 때 중국이나 러시아, 이란, 북한, IS 등 잠재적인 적들은 현재의 국제 질서에 통합되는 것이 미국의 동맹 관계를 약화시키려는 것보다 더 유리하다는 것을 알아야 한다. 이를 위해 더 이상의 예산 삭감에 대한 우려를 멈추고 국방비와 국제 문제에 대한 모든 기관 및 조직에 대한 지출을 늘려야 한다고 믿는다.

이러한 투자는 '군산복합체 경제(軍産複合體, military-industrial complex)'[8]라는 비판도 받는 원인이 되지만 궁극적으로 글로벌 안보의 안정적 유지에 의해 글로벌 경제망이 합리적이고 효율적으로 운용됨으로써 늘 그렇듯이 충분히 보상받아왔다는 평가가 일반적이다. 이 점에 대해서는 미래 한국이 국토확장이라는 전략적 차원에서 미국의 글로벌 전략, 전술을 심도 있게 연구해야 할 필요가 있는 부분이기도 하다. 언제까지 분단된 국가로 남아 있을 수는 없으며, 동북 3성에 대한 무관심을 그대로 내버려둘 수만은 없는 일이지 않은가?

요약하자면, 이 모든 노력은 상호 연관되어 있으며, 책임 있는 정치 지도자들의 주요 과제는 이들 조각들이 어떻게 맞물려 있는지, 어떻게 믿을 수 있는 사슬체계로 안정적이게 구축되어왔는지 등을 실제로 주변 동맹국들과 잠재적 적들에게 보여주는 것이다. 무엇보다도, 미국은 그들의 전략과 정책, 전술 등이 어떤 결과를 가져올 것인지 등에 대해 재상기할 필요가 있다. 수많은 국민들의 생활 수준을 높이고, 정치 체제를 개방하며, 일반적인 평화를 유지한 국제 질서의 혜택을 받아왔다는 점을 너무나 잘 알고 있기 때문이다.

중국과 시진핑의 '투쟁'은 어떤 도전에 직면할까?

중국의 시진핑 주석이 최근 "투쟁할 용기를 가지라"고 촉구하는 것은 '양날의 검'이다. 중국의 이익에 대한 공격으로 인식되는 모든 것에 대한 경계심과 민감성은 남중국해, 대만해협, 인도와의 국경 등 분쟁 지역에서 과도한 반응을 촉발하고 있다.

다시 부각되는 중국의 '투쟁'

중국은 강력한 지정학적 역풍과 대국 야망에 대한 감시에 휩쓸려들고 있다. 중국이 강화되는 지정학적 역풍과 대국 야망에 대한 감시에 직면하면서, '투쟁(斗争, douzheng)'이라는 개념이 중국의 전략적 담론에서 다시 부각되고 있다. '투쟁'과 '싸움'을 의미하는 시진핑의 중국은 '위대한 부흥(伟大复兴, weida fuxing)'을 달성하기 위한 비전 핵심 가치로 강조되고 있다. 참고로 시진핑 주석이 '중국경제의 어려움'을 고백한 사실은 역설적으로 이에 대한 해법 마련이 준비되었음을 시사하는 것이기도 하다. 향후 중국의 부동산 정책 등을 비롯 경기부양책의 향방에 대해 면밀한 검토가 필요한 이유다.

'투쟁'이라는 개념은 지난 2023년 11월에 있었던 중국 공산당 20차 당 대회에서 당 헌법에 명시되기에 이른다. '새로운 시대를 위한 투쟁'의 필요성은 내부 부패와의 전쟁 캠페인에서부터 '중국이 국외에서 자국의 이익을 더 강력하게 주장하라'는 요청까지 다양한 맥락에서 제기되었던 것이다. 중국이 글로벌 무대에서 더 공격적으로 변하면서, 시진핑은 어떠한 비용을 지불하고서라도 "담대하게 투쟁하라(敢于斗争, ganyu douzheng)"와 "투쟁을 잘하라(善于斗争, shanyu douzheng)"라는 메시지를 보내는 등 중국의 군국주의적 성장과 자국의 주권, 안보 및 경제 이익에 대한 도전에 강력히 저항하려는 최고 리더의 비전으로 인용되고 있다.

중국의 핵심 이익에 대한 공격으로 인식되는 상황에 대해 민감하게 반응하는 것은 확실히 상대국들과의 갈등 위험을 높인다. 이에 따라 중국과의 위기를 관리하고 긴장을 방지하기 위해 미국과 그 동맹국의 더 큰 경계와 협력이 필요함을 의미한다. 하지만 시진핑의 "담대하게 투쟁하라"와 "투쟁을 잘하라"는 메시지는 베이징이 여전히 합리적 행위자로 남아 있을 것이라는 점을 암묵적으로 시사한다. 적어도 리스크와 단점을 평가할 수 있어야 하며, 때로는 불가피하게 다양한 투쟁을 억제할 수도 있어야 한다는 점을 의미하기 때문이다.

따라서 '투쟁'이라는 단어를 단순히 시진핑의 대내외 호전적 지시로만 보는 것은 전체 그림을 놓치는 것으로 볼 수 있다. 즉 '투쟁'은

21세기 중국의 열망과 불안을 내포하고 있으며, 이는 중국 국민들에게 국내외의 어려움이 증가함에 따라 안일해지거나 희망을 잃지 말고 국가의 '위대한 부흥'을 위해 적극적으로 일하라는 호소인 셈이다. 해법에 대해서도 그것의 성공 여부를 떠나 나름 준비된 상태이며, 아울러 현재의 경기침체를 극복할 수 있다는 자신감의 표현으로 받아들여야 한다.

하지만 경제 문제의 악화, 국내 정치적 긴장, 한때 활기찼던 산업 및 지식 공동체들에 대한 억압과 탄압 속에서 과연 젊은 세대나 심지어 나이 든 세대가 당을 얼마나 열정적으로 지지할지는 아직 지켜봐야 할 문제로 보인다. 중국 공산당의 목표를 위해 회의적이고 피로감에 젖은 시민들의 봉기는 그 어떤 외부로부터의 도전보다 시진핑과 최고 공산당 간부들에게 '새로운 시대'를 위한 투쟁에서 더 큰 도전이 될 수밖에 없을 것이다.

이에 대해 간단히 살펴보자. 중국 내부의 문제는 아주 단순한 구조를 가지고 있다. 즉 정치체제는 중국 공산당 일당 독재이면서 경제체제는 대부분 시장경제질서를 받아들이는 이중적 구조를 가지고 있다. 한쪽은 정치, 경제, 사회 및 문화적 '자유'를 제한하지만 또 다른 한쪽은 그 '자유'를 무한대로 보장할 때 성장과 발전이 이루어질 수 있는 모순적 구조이기 때문이다.

우리가 중국 문제를 다룰 때 흔히 부동산 시장경제의 버블 붕괴, 그림자 금융 규모의 천문학적 부실, 지방과 중앙 정부 간의 재정 불일치 등에 대해서 논의하지만 실질적인 문제는 중국 국민들이 가지고 있는 본질적 가치, 즉 "나의 재산에 손을 대는 자는 그 누구도 용서할 수 없다"라는 점에 중국 공산당이라고 해서 예외일 수는 없다는 점이다. 그렇다면 과연 중국 공산당 정부는 그러한 사실, 즉 부동산 버블에 대해 무지했을까? 그렇지 않다. 그들도 부동산 경기와 지방정부의 무차별적 재정확대 정책을 경고한 것은 분명한 사실이다.

중국의 '투쟁' 역사

중국의 '투쟁' 역사를 요약하면 향후 중국이 미국을 비롯한 서구 열강들과 관계 발전에서 어떤 전략 및 전술적 목적과 가치를 가지고 있을지에 대해 짐작할 수 있다. 실제로 '투쟁' 개념은 시진핑 훨씬 이전부터 주요 지도자마다 서로 다른 의미를 가지고 강조되었다. 물론 그 뿌리는 마르크스의 사회주의 철학에서 시작한다. 칼 마르크스(Karl Marx)와 엥겔스(Friedrich Engels)가 공동 집필한 『공산당 선언』[9] 제1장의 첫 번째 문장인 '지금까지 존재한 모든 사회의 역사는 계급투쟁의 역사다'에서 출범한다.

먼저 마오쩌둥은 중국 내전 기간에 중국 공산당(CCP)의 수장으로 올라서면서 마르크스주의의 '계급 투쟁' 개념을 채택해 무장 투쟁과 제국주의 저항에서부터 낭비, 관료주의, 부패에 대한 캠페인까지 모든 것을 위해 이를 사용했었다. 마오쩌둥은 '투쟁'이라는 개념을 사용해 끊임없는 이념 투쟁의 필요성을 정당화했고, 이념 캠페인을 통해 경쟁자와 그의 지도부에 대한 위협을 제거했다. 예컨대 마오쩌둥이 당의 최고 지도자 자리를 확보할 수 있었던 1940년대는 옌안 정풍 운동[10]과 문화대혁명[11] 기간 동안의 '투쟁 회의'가 있었다.

흥미롭게도 시진핑은 의도적으로 자신과 마오쩌둥 사이의 비교를 강조해왔다. 제20차 당대회 이후 시진핑이 새로 임명된 최고 지도자들과 함께 처음으로 방문한 곳은 옌안이었으며,[12] 그는 당의 초창기 시절을 떠올리며 동료 당원들에게 "투쟁 정신을 이어가라"고 격려한 점을 주목해야 한다.

마오쩌둥의 사망 후 1976년 덩샤오핑이 주도한 일련의 개혁 정책들이 진행되었으며, 당시 '투쟁'의 초점은 이념적 의미의 투쟁에서 중국의 현대화와 경제 발전으로 옮겨졌다. 덩샤오핑의 제12차 당대회 연설은 마지막 연설문에서 단지 두 번만 '투쟁'을 언급하고 있다. "우리는 중국을 민주주의가 높고 문화적으로 진보된 현대적 사회주의 국가로 만들기 위해 열심히 투쟁해야 합니다. 우리는 또한 패권주의에 반대하고, 세계 평화를 수호하며, 인류의 진보를 촉진하기 위해 열심히 투쟁해야 합니다." 다만 여기서 말하는 중국의 민주주의란 '인민 민주주의'다. 인민은 공산당 당원과 중국 공산당을 지지하는 공민 중의 일부를 말한다.

이처럼 중국 공산당의 투쟁 접근법은 시대의 필요와 도전에 맞춰 진화해왔다고 볼 수 있다. 푸젠 사회과학원(Fujian Academy of Social Science)의 연구원인 저우룽후이(Zhou Longhui)는 최근 '투쟁'에 관한 논문에서 "투쟁에 대한 끈기와 용기는 중국 공산당의 역사적 경험"

이라고 주장하고 있다. 하지만 그 투쟁이 구체적으로 무엇을 의미하는지는 중국의 외부 및 내부 환경에 따라 진화해온 것으로 보아야 한다고 주장하고 있다.

1934년 대장정 이후 1940년대 중반 국공합작이 이루어지던 중국 공산당의 최고 위기에 이르기까지 공산당의 '투쟁'은 생존을 위한 투쟁이었다면, 덩샤오핑 이후 '투쟁'은 '화평굴기(和平屈起)'와 '도광양회(韜光養晦)'로 대변되는 '흑묘백묘론(黑猫白描論)'이었다. 중국 인민을 먼저 배불리 먹이고 행복하게 살 수 있도록 하는 것이 '투쟁'의 가장 큰 목적이었던 셈이다. 하지만 시진핑의 '투쟁'은 덩샤오핑 이후 시장경제체제의 확산이 몰고온 중국 공산당 일당 독재체제, 즉 정치체제에 대한 도전과 위기의식에 대한 '투쟁'으로 봐야 하지 않을까?

시진핑이 독려하는 '투쟁'은 어떤 투쟁인가?

2012년 시진핑이 권력을 잡은 이후 투쟁의 개념은 다시 한번 변한다. 정치, 경제, 사회 및 문화적 변화를 의미하는 보다 포괄적인 용어가 되었다. 중국이 세계 무대에서 점점 더 강력한 힘을 가지게 됨에 따라 투쟁은 보다 군사적인 성격을 띠게 되었으며, 이는 중국이 자국의 국가 이익에 대한 도전에 저항하겠다는 결의를 나타냈었다. 존 폼프렛(John Pomfret)과 맷 포틴거(Matt Pottinger)의 최근 〈Foreign Affairs〉 기사에서는 시진핑의 '투쟁'에서 군사적 요소를 찾아낸 후

이를 시진핑의 외부 공격성과 연결시켰다.

실제로 시진핑은 투쟁 개념을 사용해 미국 및 서방과의 긴장이 고조되고 있는 상황을 반영하고, 중국 공산당을 외부 세력의 도전에 대비시키기 위해 이를 사용하고 있는 셈이다.

지난 2023년 10월 〈The Economist〉지의 기사에서 언급한 바와 같이 시진핑의 20차 당대회 연설에서 '투쟁'은 모두 22번 등장한다. 이 기사는 모두 6가지 측면에서 시진핑이 투쟁을 강조하는 것으로 분석했다. 즉 22번의 투쟁에서 네 번은 군사 안보를, 두 번은 외부 간섭에 대한 저항을, 가장 많이 사용한 (일곱 번) 경우는 중국 국민들에게 투쟁정신을 강조하는 의미를 나타낸다. 그리고 다섯 번은 반부패에 대한 투쟁을, 세 번은 중국 특유의 사회주의 발전을 위한 '위대한 투쟁'을, 그리고 마지막 한 번은 국내 범죄와의 전쟁을 각각 강조하고 있다.

시진핑은 시대변화의 도전에 능동적으로 대처하되, 행동을 취할 수 있고 성공에 대한 자신감을 가져야 한다는 점을 강조한다. 실제로 최근 몇 년 동안 보다 공격적인 중국 외교 정책은 중국의 이익을 상당히 저해하는 정책을 통해 잠재적 파트너들을 소외시키고 중국의 의도에 대한 전 세계의 경계심을 높여온 것이 사실이다. 이는 투쟁에 필요한 대담함이 능력과 외교적 세련미와 함께해야 한다는 점에서 극히 한계성이 노출된 중국의 대외 전략이라 평가할 수 있다.

하지만 시진핑의 '투쟁'에는 필요할 때 전략적 조율과 타협의 필요성이 모두 포함되어 있다. '투쟁'은 철학적이면서도 전술적이다.

보다 더 현실적인 근본 이념으로서 '투쟁'은 중국 정치체제와 시장경제체제 간에 나타나는 철학과 실용성의 차이, 즉 '체제불안'에 대한 내부 단속의 성격이 전부라 볼 수 있다.

시진핑 시대의 '투쟁'에 대한 재언급은 한편에서는 야심 찬 '중국몽'을 얘기하지만 다른 한편으로는 불안한 중국의 초상화를 그린다는 사실이다. 중국 공산당은 중국의 '위대한 부흥'을 달성하고자 하지만 중국 지도자들은 수많은 내부 및 외부 도전에 대해 여전히 예리하게 인식하고 있다. 현대 시대의 '투쟁'은 여러 가지 의미를 지닌다. 이는 중국 공산당이 반복적으로 강조해온 역사적 고난의 행군과 같은 서사를 상기시키며, 중국인들에게 열심히 일할 것을 독려하고, 불확실한 미래에 대비할 것을 경고하는 것이다.

한편, 시진핑 주석이 "투쟁할 용기를 가지라"고 촉구하는 것은 '양날의 검'이다. 중국의 이익에 대한 공격으로 인식되는 모든 것에 대한 경계심과 민감성은 남중국해, 대만 해협, 인도와의 국경 등 분쟁 지역에서 과도한 반응을 촉발하고 있다.

시진핑이 중국에 '투쟁할 용기'뿐만 아니라 "투쟁에 능숙하라"고 요구하는 점은 중국이 국제관계에 있어 단순히 신중함을 버리라는 의미는 아니다. 시진핑은 중국 공산당에 위험과 약점을 비판적으로 평가할 것을 촉구하고 있으며, 이는 중국이 미국을 비롯한 서구 열강이 대중국 포위정책과 같은 억제 정책에 대해 강력히 반응할 것임을 시사한다. 더 나아가 유연하고 타협적인 외교가 중국의 정책을 반영 및 형성하는 데 여전히 유효한 도구임을 투쟁의 핵심 요소로 받아들일 수 있다는 의미도 된다.

요약하자면, 중국 공산당의 '투쟁'에 대한 요구는 외부 도전에 대한 인식일 뿐만 아니라 발전과 성장 프로젝트가 국내에서도 동일하거나 더 큰 도전에 직면해 있다는 사실을 인식하자는 것이다. 중국과의 경쟁이 심화되는 상황을 관리해야 하는 미국을 비롯한 주요국 정책 입안자들은 이러한 중국의 뉘앙스를 인식하고 베이징의 가장 불안정한 충동을 억제하는 전략을 세우는 동시에, 중국의 위기요인과 야망에서 제기되는 기회를 십분 활용할 수 있어야 한다. 이 과정에서 많은 서강 열강국들은 자국의 국가 이해 관계를 철저히 극대화할 수 있는 목표를 위해 어떤 수단도 정당화하려 들 것이다. 이 점이 중국으로서는 근대화 과정에서 겪었던 '외상후 스트레스 증후군(Post-traumatic stress disorder)'으로 인해 피해의식의 기억을 통해 경계감을 상승시킬 것이다. 우리 역시 미래 대중국 관계에서 이 점에 대한 철저한 분석과 대응이 필요함은 지나치게 강조해도 부족함이 없을 것이다.

세계는 미중 간 새로운 냉전을 대비해야 하나?

다차원적인 글로벌 경쟁 시대에 중국과 협력할 방법을 찾으려면 중국의 모든 '승리'를 미국의 모든 '패배'로 간주하는 일차원적인 사고를 넘어서야 한다. 물론 중국도 이와 같은 메시지를 정확히 전달받아 중국 정부와 국민들이 같은 노력을 해야 한다.

두 강대국 간의 공존이 과연 가능할까?

미국과 중국 간의 관계 설정에 있어 중요한 시기에 접어들었다. 양국 간의 이해관계가 어떻게 형성되는지에 따라 향후 글로벌 외교 및 경제 정책 등이 결정될 것으로 보인다. 일부는 미국과 중국 간의 격화되는 경쟁을 '새로운 냉전'이라고 표현하고 있지만 이러한 표현이 현재 양국 관계를 정확하게 설명하는 것으로 보기에는 다소 무리가 있을 수 있다.

지난 20세기 미국-소련 냉전체제에서 얻은 교훈 중 어떤 것이 현재 미국과 중국의 경쟁에 적용될 수 있을까? 미국이 중국과의 전략적 경쟁에서 승리하려면 어떤 성과가 필요할까? 그리고 두 강대국 간의 공존이 가능할까? 만일 공존이 가능하다면 어떤 공존 형태가 될까?

경쟁은 인간 존재의 본질적인 특징이며 사회적 상호작용이라는 관점에서 보편적으로 늘 존재하는 본능적 속성이다. 세계에서 각기 첫 번째, 두 번째로 큰 경제대국인 미국과 중국은 최고 군비 지출국, 특허를 가장 많이 제출하는 국가, 올림픽 메달의 경쟁자들로서 앞으로도 경쟁할 수밖에 없을 것이다.

이러한 경쟁을 민주주의와 사회주의 형태의 정치체제의 이념경쟁으로 보기엔 무리가 있다. 하지만 이 경쟁이 합리적으로 유지될지, 아니면 미국과 중국의 각각의 이해와 세계의 이해에 해로운 방향으로 나아갈지는 양측 국민들의 선택과 의지에 달려 있다.

미국이 20세기에 마지막으로 강렬한 경쟁에 처했던 시기는 냉전 시기였다. 당시 미국과 구소련은 지정학적 우위를 차지하기 위한 치열한 경쟁을 벌였다. 당시 미국의 주요 전략은 구소련의 팽창주의와 공산주의 확산을 저지하기 위한 봉쇄 정책이었고, 조지 케넌(George Frost Kennan)이 '포린 어페어스(Foreign Affairs)'에서 주장한 바와 같이, 구소련의 팽창주의에 대한 미국의 봉쇄는 구소련이 '자본주의 세계'를 자신의 사회주의 체제에 대한 직접적인 위협으로 보았기 때문에 필요했던 것으로 이해된다. 2차 세계대전 이후 40년 동안 구소련은 전 세계적으로 좌파혁명 운동에 자금을 지원했다. 미국과 구소련은 전 세계의 제3지역에서 대리 전투를 벌였으며, 그중 많은 전투는 격렬한 충돌로 수백만 명의 사망자를 초래했다. 이는 오늘날까지도 관련 지역을 불안정하게 만드는 역사적 유산과 정치적 딜레마를 낳은 배경이 된다.

강력하지만 존재론적 위협은 아닌 경쟁

중국은 중국 나름대로 단순히 구소련의 역할에 맞춰질 수 없는 많은 이유가 있다. 그중 하나는 미국과 중국경제가 냉전 이후 급속한 세계화 시기에 깊이 얽혀 있다는 사실이다. 이 같은 중요한 현실 외에도, 오늘날의 중국과 구소련 간의 근본적인 차이점은 중국이 자국 영토라고 주장하는 대만은 중요한 예외로 볼 수 있지만 중국이 민주적 체제를 전복하려 하거나 자국의 정치 모델을 다른 나라에 강요하려 하지 않는다는 점이다.

중국 공산당은 내부적으로 점점 더 억압적인 권위주의 체제를 통해 이것이 중국의 국정 운영에 적합하다고 정당화하고 있다. 중국은 자국의 체제에 대한 우호적 평가와 찬사를 원하며 외부 비판에 격렬히 반대하고, 글로벌 질서를 자국의 이익에 유리하게 만들고자 한다. 하지만 일단은 자본주의나 다른 민주주의의 존재 자체가 자국의 존재와 모순된다고 보지는 않는다.

요약하자면, 중국은 미국 본토에 대해 어떠한 형태로든 존재론적 위협을 제기하지 않는다는 사실에 주목할 필요가 있다. 미래 특정 시기가 되면 중국이 구 소련처럼 쿠바에 핵잠수함과 미사일을 배치하려 든다거나 미국 본토를 위협할 가능성은 아직은 없는 것처럼 보여진다. 사실 중국의 '개혁개방' 정책 이후 미국 및 다른 민주주의 국가들과의 포괄적인 관계 확대는 중국의 부상과 지난 30년 동안 자국민의 삶의 질 향상의 기반이 되었다는 점을 스스로 인정하는 것과 같다.

또 다른 관점에서 중국은 자국 산업을 유리하게 만들기 위해 완전히 공정하고 상호적인 교환을 채택한 적이 없으며, 중국 공산당 정치체제의 정당성에 도전하는 것을 방지하기 위해 자국 내외로의 정보 흐름을 극도로 제한하는 것도 사실이다. 아울러 자국의 경제적 힘 혹은 경제규모를 무기화해 상대방에게 자신의 의지를 강요하려 드는 것도 엄연한 사실이다.

그러나 중국 지도자들은 지정학적 역풍과 후폭풍을 감지하면서 자급자족 경제체제를 촉구하기도 했지만 동시에 미국, 유럽, 아시아 및 기타 지역의 동료들에게 상호 의존의 끈을 풀지 말 것을 강조하는 이중적 잣대를 가지고 있다는 점도 중요하다. 그들은 단순히 중국의 성장과 번영이 외부 세계와의 지속적인 교류에 달려 있다는 이유로 관계의 안정화에 관심을 보였을 뿐이다. 그 이상이나 그 이하의 대외관계의 진전이나 시장 개방과 자유무역은 물론 정치체제의 전환을 시도한 적이 없었다. 바로 이 점에서 중국은 개혁 개방 이후 지금까지 전면적인 봉쇄 대신, 보다 정밀하고 다차원적인 접근의 중요성을 스스로 인지하고 있었을 것으로 보인다.

팬데믹 이후 글로벌 질서의 변화, 무엇보다 디지털 정보통신 기술의 새로운 업그레이드 표준화와 규칙 설정에 있어 실질적으로는 미국과 매우 긴장한 모습을 보이곤 한 것이 사실이다. 미국과 서유럽 국가들이 이 중요한 시점에서 중국에 대한 전략을 연대해 구체화해 나가면서, 중국이 제기하는 위협의 종류를 정확히 평가하고 성공의 구체적인 매개변수를 찾아가는 것이 장기적인 양국 관계의 성공적 발전에 있어 핵심 요소가 될 것은 분명하다. 따라서 단순한 전면적인 봉쇄 대신, 보다 정밀하고 다차원적인 접근이 그 어느 때보다 필요한 시기라는 점에 이견이 있을 수 없다.

예를 들어 중국은 미국을 세계의 군사적 패권 국가로 대체하려는 의도가 없으며, 가까운 미래에 글로벌 군사적 도전을 제기할 가능성은 낮다는 점을 분명히 할 필요가 있다. 하지만 중국은 대만과의 갈등, 남중국해 및 동중국해, 그리고 국경을 따라 논쟁중인 지역에서의 영토 주장을 강화하기 위해 군사적 우위를 추구하고 있는 것도 사실이다. 이는 미국의 동맹 체제에 대한 중대한 도전으로 인식되고 있으며, 특히 인도-태평양 지역에서 자유롭게 작전할 수 있는 능력에 대해 중대한 위협으로 간주되며, 동맹 및 파트너와 함께 이를 바로 잡아야 한다는 미래 패권에 대한 집착을 더욱 강하게 갖게 하는 단초가 될 수 있다.

군사적 수단이 중국의 핵심 이익을 추구하는 유일한 수단은 아니며 반드시 선호하는 수단도 아니라는 명확한 이해를 바탕으로 이에 상응하는 연성 억제 전략을 수립해야 한다는 목소리도 제기되고 있다. 중국 주변의 파트너들과의 경제적, 외교적, 안보적 유대 강화는 앞으로 몇십 년 동안 미국의 글로벌 패권에 대한 안정성을 유지하고 미국의 이익에 유리한 환경을 유지하는 데 중요하다는 점은 더 이상 강조할 필요가 없을 것으로 보인다.

이를 좀더 확장하면, 러시아와 중국, 미국과 중국, 러시아와 유럽, 미국과 유럽의 상호 관계성 속에서 분명한 점은 중국은 적어도 러시아와 같이 유럽과 미국을 모두 가상의 적대적 관계성 속에 들여다보려는 대외정책은 아직은 다소 무리라는 판단이다.

잠재적 후폭풍을 철저히 고려해야 한다

경제적 관점에서 미국의 기술적 우위를 보호하기 위한 전례 없는 수출 제한과 중국을 주요 공급망에서 배제해 미국의 취약성을 줄이려는 급박함이 엿보인다. 하지만 이렇듯 지나치게 보호주의무역정책으로 나아가기 전에 단기적인 이득뿐 아니라, 이러한 전략과 전술의 장기적인 결과에 대한 광범위한 검토가 필요하다는 점에 대해서도 충분한 검토가 필요하다. 예컨대 미국의 정책이 글로벌 경제 질서에 어떤 선례와 규범을 설정하고 있으며, 그것이 미래에 어떻게 미국과 그 동맹국들에게 유불리한 파급효과로 돌아올 것인지 등에 대한 전방위적이고 포괄적인 이해가 선행되어야 한다.

경제적 및 기술적 연계는 상호 체제 내 단점을 이해하고 모든 당사국들이 안정적인 관계를 유지하려는 유인을 강화한다. 만일 그렇지 않을 경우 발생할 수 있는 잠재적 후폭풍을 철저히 고려하지 않으면 미국과 그 동맹국들 간에 자칫 불리한 결과를 가져올 수도 있다. 1990년대 후반 이후 미중 양국 간 경제 상황, 즉 인플레이션이 발생하지 않은 상태에서 고도성장을 구현할 수 있었던 '골디락스(Goldilocks economy)'[13] 경제는 양국 관계가 정상적이면서 상호 이해관계가 상충되지 않는 상태가 지속될 때 가능하다는 점에 다시 한번 주목할 필요가 있다. 데이비드 리카도(David Ricardo)의 무역이론에서 '비교우위'[14]에 따른 자유무역을 강조하는 원칙을 크게 벗어나지 않을 경우 글로벌 경제 전체에 긍정적 파급효과가 그렇지 않을 경우에 비해 상대적으로 크다는 점은, 미중 양국 모두 한 번쯤 깊게 생각해봐야 할 대목이다.

더욱이 중국은 구소련이나 과거 마오쩌둥의 혁명적 중국보다 훨씬 더 미묘한 외교적 및 이념적 도전을 제기하고 있다는 점에 유의할 필요가 있다. 즉 '흑묘백묘론(黑猫白描論)'의 원칙에 입각해 어떤 정권 유형이든 상관없이 거래할 준비가 되어 있다. 또한 신흥국이나 개발도상국들이 선진국들과 동등한 발언권을 갖는 세계무역기구(WTO)와 같은 '다극적 글로벌 질서'를 지지하는 전략과 전술은 지구상 대다수의 국가들이 개발도상국의 위치에 있다는 점에서 제법 설득력을 가진다.

이러한 중국의 대외 전략에 맞서 효율적으로 경쟁하려면 소프트 파워를 구축하고 자원을 제공하며, 개도국 경제에 존재하는 진정한 불만을 해결해야 한다. 미국은 이미 20세기 전반에 걸친 글로벌 패권의 헤게모니 구축 과정에서 단순히 다른 국가들에 중국과의 협력을 경고하고 그 존재를 무조건적으로 반대하는 것만으로는 부족하다는 점을 누구보다 정확히 알고 있다.

미국과 중국의 새로운 냉전체제

비록 미중관계는 과거 구소련과 미국 관계처럼 이데올로기적 상극체제는 전개되지 않고 있지만, 안타깝게도 최근 몇 년간 양국 관계에서 새로운 지정학적 상황이 전개되고 있다. 미국과 중국은 서로의 세계관을 깊이 의심하고 적대적인 다극적 세계에서 공존하고 있다. 동시에 두 나라는 서로를 압도할 수 없다는 것을 인식하고 있으며, 이로 인해 두 나라는 직접적인 군사 충돌을 피하면서도 양국 간 경쟁을 다른 영역으로 확산시키고 있다는 점에 대해 우리는 이러한 지정학적 상황을 '신냉전'이라고 부른다.

무엇보다 중국의 경제적 노력이나 외교적 성과가 모두 미국의 이익에 해롭다고 간주해서는 안 된다. 러시아-우크라이나 전쟁, 핵 확산, 기후 변화, 채무 구제와 같은 많은 글로벌 도전 과제는 중국이 해결의 일원으로 참여해야 한다는 점을 설득하고 강조해야 한다. '자국의 경제적 편익이 타국의 경제적 비용을 토대로 이루어지는 것은 바람직하지 않다'는 점에 대해 국제사회 일원으로서 글로벌 경제 시스템을 통해 국부를 구축하는 국가경제로서의 역할을 강조해야 한다.

이처럼 다차원적이고 전방위적인 글로벌 경쟁 시대에 중국과 협력할 방법을 찾으려면 중국의 모든 '승리'를 미국의 모든 '패배'로 간주하는 일차원적인 사고를 넘어서야 한다. 물론 중국도 이와 같은 메시지를 정확히 전달받아 중국 정부와 국민들이 같은 노력을 해야 한다.

지금까지 전개된 미중 간 갈등의 일부 요인은 이러한 중국의 의도와 협력 의지에 대한 의구심에서 비롯된 것으로 보인다. 보다 건설적인 공존을 추구하고, 새로운 냉전 상태를 배척하는 것에 대해서는 어느 일방의 양보만을 기대해서는 안 된다. 그러한 자세는 매우 무책임하며, 어느 국가의 이익에도 부합하지 않는다.

중국 공산당 역시 미국과 서유럽 열강을 자신들에 대한 존재론적 위협으로 의심할 수 있다. 19세기 중반 이후 두 차례에 걸친 아편전쟁에서 얻은 트라우마가 있기 때문이다. 역사적 사실과 진실에 대한 왜곡이나 호도는 중국이 세계를 바로 보는 시각을 사시적으로 만들 가능성이 있다는 점도 유의할 필요가 있다.

먼저, '신냉전'이라는 용어와 1947년부터 1991년까지 미국과 구소련 사이에 있었던 '냉전(Cold War)'이라는 역사적 사건에 대한 정의를 구분하는 것이 중요하다. 역사적 사건은 특정한 상황과 행위자들에 관한 것이지만 '냉전'이라는 용어로 정의된 상태(즉 직접적인 전쟁 없이 모든 영역에서 전개되는 정치적 적대 상태)는 오늘날의 미중 관계에 적절히 적용될 수 있다. 이는 한 세대 전 구소련과의 관계에서도 마찬가지

였다. 하지만 일부가 여전히 묻는 질문, 즉 '미국과 중국이 새로운 냉전체제에 운명적으로 맞닥뜨리게 될 것인가'라는 질문은 잘못된 가정과 가설의 범주에 속한다. 신냉전은 이미 존재하고 있고, 따라서 우리가 물을 수 있는 질문은 '첫째, 신냉전이 어떻게 전개되기를 원하는지, 둘째, 그 냉전은 얼마나 지속될 것인가' 등에 대한 것이다.

냉전의 독특한 특징 중 하나는 그 시작을 오직 과거의 경험을 토대로 이해할 수 있다는 점이다. 적대적의 상대국들은 공식적으로 적으로 선언하거나 선전포고를 하지는 않지만 실질적인 양측의 행동이 점진적으로 부정적 관계가 축적되면서 조지 오웰(George Owell)의 소설 『1984년』에서 서술된 전체주의 정권의 모순된 슬로건, 즉 "전쟁이 곧 평화, 자유는 노예며 무지가 곧 힘(War is peace. Freedom is slavery. Ignorance is strength)"이라는 말에 동의하게 된다.

신냉전중에 있다는 것을 인식하는 것은 긍정적인 글로벌 관계를 결코 의미하지 않는다. 냉전은 비용이 많이 들고 위험하지만 가장 나쁜 옵션은 아니다. 하지만 한편으로는 냉전이 없다고 가장하면서 모호성과 오판이 악화되는 것은 훨씬 더 비용이 많이 들고 위험할 수 있다. 미국은 이러한 도전에 직면하고 있고, 따라서 미국의 국가 이해관계에 보다 광범위한 합의를 이루어내기 위해 동맹국은 물론 중국과도 협력해야 할 필요성이 있다.

이러한 도전이 힘의 균형을 무너뜨릴 때, 마치 구소련과 무기 경쟁을 통해 구소련을 파산시킨 것처럼 사라질 것이라고 믿을 때, 글로벌 질서의 불안정성과 오판을 초래할 가능성이 높다는 점을 깊게 고민할 필요가 있다. 호전적이고 극우적인 어떤 이들에게는 매우 바람직한 위로가 될 수 있지만 이는 책임 있는 정책과는 정반대라는 점은 명확하다. 이것은 미국이 원하는 결과도 아닐 것이다.

보잉사가 태평양을 3시간에서 4시간 만에 주파할 수 있는 초음속 비행기를 개발하고, 미중 양국은 물론 중국과 유럽 국가들 간의 공동 이해관계를 고려할 때, 중국 역시 마오쩌둥 사후 경험한 경제 발전에 맞춰 정치적 자유화를 겪는 것이 객관적으로 더 낫다는 판단을 언젠가는 할 수 있지 않을까? 어쩌면 미국과 그 동맹국들의 전략은 마치 19세기 중반의 두 차례에 걸친 아편전쟁과 같은 무력을 통한 중국의 지배력 약화를 도모하기보다 중국의 경제 발전을 지원하고 사람들 간의 관계를 강화하는 것이 올바른 방향일 것이다. 그로써 결국 정치적 자유화가 일어나고 중국이 머지않은 미래에 자유주의 국제 질서 안에서 더 잘 융합될 수 있도록 중국과 교류를 강화하는 것이다. 사실 이 같은 전략은 지난 20세기 동안 미국이 수많은 권위주의 정권에 적용해온 전략이기도 하다. 물론 일부는 극적인 성공을 거두었고, 일부는 실패했다.

미국은 글로벌 리더로서 자신감과 포용력이 필요하다. 미국을 비롯한 동맹국들 입장에서 '자유시장체제'와 '민주주의적 정치체제'를 통해 중국과 적극적으로 교류하는 것이 중국 공산당에 대한 존재론적 위협으로 인식되지 않도록 하는 것이 무엇보다 중요하다. 미국과 동맹국들이 중국 공산당의 붕괴를 초래하는 전략 위에 보다 자유로운 교역과 교류를 강조하는 것이 미국과 동맹국들의 목표가 아니라는 점을 분명히 할 필요가 있다.

　미국과 동맹국들이 민간 차원에서 지금까지 보인 평화롭고 협력적인 의도로 볼 때 의심할 여지 없이 많은 중국 국민들은 이 같은 서방의 대중국 정책이 선의로 이루어졌으며 상호 번영을 중시한다고 이해하고 있을 수도 있다. 하지만 중국 공산당 지도부는 이와 상반된 해석을 할 수 있다는 점에 대해 결코 당황하거나 강압적인 태도를 나타내서는 안 된다. 왜냐하면 그들의 관점에서 '교류'와 '교역'은 당의 권력 독점력을 약화시키려는 전략과 전술로 왜곡될 수 있기 때문이다. 글로벌 질서에서 교역 및 교류의 투명성, 법의 지배, 시민 사회의 독립적 영역, 제한된 정부와 같은 규칙과 규범의 틀을 강요하는 듯한 전략은 중국 공산당의 보호주의적 정치 체제를 선호하고 유지하려는 시도를 더욱 합리화할 수 있기 때문이다. 이러한 개념은 마르크스-레닌주의 당 체제에 치명적인 위협이 된다고 보기 때문이다. 스티븐 코트킨(Stephen Kotkin)과 오르빌 쉘(Orville Schel)이 최근 〈Foreign Affairs〉의 팟캐스트[15]에서 주장했듯이 "레닌주의 정당에 정치적 개혁 균형이란 없다."

　중국은 2003~2013년 사이 후진타오의 통치 말기에 중국과 구소련 간에 균열이 생기고 다른 나라에서 색깔 논쟁이 발생하면서 당은 위험을 인식하고 스스로를 보호하기 위한 길을 모색한 바 있었다. 이때 새로운 포괄적 국가 권력을 활용해 중국 공산당은 미국과의 냉전을 시작했고, 동시에 국내외에서 자신의 입지를 강화하기 위해 시간을 버는 전략을 채택한 바 있었다. 실제로 중국 공산당이 미국을 존재론적 위협으로 인식하고 있다는 사실을 인정하는 것은 지난 10년간의 변화들을 이해하는 데 중요한 요소다.

이 위협 인식은 2013년 1월 5일 시진핑의 중앙위원회 첫 연설에서 그는 당에게 '역사적 허무주의'가 구소련 공산당을 어떻게 파괴했는지 배울 것을 요구했었다. 그는 당을 상대로 "경제, 기술, 군사 분야에서 중국과 선진 서방 국가들 간의 장기간의 협력과 갈등에 대비하라"고 촉구했다. 그러면서 '자본주의는 필연적으로 사라지고 사회주의가 승리할' 때를 대비해 당이 국제 시스템에서 지배적 위치로 나아가야 한다고 강조했었다. 그리고 당의 성공 여부를 결정하는 데 이념 작업의 중요성을 강조하면서 시진핑은 미중 간의 냉전이 떠오르고 있다고 인식하며, 권력을 잡은 첫 몇 달 동안 당의 승리 전략을 구체화하기 위한 전략 수립을 강조했었다.

신냉전보다는 전략적 관리를 선택해야 한다

향후 미중 간의 갈등 구조를 새로운 냉전으로 받아들인다면, 이 새로운 냉전에 대해 어느 쪽이 더 책임이 있는지, 또는 이를 피할 수 있었는지에 대한 논의는 많은 논쟁을 불러일으킬 것으로 보인다. 하지만 결론은 비교적 명확하다. 즉 양측 모두의 책임이다. 어쩌면 미국의 책임이 조금은 더 크다고도 할 수 있다. 왜냐하면 미국은 주요 지정학적 및 경제적 이점을 가지고 있으며, 중국이 미국의 글로벌 리더십을 당장 대체할 가능성은 크지 않다고 보기 때문이다.

물론 여기에 대한 반론도 충분히 가능하다. 첫째, 지정학적으로 미국은 두 개의 대양과 우호적인 이웃에 둘러싸여 있다. 반면 중국은 인도, 인도네시아, 일본, 말레이시아, 필리핀, 베트남과 영토 분쟁을 겪고 있다. 둘째, 에너지 수급에 있어 미국은 중국보다 우위에 있다. 셰일 가스와 원유 생산 및 수출에 있어 미국은 충분한 비축은 물론 수출까지 할 수 있는 자원을 가지고 있다.

반면 중국은 미국이 해상 우위를 가진 페르시아만과 인도양을 통해 에너지 수입에 크게 의존하고 있고, 중국이 아무리 남중국해에 대한 해양기지를 건설한다고 해도 이는 페르시아만을 우선 통과하는 해양 수송로에 대한 지배권을 갖기에는 역부족이다. 다만 대만, 필리핀 및 일본 등과의 마찰은 불가피할 전망이다. 결국 미국은 중국에 대해 경제적으로는 '중국 때리기(China bashing)' 전략과 함께 군사적으로는 '중국 포위전략(China Containment Strategy)'를 모두 사용할 수 있는 위치에 있다.

셋째, 미국은 향후 10년 동안 노동력이 증가할 가능성이 있는 이점을 가지고 있으며, 중국의 노동력은 초고령화 등을 통해 줄어들 전망이다. 중국의 생산가능 인구는 2015년에 정점에 달했다는 점에 주목할 필요가 있다. 이처럼 중국의 인구 감소에 대한 답은 생산성을 증가시키는 것이지만, 총요소 생산성은 감소하고 있으며, 중국 공산당의 엄격한 통제가 민간 기업가 정신에 부정적인 영향을 미치면서 황금알을 낳는 거위가 점차 약해질 수 있다.

넷째, 중국이 일부 세부 과학기술 및 산업 분야에서 뛰어난 성과를 내고 있지만, 미국은 생명공학, 나노기술, 정보기술의 핵심 기술에서 여전히 선두를 유지하고 있다. 미국의 연구 대학들은 고등 교육을 지배하고 있으며, 중국의 대학들은 아직 글로벌 상위 20위권 안에 대학들이 많지 않다.

다섯째, 미국은 중국보다 훨씬 더 큰 소프트 파워를 보유하고 있으며, 미국의 개방성과 민주적 가치는 당분간 미국의 소프트 파워와 스마트 파워를 지속시킬 가능성이 높다.

따라서 미국으로서는 새로운 냉전보다 더 많은 가능성을 가진 전략적 관리를 선택할 수 있다면, 그 길이 미국과 중국 양국 간의 부의 확장은 물론 글로벌 경제질서에 보다 긍정적 파급효과를 가져올 것이 분명하다.

대중국 관계에 있어 미국의 원칙적 접근 방식

냉전 비유는 한편으로는 매우 설득력이 강하다. 그것은 마치 미국인들에게 공통의 위협에 맞서 함께 싸우자는 강력한 호소이며, '악의 제국'과의 장기적인 경쟁 끝에 미국이 승리하는 모습을 떠올리게 하기 때문이다.

하지만 이러한 체제적 비유는 자칫 양국 관계에 지나친 긴장관계와 왜곡을 초래하며, 역효과를 낳을 수 있다는 점에서 어느 정도 피해야 하는 접근 방식이다. 더구나 향후 기후 변화와 재생 가능 에너지 전환과 같은 공동의 도전에 대응하는 데 중국의 참여가 필수적이라는 경제적 및 기술적 상호 의존의 정도를 간과한 것일 수도 있기 때문이다. 아울러 좋든 싫든, 중국이 120개 이상의 국가와 최대 거래 파트너라는 경제적 현실과, 어느 국가도 미국에 완전히 동조해 중국에 맞서기를 꺼릴 것이라는 사실을 무시할 수 없기 때문이다.

중국을 존재론적 이념적 적으로 묘사하는 위험은, 비록 그것이 상당한 증거와 설득력을 가진다 하더라도, 미국을 '거대한 외로운 섬'의 경제로 스스로를 가두어버릴 수 있다. 이로 인해 미국이 오랫동안 구축한 글로벌 리더로서의 가치와 이상이 손상될 수 있다는 점도 간과해서는 안 된다. 미국과 중국 두 나라는 냉전을 통해 양국관계를 지속적으로 긴장과 경쟁 관계로 정의하려 들면, 결국 어느 한 쪽은 패배주의적 사고에 더욱 몰입하게 된다. 그러면 미래 공동의 이해관계를 두고 더욱더 냉전 혹은 심각한 전쟁 시나리오를 극복할 수 없게 될 수도 있다.

시진핑은 구소련의 지도자들과 달리 중국 공산당이 해외에 혁명을 수출하기보다는 국내의 정권 강화에 더 집중하고 있다는 점에 주목해야 한다. 양국 간 불필요하게 지나친 긴장 관계는 글로벌 질서 체제의 뉴노멀을 찾아가는 과정에서 상당한 비용을 유발할 수 있다는 점에 유의해야 한다. 시진핑 주석의 이념 강조는 중국 공산당의 이념을 해외로 수출하고 냉전과 유사한 블록을 형성하고자 함이 아니라, 중국 내부의 정치제도와 경제제도 간에 발생하고 있는 양 극단의 체제 '갭'에 대한 단속이자 보강적 의미를 갖는 것으로 해석되어야 하지 않을까?

'중국식 사회주의'를 수용하면서 '중국식 시장경제'를 동시에 받아들인다는 것은 일종의 인류 문명사적인 실험으로 보여진다. 일당 독재체제가 인간의 자유를 어느 정도까지 통제 가능한지, 아니면 인간 스스로가 공산당체제를 신격화함으로써 그 스스로가 공산당의 '노예'적 가치를 숭배할지는 이미 1991년 구소련의 붕괴로 그 결과가 자명하게 드러난 셈이다. 따라서 진실은 오늘날 많은 국가경제가 정치 이념적 깃발 아래 결집하기보다, 실질적이고 실용적인 경제적 부의 분배에 더 많은 관심을 보이고 있다는 점이다.

그들은 자율성, 강압으로부터의 자유, 그리고 발전과 번영의 기회를 추구한다. 많은 아프리카와 라틴 아메리카 국가들은 중국의 성장하는 경제를 자국에 유리하다고 보고 있으며, 많은 국가경제들은 더 이상 정치적 이념의 2가지 옵션 사이에서 선택하도록 강요받고 싶어하지 않는다. 민주주의와 독재 간의 국내적 갈등을 세계 정치에 투사하는 것은 잠재적 파트너들 사이에서 공감을 얻지 못할 것이다.

미국 역시 100만 명 이상의 사망자를 초래한 재앙적인 팬데믹에 대한 대응과 2021년 미국 국회 의사당에서 발생한 치명적인 폭동 사태 이후, 지난 20세기 동안 보여준 글로벌 리더로서의 매력과 신뢰도에 큰 타격을 입은 것도 사실이다. 바이든 행정부하에서는 어느 정도 미국의 대외 정책에 대한 신뢰도가 개선되긴 했지만 바로 이러한 미국의 변화가 2024년 미국 대선에 대해 우려하는 배경이 된다는 점이다.

미국의 대중국 전략과 관련해 최선의 행동 기준은 중국과 평화롭고 건설적이며 경쟁적인 공존을 구축하는 것이다. 단순히 경쟁을 위한 경쟁이 아니라 경쟁적 행동의 경계를 설정하는 원칙적 프레임워크 설정으로 향후 글로벌 전략상 미국의 이해관계를 극대화한다는 것을 목표로 삼아야 한다. 이를 통해 미국과 중국의 이해가 겹치는 영역에 주목하고 자원을 할당할 수 있는 공간을 마련해야 한다.

최소한 양국은 유엔 헌장에서 제시된 주권과 비공격의 원칙을 강화하고, 다양한 시스템의 세계에서 공유된 이익을 인식하는 실용주의 정신을 되살려야 한다. 이러한 관점에서 미국의 전략은 중국을 초월하려는 노력과 함께 두 국가가 공히 세계질서 안정에 기여할 수 있는 긍정적인 비전으로 대체해야 한다.

"동양이 떠오르고 서양이 쇠퇴하고 있다"는 말에 다소 정치외교적 프로파겐다(propaganda)가 존재함에도 불구하고, 중국 지도자들은 중국이 미국을 넘어서기에는 상당한 시간이 필요할 것이라는 점을 충분히 인지하고 있는 것으로 보인다. 지금까지 경제적 관점에서 미국의 대중국 접근 방식에 대한 가장 현실적 표현은 '탈리스크화(de-risking), 아니면 탈동조화(decoupling)'였다. 일부는 '디커플링(Decoupling)'을 얘기하지만 적어도 글로벌 질서체제가 미국, 유럽(EU) 및 중국 등 삼극체제로 전환되기까지는 전혀 불가능한 이야기다. 오히려 삼극체제가 완성된다 하더라도 이들이 상호배타적 교역이나 정치외교적 관계를 유지할 것이라는 가정은 맞지 않다. 다만 현재로서 미국은 중국의 글로벌 질서체계에서 국가위상의 급격한 부상을 놓고 이를 적용할 의미를 명확히 할 필요가 있다.

중국이 어느 날 신데렐라처럼 갑자기 아무것도 없는 상태에서 미국의 바로 뒤에 서는 경제 대국으로 성장한 것이 아니라, 구 냉전체제 기간 동안 가지고 있었던 잠재력이 '개방'이라는 덩샤오핑의 정책과 함께 '빅뱅'적 경제 성장을 구가하는 데 결정적이었다는 측면을 오히려 긍정적으로 평가하는 여유도 가질 수 있어야 하지 않을까? 동시에 미국과 글로벌 이해관계에 유익한 기술적 통합과 상업적 참여의 이점을 평가할 수 있어야 한다.

만일 중국과 협력 관계에서 파생되는 편익이 정당하고 유익한 경우에는 미국은 중국과의 유대를 유지하고 확장하기 위해 노력해야 하며, 이미 내부적으로는 이러한 평가가 끝난 것으로 보아도 무방할 듯하다. 미국 기업들이 미국 정부를 궁극적으로 극복할 것으로 보기 때문이다.

헨리 키신저 전 국무장관이 2023년 7월 18일 중국을 방문한 핵심 배경을 자세히 살펴보면, 결국 미국 기업들은 자금을 모아 고령의 키신저 전 국무장관을 중국에 보냈고, 이는 향후 미래 시장으로 중국경제에 대한 시진핑 주석의 개방과 협력에 대한 로드맵을 듣고자 함이었을 것이다. 인공지능(AI)에게 헨리 키신저 국무장관이 중국을 방문한 이유를 물으면, 다음과 같이 대답한다:

첫째, 외교적 대화 가능성 문제로, 미국과 중국 간의 긴장 완화와 외교적 대화를 촉진하기 위해 방문했을 수 있다. 키신저는 외교적 중재자로서의 역할을 할 수 있기 때문이다.

둘째, 경제적 협력을 위함이다. 양국 간의 경제 협력 방안을 논의하고, 상호 이익이 되는 경제적 협력을 모색하기 위해 방문했을 수 있다.

셋째, 전략적 안보 관점에서 양국 간의 전략적 안보 문제를 논의하고, 지역 및 글로벌 안보 문제에 대한 협력 방안을 모색하기 위해 방문했을 수 있다.

넷째, 기후 변화 및 국제 문제와 관련해 기후 변화와 같은 글로벌 문제에 대한 협력 방안을 논의하기 위해 방문했을 수 있다.

다섯째, 역사적 연대를 강조함으로써 양국 간 신뢰를 증진하기 위해 방문했다.

이 가운데 가장 근원적이고 실질적인 이유는 바로 두 번째인 '경제적 협력'을 위함이었다.[16] 가장 동떨어진 AI의 대답은 네번째인 '기후 변화와 관련한 국제 협력 관계 논의'라는 추정이다. 하지만 〈뉴욕 타임스(NewYork Times)〉에 따르면 키신저의 방문은 미국 기업들이 일정한 액수의 기금을 모금하고 키신저를 통해 중국 고위 정부 당국자들의 향후 시장개방 및 미국 등 서구 열강들과의 관계 개선 및 가능성을 알아보고자 이루어진 것으로 보인다.

광범위하고 포용적인 연합을 강화하기 위해, 미국은 중국에 대해 가능한 한 큰 우위를 유지하는 것을 넘어서서 목표를 설정하고 이를 방해하기 보다는 자극하지 않는 적절한 수단과 일치시켜야 한다. 이는 어느 정도의 경제적 상호 의존성이 중국의 호전성을 억제하는 중요한 원천으로 남아 있다는 것을 인식하는 것을 의미한다. 또한 새로운 무역 및 교류, 투자 등에 관한 규칙을 구축하고, 타협 가능한 영역과 공유된 관심 분야에 대한 합의를 도출하기 위한 정기적이고 지속적인 고위급 외교를 유지해야 한다.

자유주의 국제 질서는 자유의 확대와 향유에 관한 한 늘 자유가 제시한 것보다 덜 자유로웠다. 자유가 한 순간 확장하던 절정기에도 미국은 세계에 민주적 가치와 시스템을 설득하는 데 어려움을 겪었으며, 그 결과 간혹 의도치 않은 심각한 결과를 초래한 적도 있었다.

오늘날의 다극화된 세계에서는 미국이 보다 현실적인 목표를 설정하고, 무엇보다도 자국의 자유주의 질서를 재정비하는 것을 우선시해야 하지 않을까? 어쩌면 미국 리더십의 미래는 헨리 키신저와 조지 슐츠 전 국무장관과 같이 실질적이며 실용적인 미국의 리더십을 가지고 대통령을 보좌할 수 있는 창의적이고 전략적인 비전을 가진 걸출한 국무장관의 출현이 아쉬운 측면이 크다.

한반도의 지정학적 가치,[17] 고도의 전략이 필요하다

2024년 기준 한국과 러시아 간의 '말의 공방'이 지속되고 남북한 간의 군사적 대립이 격해지고 있다. 한반도를 둘러싼 동북아 지역 정세는 한마디로 첨예한 대립 구도가 형성되고 있는 상황이다. 중러 갈등을 이용한 외교전략의 유연성 제고가 필요하다.

동북아에서 첨예한 대립 구도가 형성되고 있다

미중 양국 간의 경쟁관계를 정리하는 가운데 러시아의 푸틴 대통령의 동북아 긴장관계를 이용한 틈새 전략이 구체적으로 무엇인지를 살펴봐야 한다. 한반도를 둘러싼 소위 4대 강국들과 부딪힐 수 있는 이해관계 속에 우리가 반드시 취해야 할 이해관계가 존재하기 때문이다.

푸틴 러시아 대통령이 지난 2024년 6월 19일 새벽, 24년 만에 평양을 방문해서 북한과 '포괄적 전략 동반자 관계에 대한 조약'을 체결했다. 평양 방문 이전 푸틴은 이례적으로 구소련 시절을 포함한 북-러 관계의 70여 년 역사를 개괄하는 서한을 〈노동신문〉에 게재했다. 이 서한에서 러시아-우크라이나 전쟁을 지지하는 북한에 감사를 표시하는 한편, 미국의 군사적 압박에 대한 공동 대응을 강조했다. 푸틴은 북한에서 확대정상회담과 단독정상회담을 각각 한 차례 가진 후에 베트남으로 향했다.

푸틴의 북한 방문이 주목받는 이유는 북-러 포괄적 전략 동반자 관계에 관한 조약 내용 때문이다. 이 조약은 총 23개항으로 구성되어 있는데, 이 가운데 제3조와 제4조가 자동군사개입에 해당되는지의 여부를 놓고 주목받았다. 제3조는 "쌍방 중 어느 일방에 대한 무력 침략행위가 감행될 수 있는 직접적인 위협이 조성되는 경우 쌍방은 어느 일방의 요구에 따라 서로의 입장을 조율하며 조성된 위협을 제거하는 데 협조를 상호 제공하기 위한 가능한 실천적 조치들을 합의할 목적으로 쌍무 협상통로를 지체없이 가동시킨다"는 것이다.

제4조는 "쌍방 중 어느 일방이 개별적인 국가 또는 여러 국가로부터 무력 침공을 받아 전쟁 상태에 처하게 되는 경우 타방은 유엔헌장 제51조와 조선민주주의인민공화국과 러시아연방의 법에 준해 지체 없이 보유하고 있는 모든 수단으로 군사적 및 기타 원조를 제공한다"는 것이다. 이같이 적시한 것이 자동군사개입 여부를 놓고 주목받았다.

이번에 새롭게 비교적 강화된 북러 간 포괄적 전략 동반자 관계 조약 체결로 과거 2000년 2월에 체결했던 북러 간 협정은 자동 폐기된 셈이다. 이후 푸틴 대통령은 "한국이 북한을 공격할 의향이 없으므로 문제될 것이 없다"는 발언을 했고, 한국 정부는 러시아의 북한 군사지원 가능성을 견제하며 '우크라이나에 대한 무기 지원 재검토'라는 초강수를 두기도 했었다.

이후 한국과 러시아 간에 벌어진 성명서 발표를 단순히 '언쟁'에 그친 것으로 볼 수도 있다. 하지만 언제 이러한 말들이 구체적인 행동으로 이어질지 예측하기 어려운 상황이 만들어지면서 한러 관계는 1990년 9월 30일 국교 정상화 이후 매우 불편해졌고, 이로 인한 동북아 정세의 안정판이 흔들리기 시작했다는 점에 주목해야 한다.

한편 북한은 2024년 6월 29일부터 7월 1일까지 당 중앙위원회 8기 10차 전원회의 확대회의를 개최했지만 예전과는 달리 러시아와의 관계를 비롯한 대외관계나 군사문제에 대한 일체 언급없이 2024년 상반기 사업 평가와 하반기 사업 방향성만을 제시하고 막을 내렸다.[18] 2024년 기준 한국과 러시아 간의 '말의 공방'이 지속되고 남북한 간의 군사적 대립이 격해지고 있다. 한반도를 둘러싼 동북아 지역 정세는 한마디로 첨예한 대립 구도가 형성되고 있는 상황이다.

중러 관계의 미묘한 기류

푸틴의 북한 방문은 의미가 깊은데, 푸틴이 대통령 당선 이후 중국에 이어 방문한 두 번째 국가가 북한이라는 점을 주목해야 한다. 러시아 전문가들의 대부분은 우크라이나와의 전쟁이 장기화되는 가운데 이 전쟁에서 질 경우 푸틴의 입지가 약해질 수밖에 없다는 위기의식이 작동하고 있기 때문에 전쟁을 포기할 수 없으며, 미국을 비롯한 서방진영의 압박에 대응하기 위한 행보를 강화하고 있다고 평가한다. 하지만 필자의 생각은 다르다. 푸틴이 주창하는 소위 '유라시아 비전(Eurasia Vision)'의 한 축으로 미래 한반도와 러시아의 시베리아, 연해주 등을 잇는 극동지역 개발시대를 염두에 두고, '동방포럼(EEF, Eastern Economic Forum)'을 유지하고 있는 점에 주목한다. 시진핑 주석의 중국몽이 산업, 기술 및 경제적 도약을 의미한다면, 러시아의 꿈 역시 극동지역 개발에 초점을 두고 있다. 앞서 지적한 바 대로, 중국은 원하건 원하지 않건, 대미 및 대러시아 관계 속에 균형을 잡지 못할 경우 과거 역사의 반복이 재개될 가능성이 높아 보인다.

이러한 평가에 기초할 경우 푸틴이 북한과 새로운 조약을 체결한 이유는 북한에서 러시아가 부족한 무기 및 인력(주로 건설 인력)을 지속적으로 공급받기 위한 방편이라는 분석이 가능해진다. 북한은 무기지원의 대가로 러시아로부터 식량, 에너지 및 첨단무기 기술을 지원받을 수 있으므로 북러 상호 간 이해가 일치하는 지점이 존재한다.

하지만 이러한 구도는 너무 단순하다. 이 정도를 위해서라면 기존 협정을 개정하는 방식으로도 충분하기 때문이다. 북한으로서는 이러한 조약이 절대적으로 필요하지만 러시아로서는 무리하게 북한과 '포괄적 전략 동반자 관계'를 맺을 필요는 없기 때문이다. 그렇다면 북한의 요구를 러시아가 전격 수용한 것은 과연 무엇 때문일까? 그것은 중국을 겨냥한 행동이 아니었을까?

여기서 잠시 푸틴이 이례적으로 북러 관계의 역사적 의미 등을 강조하는 글을 〈노동신문〉에 게재한 이유를 살펴볼 필요가 있다. 한국전쟁을 전후해서 1970년대까지 소련은 북한의 절대적 후원자였다는 점을 강조하고 있다. 그런데 탈냉전 이후 중국의 급부상과 구소련 해제 및 러시아의 등장 등으로 북러 관계는 예전의 관계를 회복하지 못해왔는데, 이를 다시 복원하는 의미를 갖는다는 것이다. 바로 이 점에서 중국의 역할을 주목해야 한다.

중국은 1980년대 이후 북한에 대한 러시아의 기존 역할을 대신해왔으며, 심지어 2000년대 이후에는 러시아를 비롯한 반서방 세력의 중심국가 역할을 자임함에 따라 러시아의 위상은 상대적으로 약화되는 결과를 초래했다. 이는 마치 1950년 한국 전쟁에서 소련의 흐루쇼프가 김일성의 남침을 반대하다가 미군의 참전이 확실해지고 이에 대해 중국이 참전을 약속할 경우 조건부 남침을 허용했던 당시를 연상케 한다.

당시 소련은 사회주의 진영의 맹주였고, 중국은 막 떠오르는 사회주의 강국이었다. 중국 역시 구소련의 영향권에 있었음을 의미한다. 하지만 1970년 이후 구소련과 중국은 국경분쟁 및 상이한 이념노선 등을 이유로 갈등을 보였고, 중국은 개혁개방과 친미노선 등을 기반으로 경제적 부흥을 이끌었던 반면 구소련은 사회주의 연방체제가 붕괴하면서 사회주의권의 맹주 자리를 중국에 내주게 된 셈이다.

북한 역시 러시아보다는 중국에 대한 의존도가 심화되면서 그동안 중국은 북한이 분명히 자기 영역에 들어와 있다고 자부하고 있었다. 그런데 러시아-우크라이나 전쟁에 대한 지지 및 지원과 맞물려 푸틴이 방북하면서 러시아가 중국과 북한 사이의 틈새를 파고든 것이다. 북한으로서는 미중 경쟁이 격화되는 가운데 국제사회의 대북 제재에 동참하는 등 북한에 대한 지원이 약화되던 차에 러시아의 접근이 중국을 자극하는 데 높은 활용가치가 있다고 평가할 만하다.

푸틴은 시진핑의 우크라이나 전쟁 지지는 물론 중국의 군사적 지원을 이끌어내려고 했다. 푸틴은 대통령 취임 후 첫 방문국가로 중국을 선택했고 중러 관계의 공고함을 대내외에 과시했지만 시진핑의 군사적 지원을 이끌어내지는 못했고, 더욱이 북-중-러로 이어지는 북방삼각관계를 강화하려 했던 시도도 성과를 거두지 못하고 있다.

시진핑은 북-중-러 체제의 복원에 대한 푸틴의 의도와 절박성을 읽었기 때문에 러시아에 무언가 받아들이기 힘든 제안을 한 듯하다. 아마도 중국의 동해 출해권을 요구하지 않았을까?

두만강 하구 부문의 러시아 영토가 당초 중국 땅이었으나 아편전쟁 이후 러시아에 빼앗겼던 연해주 지역을 다시 찾아오는 것을 의미하기 때문에 러시아로서는 쉽게 받아들일 수 없는 문제였을 것이다.[19] 푸틴은 중국 시진핑의 미온적인 우크라이나 전쟁에 대한 지지를 보면서 즉답을 피한 채 북한과 협의해보겠다고 대응했을 것으로 보인다. 중국의 동해 출해권은 중국으로서는 전략상 매우 핵심 포인트가 아닐 수 없다는 점을 푸틴의 러시아는 너무나 잘 이해하고 있고, 이는 동시에 미국과 일본에 대해 무언가를 주고받기에도 전략적 카드로 매우 중요한 의미를 지닌다는 점을 인식하고 있다는 의미가 된다. 러시아의 푸틴은 10년 전부터 동방포럼을 개최하고, 동방(연해주)개발계획을 추진하는 등 중국으로부터 연해주를 지키려는 노력을 지속해오고 있다. 이 와중에 러시아의 절박함을 이용해서 중국이 동해 출해권을 요구한 것은 중러 관계의 미묘한 기류를 보여주는 단면이기도 하다. 러시아는 푸틴의 북한 방문을 전후해서 두만강 하구의 접경지역에 북한과 도로건설 문제를 협의하기로 했다고 발표했다. 중국이 절실하게 요구하는 동해 출해권 문제를 북한과 협의한다는 사실을 간접적으로 내비친 것이다.[20]

한편 러시아는 북한과 달러 이외의 결제통화를 가질 필요성도 언급했다. 얼핏 미국 달러화에 대응한 새로운 기축통화 체제의 구축을 시도하는 것이고, 현실적으로 루블화보다는 중국의 위안화를 위한 언급이라고 볼 수도 있다. 중국으로서는 푸틴이 던지는 당근으로 해석할 수도 있는 제안이다.

2024년 상반기 러시아 수출에서 위안화 결제 비중이 2년 전 0.4%에서 34.5%로 증가했고, 수입에서도 4.3%에서 36.4%로 늘어났다. 러시아의 우크라이나 침공 이후 국제은행간통신협회(SWIFT)에서 퇴출당하면서 위안화에 대한 의존도가 높아진 상태다. 이는 중국 역시 루블화 결제 비중이 높아졌다는 점을 의미한다. 세계 1위 무역국인 중국의 무역규모(2023년 6조 달러)에 비해 러시아의 무역규모(2023년

5,800억 달러)는 약 1/10 정도에 불과하지만 러시아의 입장에서는 루블화 결제가 매우 고무적인 현상일 것이다. 에너지, 식량과 첨단무기 기술을 가지고 있는 러시아가 중국은 물론 북한, 베트남 및 중동 아프리카 국가들과의 루블화 직접 결제를 확대해나갈 경우 달러에 대응하는 새로운 기축통화의 하나로 나갈 수 있다는 기대를 하기에 충분하기 때문이다.

러시아가 역사적으로 바라보는 중국은 어떤 모습일까? '결국 유럽의 동맹은 러시아지만 유럽과 미국과 같은 서방국가들에게 있어 궁극적인 적은 중국'이라는 점은 흐루쇼프의 말을 직접 인용하지 않더라도 잠재된 역사 의식과 무의식 속에 늘 자리잡고 있는 러시아의 대중국관(觀)이다.

결국 러시아는 북한을 이용해 중국을 압박한 것으로 해석된다. 러시아 중심의 대서방 대응체제를 구축하는 데 중국도 동참하라는 무언의 압박을 보낸 것이다. 북한 역시 중국의 원활한 대북지원을 위해 러시아를 이용했겠지만 러시아라는 든든한 군사안보적 동맹을 가지는 것이 더 시급했을 수도 있다.

하지만 푸틴은 북한의 자칫 교만한 전술에 대한 경계책으로 푸틴의 공항 도착 지연으로 북한의 위상을 상대적으로 격하시키는 모습도 보여주었다. 김정은이 공항에서 홀로 5시간 이상을 기다리고 있는 모습을 러시아 언론에서 공개한 것은 다분히 의도적이다.

또한 과거 조-소관계에서는 최소한 대등한 관계라는 것을 보여주기는 했기에 상호 정상 방문시에 다른 나라를 거치지 않고 1대1 방문을 원칙으로 했다. 그런데 중국 방문시에는 1대1 원칙을 지켰지만 북한 방문에는 베트남에 이어서 방문하며 사실상 북한의 위상을 격하시킨 것으로 보인다.

김정은이 '동맹'이라는 표현을 수차례에 걸쳐 언급한 반면 푸틴은 단 한번도 '동맹'이라는 표현을 사용하지 않았다는 점은 무엇을 시사하는 것일까? 푸틴은 〈손자병법〉에 나오는 "최선의 방어는 공격"이라는 전술을 실천하고 있는 게 아닐까? 우크라이나 공격이 그랬고, 대서방 대응체제 구축 시도도 그렇다.

중국은 푸틴의 행보가 당연히 못마땅하다. 미중 대결 국면에서 러시아의 행보는 전혀 도움이 되지 않고 있다. 이러한 미묘한 갈등 관계가 이번 푸틴의 북한 방문에서 표출된 것이다.

더 나아가 러시아는 냉전시절 구소련의 영광을 재현하려는 움직임을 보이고 있다. 트럼프 전 대통령이 '미국의 영광을 재현'하자는 슬로건을 내세우고 있듯이, 러시아는 식량과 에너지, 군사력을 동원한 것이다. 푸틴에게 있어서 발칸 반도를 비롯한 우크라이나 영토가 중요한 이유다.

중러 갈등을 이용한 외교전략의 유연성이 필요한 시점

한반도를 둘러싼 동북아 지역은 탈냉전 이후 가장 불확실한 지정학적 정세가 형성되고 있다. 그동안에는 남북한의 협력과 대립이 반복되면서 형성되는 불안정이었다면, 이제부터는 남북한은 물론 러시아와 중국까지 가세하는 형세다. 북한과 러시아는 입장 차이는 있지만 미국을 비롯한 서방의 압박과 봉쇄에 공동 대처해야 할 필요성이 있으며, 중국의 미온적 태도에 불안감을 감추지 못하고 있다.

북한은 윤석열 정부 출범 이후 한·미·일 공조체제의 복원, 미국의 동북아 지역 핵 운영과 관련된 '워싱턴 선언' 등으로 큰 안보위협에 직면해 있다고 평가하는 듯하다. 핵을 이용한 독자적 대응전략에 차질이 생겼기 때문이다. 기존의 대응전략과는 다른 차원의 대응이 필요한 상태에서 러시아라는 든든한 뒷배를 가지게 되었으므로 북한은 당분간은 안도할 것이다.

북한이 최근 열린 당 중앙위 전원회의에서 이전 회의와는 달리 러시아와의 관계 등 대외정세를 언급하지 않고 경제문제에만 집중했던 것을 보면, 북한은 러시아와의 조약 체결로 군사적 뒷배를 마련했으니 내부 문제에 집중하겠다는 것을 보여주고 있다. 특히 사업추진 규율 문제와 헌법 개정을 포함한 법적 장치를 보완하는 문제에 집중했고, 현저히 낙후된 지방경제의 개발 사업을 적극 추진하도록 독려했다는 점에 주목할 필요가 있다. 하지만 당 회의에서 경제 발전을 위한 실질적 대책은 여전히 제시하지 못한 채, 정신력과 규율 강화를 내세우고 있는 점은 경제문제의 현실적 어려움과 극복의 한계를 보여주는 듯하다.

한국은 북한의 초정밀 무기 개발을 위한 러시아의 지원을 제어해야 하고, 북한은 한·미·일 체제에 맞서서 북한을 지원하는 중·러 지원체제를 형성하고 싶어 하며, 중국은 미국과의 대결에 집중하고 싶지만 러시아는 우크라이나 전쟁에 집중하고 싶어 한다. 1996년 한국 정부의 북방정책의 성과로 북러 관계에 변화가 있었고, 그 영향을 받은 한러 관계가 이번 푸틴의 방북으로 이뤄진 북러 조약 체결로 다소 의구심을 갖게 되었다. 이 점은 북방외교의 전략적 유연성 차원에서 보다 면밀한 검토가 필요하다.

한국의 강경 대응은 단기적으로 러시아에 대한 배신감의 표출일 수 있다. 우리로서는 인도-태평양 전략선상에 놓여 있는 '4개국 안보 회담(QUAD, Quadrilateral Security Dialogue)' 및 '한일 군사정보보호협정(GESOMIA, 지소미아)' 등을 통해 중국과 러시아에 대한 북방 외교전략의 유연성 제고 측면을 충분히 고려할 필요가 있다.

2024년 5월 중국에서 개최된 중러 정상회담에서 중국측은 러시아에 중국의 동해 출해권에 대해 논의할 필요가 있다는 의견을 제시했고, 러시아는 이 문제를 북한과 협의하자고 하는 상황이다. 이는 북중러 삼각 안보체제에 미온적인 중국에 대해 러시아는 '동해 출해권'이라는 미끼를 던질 수 있으며, 북한은 중국의 관심을 모을 수 있을 것이다.

연해주에 대한 러시아의 집착, 중국인들의 증가와 그에 대한 러시아의 대응은 북한 인력의 연해주 진출을 강화하는 방향을 선택하는 것이 될 것이다. 북한 벌목공에 대한 러시아 진출을 고려하는 것도 이러한 전술적 차원에서 강구된 것이다. 러시아는 심지어 한때 한국이 연해주 지역을 개발하고 북한의 노동력을 활용할 것을 제안하기도 했다. 중국의 동해 진출은 러시아나 북한 모두에 불리한 사안이기 때문에 러시아로서는 '결코 연해주를 중국에게 개방할 수 없다'는 입장만큼은 확고한 듯 보인다.

남중국해 지역에서 미중이 충돌하며 불안한 정세가 지속되고 있는데, 동해 지역 역시 남중국해와 같은 양상이 전개될 수 있을 뿐 아니라 지난 시기에는 차단되어왔던 중국의 해상 영향력이 동해지역에도 미치게 된다면 러시아 연해주 지역의 안정성을 보장하기 어려울 수도 있다는 점은 자명하다. 러시아로서는 중국을 믿을 수 없으며, '언제든지 중국이 동해안 해군 전력을 통해 러시아의 동부 영토를 점령할 수 있다'는 판단을 하기엔 충분하다. 그럼에도 불구하고 한미일 동맹 체제에서 북한이나 중국에 대한 압박이 강화될수록 '중국이 북중러 체제에 동참해야 한다'는 당위성은 더욱 강해질 수 있다.

중국의 동해 출해권 확보가 현실화할 경우에는 동해를 비롯한 동북아 안보지형이 근본적으로 바뀌면서 한반도와 동북아 정세는 크게 위협받게 될 것이다. 중국의 진출과 확장을 억제하기 위한 미국의 견제와 압박은 거세질 것이며, 중국의 해상력 확장으로 인한 충돌 가능성이 높아지게 된다. 중국의 진입으로 한국과 일본이 풀어야 할 방정식은 더 복잡해진다.

하지만 위기의 이면에는 기회가 있다는 점도 중요하다. 중국과 러시아는 일종의 헤게모니 장악을 위해 보이지 않는 신경전을 이어가고 있다. 러시아나 중국 어느 한쪽의 승리로 끝날 가능성은 매우 낮지만 중러 양국 간의 간극을 보지 못하고 양국을 하나의 틀로 접근해 대응할 경우 자칫 중러의 간극을 좁혀주면서 오히려 한반도의 지정학적 불확실성은 더 커질 수 있다. 따라서 중러의 간극을 더 넓히거나 갈등을 고조시킬 수 있는 고도의 전략이 필요하다.

한국은 지금 당장은 러시아에 대한 강경한 태도가 필요하지만 그래도 러시아와의 관계를 유연하게 유지하면서 물밑에서 러시아와의 연계는 지속할 것이라는 신호와 믿음을 보여줘야 하지 않을까? 한편 중국에 대해서도 압박 일변도보다는 한중일 정상회담과 같은 동북아 지역에서의 협력 틀을 지속 유지하면서 관리하는 것이 필요하다. 이는 러시아를 조급하게 만들 것이며, 중국으로 하여금 러시아의 돌발적 행동을 견제할 수 있는 수단으로 활용할 수 있다.

우리로서는 중국과 러시아의 간극을 벌릴 수 있는 다양한 방법을 동원해야 한다. 한국과 일본은 지역 안보의 안정을 위해 적절한 역할 분담과 함께 중국과 러시아를 관리하는 협력을 강화해야 한다.

미 대선결과와 함께 만일 트럼프가 당선될 경우 그가 주장하는 한국 내 주한미군 방위비용의 분담 문제를 좀더 확장적이고 유연한 인도-태평양 전략 차원에서 필요한 '주고 받기'를 효율적으로 구사할 수 있어야 한다. 여기에는 필요악이라 하겠지만 한국과 일본의 협력과 분업 관계 역시 더욱 치밀하게 전개되어야 할 것이다. 이런 차원에서 일본의 대북관계 개선 문제도 깊이 있게 다룰 필요가 있을 것이다. 북한이 대일본 관계 정상화를 대미 관계 정상화 이전에 일종의 시험무대로 적극적으로 활용할 생각을 갖고 있기 때문이다.

CHAPTER 2에서는 미국 대선 전망에 대해 정리 및 요약했다. 제47대 미 대선의 핵심 아젠다 역시 '경제'다. 해리스와 트럼프 모두가 강조하는 공통 경제 이슈는 한국경제에 있어서도 '경제 민주화'가 화두였듯이 미국 '중산층의 강화'다. 두 후보들의 목적은 '빈곤율'을 낮추는 데 초점을 두고 있지만, 그들 각자의 접근 방식은 거의 다를 수밖에 없다. 어쨌든 두 사람 모두 미국 '중산층 확대와 강화'에 경제 공약을 집중하고 있다. 수백만 명의 저소득층 미국 시민들의 경제적 안정을 역시 공약에 내세우고 있다. 이는 사실상 트럼프의 선거 전략에 대한 해리스 측의 선제공격으로 이해할 수도 있다. 2016년 제45대 미 대선에서 트럼프는 유명한 "미국을 다시 위대하게(Make America Great Again!)"라는 슬로건을 내세웠고, 보수층 단결에 성공하면서 대통령에 당선되었다. 아울러 트럼프는 러스트 벨트(Rust Belt) 지역의 백인 노동자들의 지지를 받음으로써 결과적으로 전통적인 민주당의 텃밭이었던 러스트 벨트에서 승리하는 결과를 낳았다. 따라서 '다시 위대한 미국'을 주장하는 트럼프의 이 같은 선거 전략에 대응하기 위해 해리스는 중산층을 강화하는 것이 그녀의 "핵심 목표"가 될 것이라고 약속하면서, 유권자들을 괴롭히는 식료품, 의료비, 주거 비용을 낮추겠다고 약속하고 있다.

CHAPTER 2

2024년 11월 5일 미국 대선 전망

미국 대선 결과가 너무나 중요한 이유

'경찰국가'로서의 역할을 강조하는 것은 더 이상 미국 국민들에게 큰 관심사항이 아니다. 문제는 '강한 미국'이 아니라 '먹고사는 일자리'다. 2024년 11월 누가 대통령에 당선될 것인가는 미국경제는 물론 글로벌 경제의 경기회복에 있어 매우 중요하다.

강한 미국이 아니라 먹고사는 일자리

전 세계의 이목이 집중된 2024년 미국 대통령 선거는 11월 5일에 치러질 예정이다. 미 대선에 엄청난 이목이 집중되는 이유는 미국의 글로벌 리더십에 대한 기대와 우려, 미국경제정책에 대한 변화 가능성, 미국의 동맹외교에 대한 변화 가능성 등 다양한 정치, 경제, 사회 및 문화적 환경 변화 가능성 때문이다.

  미국 대선의 주요 아젠다는 대부분 국내 문제, 특히 미국 국민들의 먹고사는 문제인 경제문제를 놓고 민주당과 공화당 후보 간의 상이한 비전을 제시하는 데 있다. 혹자들은 외교 문제, 특히 대유럽, 대아시아 등에 대한 안보적 관점 및 정책 차이를 강조하지만 미국 국민들은 앞으로 어떻게 먹고살게 될 것인지 이외의 관심사항은 그다지 중요하지 않다. 외교 및 안보 분야 정책 차이도 결국 미국 국민들의 경제문제와 밀접하게 관련이 있기 때문에 이 문제에 대한 각 후보들의 생각을 들어보는 것이지, 미국이 먼저 손을 들고 과거 20세기 중반 이후 '경찰국가'로서의 역할을 강조하는 것은 더 이상 미국 국민들에게 큰 관심사항이 아니다.

뒤에서 자세히 짚어보겠지만 지난 1992년 제42대 미국 대통령 선거에서 빌 클린턴 민주당 후보가 내건 슬로건을 모두가 기억할 것이다. 당시 빌 클린턴 후보는 막 이라크를 상대로 '사막의 폭풍(Desert Storm)' 전쟁을 승리로 이끈 조지 W.H. 부시 대통령에 맞선 대선 차별화 전략으로 '문제는 경제야, 바보야!(It is economy, stupid!)'를 들고 나왔다. 민주당에서조차 그다지 관심이 크지 않은 아칸소 주지사 출신 후보가 승리한 것은 모든 국가들에 있어 대통령 선거는 물론 의회선거의 핵심 아젠다가 결국 '경제문제'가 될 수밖에 없음을 시사한다. 조지 W.H. 부시는 '강한 미국'을 내세우며 재선에 도전했으나 40대 아칸소 주지사 클린턴에게 대통령 자리를 내줘야 했다.

문제는 '강한 미국'이 아니라 '먹고사는 일자리'였다는 점은, 지난 2016년 45대 대통령 선거에서도 트럼프 전 대통령이 '러스트 벨트(Rust Belt)'를 중심으로 한 백인 중산층 노동자를 집중 공략했었다는 점에서도 어렵지 않게 찾아볼 수 있다. 지난 2020년 팬데믹 이후 트럼프 전 대통령이 제46대 대통령 선거에서 바이든 민주당 후보에게 근소한 차이로 패배한 배경도 유사하다. 팬데믹으로 인해 불거진 먹고사는 문제에 대해 민주당의 바이든 후보가 경제문제를 극복하길 기대한 부분이 앞섰기 때문이라고 보여진다. 트럼프 지지세력들의 미 의사당 진입 등 우여곡절 끝에 바이든 대통령 정부가 출범했지만 2024년 11월 5일에 치러질 미 대선의 핵심 의제 역시 '바이드노믹스(Bidenomics)'에 대한 평가라 보여진다.

바이든의 중도 사퇴로 더욱 흥미로워진 미 대선

대선에 앞서 각 주와 지역에서 후보자 지명 경선이 진행되는데, 이러한 경선은 지난 2024년 1월에 시작해 6월에 마무리되었고, 7월과 8월에 각각 열린 공화당과 민주당의 전당대회에서 각 당의 후보가 결정되었다. 세계의 이목이 집중된 만큼 지난 2024년 6월부터 미국 대통령 선거는 바이든의 중도 사퇴 발표로 또 다른 전기를 마련하면서, 과연 2024년 11월 5일 누가 대통령에 당선될 것인가는 미국경제는 물론 글로벌 경제의 경기회복이라는 관점에서 매우 중요한 선거가 되었다.

이런 점만 놓고 보더라도, 미국이라는 경제주체가 세계경제에서 차지하는 비중이 아직까지 얼마나 중요한지를 충분히 짐작하고도 남는다. 첫째, 미국은 세계 과학 및 기술 등 스마트웨어의 총 본산이며, 둘째, 미국으로부터 세계 인류문명의 진화가 시작되며, 셋째, 미국의 통화 및 재정정책 변화가 글로벌 금리, 환율 및 물가, 교역 등에 절대적인 영향력을 가지고 있으며, 넷째, 미국 자본시장이 글로벌 자본시장의 핵심이며, 다섯째, 미국의 이러한 경제적 이해관계를 지키기 위한 외교 및 안보 전략에 따라 유럽 및 아시아 주요국들의 대내외 정치, 경제, 사회 및 문화 환경 등의 정책 변화가 불가피하다. 이런 점에서 미국 대선 결과가 2025년 이후 향후 5년간 글로벌 경제 전망과 한국경제 전망에서 가장 핵심 열쇠라 할 수 있다. 따라서 여기서 짚어보는 미국 대선 결과의 향방은 2025년 이후 세계 및 한국경제 전망에 중요한 시나리오상 가정이 된다는 점을 다시 한번 강조할 필요가 있다.

미국 대선 후보는 어떻게 결정되는가?

뉴햄프셔는 1920년부터 전국에서 늘 첫 번째 예비선거를 치러왔다. 이어 아이오와는 1972년부터 더 일찍 코커스를 개최하는 전통이 계속되고 있다. 2024년에도 변하지 않는 것은 3월 5일로 예정된 슈퍼 화요일의 중요성이다. 이날 캘리포니아와 텍사스를 포함한 12개 이상의 주에서 예비선거가 열렸는데, 3월 말까지 각 당의 대표자 50% 이상을 커버하는 이벤트가 진행되었다.

여기서 잠시 미국 대통령 선거에서 '코커스(Caucus)'와 '프라이머리(Primary)'에 대해 간략한 소개가 필요할 것 같다. 미국은 항상 대선 이전에 각 주를 돌며 누가 각 당의 대선 주자가 될 만한지 후보자를 뽑는 과정이 있다. 이를 코커스라고 하는데, 이를 통한 예비 경선 결과가 각 후보자들의 지지도를 반영하는 것이기에 코커스의 결과에서 경선의 승패가 판가름이 난다고 볼 수 있다. 대선에 앞서 각 당 대선 후보를 뽑는 경선은 선거인단이 자신이 원하는 후보를 선택해 줄 '대의원'에 투표하는 간접선거방식을 택하고 있다. 코커스와 프라이머리의 차이점은 '비당원의 참여 유무'에 있다.

한편 민주당과 공화당 두 당의 '대의원' 선출 방식과 과정은 조금 다른데, 미국 각 주는 대부분 코커스나 프라이머리 중 하나를 선택해서 경선을 치른다. 먼저 코커스 방식은 현장에서 당원들이 회의를 거쳐 지지하는 후보를 결정한다. 프라이머리는 주 정부가 설치한 투표소에서 투표 결과를 집계해 후보를 결정한다. 프라이머리는 크게 3가지 형태로 이루어지는데, 지지 정당을 등록할 필요 없이 누구나 투표할 수 있으면 '오픈(open) 프라이머리'이다. 뉴 햄프셔와 텍사스주가 개방형이다. 한편 사전에 자신이 지지하는 정당을 표명하고 이 정당의 경선에만 참가할 수 있도록 하는 것이 '클로즈드(closed) 프라이머리'인데, 펜실베이니아주가 폐쇄형을 채택하고 있다. 물론 이 2가지 방법을 절충한 '하이브리드(hybrid) 프라이머리' 방식도 있다. 의회 선거에서는 워싱턴주와 캘리포니아주는 프라이머리에서 2명의 후보를 선출한 다음 최종 프라이머리 본선에서 한 명을 지명하는 '결선투표(Run off)' 방식을 채택하고 있다.

코커스는 당원만 참여 가능하고, 프라이머리는 방식에 따라 비당원도 투표 가능하다. 우리나라의 각 정당 전당대회에서 당원 100% 투표 혹은 일반 국민 여론 반영 정도를 놓고 논쟁이 있는 배경에는 이처럼 미국의 프라이머리 방식상의 차이에 있다고 보면 될 것 같다. 프라이머리와 코커스를 통해 뽑힌 대의원들은 각 당의 전당 대회에 참석해서 대통령 후보를 결정하게 된다.[21]

미 대선에서 또 다른 주목할 만한 날이 있는데, 그것은 '슈퍼 화요일(Super Tuesday)'이라 불리는 보통 미국 대선이 열리는 해의 2월 혹은 3월 첫째 주 화요일을 뜻한다. '슈퍼 화요일'이라는 단어는 조지 부시 전 대통령이 공화당 경선에 출마한 1988년 3월부터 본격적으로 언론에서 쓰이기 시작했다.[22] 당시 부시는 17개 주에서 치러진 경선 중 16개 주에서 1위를 차지하며 압승했다. 그 여세를 몰아 대선 후보가 되었다. 따라서 2월 혹은 3월 첫째 화요일 여러 주(州)에서 동시에 경선이 치러져 각 당 대선 후보 선출 과정에서 최대 행사로 꼽히기 때문에 '슈퍼 화요일'이라 불린다.

민주당은 전체 대의원 3,936명 중 1,420명(36%)을, 공화당은 전체 대의원 2,429명 중 875명(약 36%)을 '슈퍼 화요일' 선거 결과에 따라 각 주자에게 배정한다. 이때 1위를 한 주자가 사실상 대선 후보로 굳어지기 때문에 이날 나머지 군소 주자들은 대개 사퇴한다. 결국 3월 첫째 주 화요일이 지나면 각 당은 본격적인 대선 레이스를 시작하게 된다. 참고로 이번 미 대선은 불과 대선 100여 일을 앞두고 바이든 후보의 중도 사태로 인해 단거리 경주가 되어버렸다.

2024년의 '슈퍼 화요일'은 지난 2024년 3월 5일이었으며, 민주당과 공화당 모두 캘리포니아, 텍사스, 노스캐롤라이나, 버지니아주 등 총 16개 주에서 경선을 진행했었다. 당시 트럼프 전 대통령은 2020년 대선 뒤집기 시도 혐의에 대한 공판 기일이 '슈퍼 화요일' 직전인 3월 4일로 결정되자 강하게 반발하기도 했다.

해리스와 트럼프, 누가 미 대선의 승자가 될까?

이번 2024년의 미국 대통령 선거는 기존의 선거들과는 완전히 다른 점들이 몇 가지 있다. 첫째로 전례 없는 국내외적 사건들로 가득한 어지러운 시간이 계속되고 있고, 둘째로 마라톤이 단거리 경주로 바뀌면서 깊은 이미지를 남기고 실수를 수정할 시간이 줄어들었다.

과연 해리스는 트럼프를 이길 수 있을까?

바이든 대통령은 건강상 이유로 2024년 6월 27일 CNN 초청 트럼프와 토론회 이후 민주당 내외의 압력에 의해 7월 22일 사퇴를 결정 발표했다. 바이든의 중도 사퇴 이후 민주당은 2024년 8월 19일부터 22일까지 치러진 민주당 전당대회를 통해 카멀라 해리스를 대선 후보로 선출, 트럼프 전 대통령을 이기기 위한 다양한 전략과 전술을 준비중이다.

2023년 8월 독일의 한 유력 일간지에서 이미 '바이든 대통령의 사퇴가 불가피해질 경우 미셸 오바마의 대선 후보 지명이 가능할 것' 이라는 전망도 있었다. 그러나 현재 바이든 대통령은 물론이고 낸시 펠로시 전 하원의장을 비롯한 민주당 내 최고 당직자들로부터 상당한 지지를 확보한 이상 해리스 부통령이 마침내 민주당 전당대회에서 제47대 민주당 대통령 후보로 결정되었다. 그리고 최단거리 대선 경쟁에서 해리스는 이미 트럼프 전 대통령을 앞서 나가기 시작했다. 해리스가 트럼프의 대항마로 결정된 지금, 가장 중요한 질문은 '과연 트럼프 전 대통령을 상대로 해리스가 승리할 수 있을까' 하는 것이다.

바이든 대통령이 만일 대선에 나온다면 그가 승리할 수 있었던 시나리오는 다음 3가지 경우였다. 첫째, 그가 대통령직에서 갑자기 내려올 때 대통력직을 승계할 수 있는 강력한 러닝 메이트의 존재 여부, 둘째, 세계와 미국 국민 다수가 판단할 때 트럼프 대통령이 가져올 다양한 불확실성에 대한 합리적 판단을 내릴 수 있는 미국의 시민의식, 셋째, 트럼프 전 대통령에 대한 사법 리스크의 확대와 대통령 출마 포기 등이었다.

하지만 이미 세 번째 경우는 미 연방 대법원에서 대통령 재임 당시 일어났던 사건 등에 관해 면책권을 부여했기 때문에 그가 지난 2020년 대선을 앞두고 입막음용으로 뇌물을 제공한 사례의 34건에 대한 뉴욕 사법부의 기소 건과 이에 따른 도덕 및 윤리적 리스크를 제외하고는 대선 출마에 그 어떤 사법적 걸림돌도 없는 상태다.

따라서 바이든 대통령이 사퇴 의사를 분명히 한 현재, 과연 카멀라 해리스 부통령이 트럼프 전 대통령을 상대로, 특히 '남성 대 여성'이라는 성별 유권자들의 분리 현상이 점차 가중되는 상황에서도 승리할 수 있을지는 상당히 판단하기 어려운 측면이 많다. 하지만 아직도 위에서 언급한 두 번째 경우와 함께 선거 전략상 민주당의 경제 및 이민 등 인권 정책에 대한 미국 국민들의 생각과 판단이 유동적인 가운데, 좀 더 조심스럽게 2024년 11월 5일 있게 될 미 대선의 결과를 전망해보고자 한다.

앞서도 말했듯이 미 대선은 2025~2029년 5년 동안 경제 전망에 있어 매우 중요하다. 따라서 2025~2029년 경제 전망과 2025년 경제 전망에 있어 주요 경제지표 및 변수들의 향방은 민주당 후보 카멀라 해리스와 공화당 후보 도널드 트럼프 중 누가 당선이 될지 그 2가지 경우의 수를 놓고 각각 시나리오로 만들어보았다. 따라서 여기서 논의하게 될 미 대선 결과는 단지 그 자체의 대선 결과 전망으로 살펴볼 것을 제안한다.

하지만 2025년 미 대선을 예측함에 있어 연초부터 필자는 민주당 후보의 우세 가능성을 염두에 두고 있었다. 비록 바이든 후보의 사태가 있었고, 이 역시 미국 국민들의 일부라고는 하지만, 강력한 후보 교체의 요구를 받아들인 결과라 볼 때 해리스 후보의 근소한 승리를 예상하는 가운데 2025년 미국, 중국 및 한국 경제를 각각 시나리오별로 전망했음을 밝혀둔다.

이제 단거리 경주로 전환된 미국 대선

미국 대선은 길고도 지루했던 트럼프-바이든 마라톤 경주에서 트럼프-해리스의 100일 안에 승부가 나는 단거리 경주로 전환되었다. 1968년 당시 린든 존슨 미 대통령이 차기 대권에서 나서지 않을 것이라는 결정 이후 56년 만에 비슷한 결정이 바이든에 의해 내려졌다.

사실 처음 바이든의 사퇴는 판단하기가 어렵지 않았다. 문제는 카멀라 해리스의 인지도다. 해리스는 뚜렷한 아젠다나 차별성을 가지고 있지 않기 때문이다. '과연 미국 국민들이 흑인 여성 대통령을 역사상 처음으로 선택할 것인가? 그렇다면 미셸 오바마가 더 유력한 후보가 아닐까? 아니면 아무리 이민국가라 하지만 아직은 인종차별적 감성이 남아 있다고 본다면 힐러리 클린턴 전 국무장관은 어떨까?' 등을 생각해볼 수 있었다.

하지만 앞서 밝힌 대로 이제 100여 일 안쪽으로 남아 있는 대선을 앞두고 후보를 교체하기란 쉽지도 않을뿐더러 내부적으로 다양한 이해관계가 충돌할 경우 내부 혼란과 공화당의 공세 및 미국 국민들의 비판적 여론도 상승할 가능성이 있다는 점에서 이제 남은 건 '해리스의 러닝 메이트가 누가 될 것인가'에 달려 있는 듯하다. 마침내 2024년 8월 7일, 해리스는 자신의 러닝메이트 부통령 후보로 펜실베이니아주 주지사인 조지 샤피로와 아리조나주 상원의원인 마크 켈리, 그리고 미네소타주 주지사인 팀 왈츠를 놓고, 최종적으로 팀 왈츠를 선택했다. 그는 네브라스카 출신으로 올해 60세이다. 한국전

참전용사의 아들이면서 고등학교 교사 경력과 진보적 성향을 가지고 있다. 여러가지 정치적 배경이 있었겠지만, 무엇보다 카멀라 해리스의 정치적 카리스마 부족과 캘리포니아 출신 흑인 여성이라는 점을 충분히 만회하면서, 베이비 붐 세대들에게 친근하게 다가설 수 있는 백인 유권자들 표를 공략하기 위한 전략적 선택이었던 것으로 보인다. 왈츠의 정치적 성향도 물론 매우 진보적으로 낙태법, 마리화나 합법화 및 사회복지 정책의 확대 등을 주장, 입법화한 것은 카멀라 해리스의 단점을 충분히 커버하고 남을 것이라고 판단한 듯하다. 주식시장 역시 팀 왈츠의 발표 이후 상승했다는 점에서 해리스의 선택은 옳았던 것으로 평가할 수 있다.

당초 이번 대통령 선거는 미국 역사상 가장 긴 선거 중 하나였다. 도널드 트럼프 전 대통령은 2022년 11월 15일에 재선 출마를 발표했고, 조 바이든 대통령은 2023년 4월 25일에 출마를 발표했다. 하지만 바이든 대통령이 출마를 철회하고 카멀라 해리스 부통령이 대신 출마하면서 갑자기 가장 짧은 선거 중 하나가 되었다. 투표 마감까지 40일도 채 남지 않은 시점에서 경선은 사실상 동률로 보는 게 어떨까 싶다.

바이든 대통령의 출마 철회 후 실시된 9개의 여론조사를 평균낸 RCP(Real Clear Politics) 자료에 따르면,[23] 트럼프가 전국적으로 48.1% 대 46.1%로 2%p 앞서고 있다. 하지만 실제로는 더 근접할 가능성이 높다. RCP 평균에 포함된 한 여론조사에서는 트럼프가 7%p 앞섰지만 나머지 8개의 조사에서는 그가 1%p 뒤지거나 4%p 앞서는 결과가 나왔다.

해리스의 상승세는 사실 놀랍다. RCP 자료에 따르면 그녀는 미시간에서는 트럼프에 앞서고 있으며, 다른 모든 경합주에서도 오차 범위 내에 근접해 있다. 지난 2024년 7월 29일 Morning 여론조사[24]에서 그녀의 호감도는 47%에 달했으며, 이는 이번 선거에서 바이든 대통령이나 트럼프가 기록한 것보다 높은 수치다.

바이든 대통령이 대선 후보에서 물러난 후 해리스 부통령은 그의 선거 캠페인 기구를 무리 없이 자신의 것으로 전환했다. 아울러 민주당 고위 당직자들이나 지도자들의 지지도 능숙하게 얻어냈다. 그녀의 기금 모금 성공과 풀뿌리 열정의 생성은 전통적인 보도와 소셜 미디어를 모두 압도했다는 평가다. 해리스의 부통령 후보자 탐색은 흥미로운 민주당 스타들을 대중에게 소개하는 기회로 바뀌었다.

또한 그녀는 더 이상 '수압파쇄법(fracking)'[25]에 반대하지 않는다고 강조하는 등 자신이 대선에서 트럼프에게 일부 유리하게 전개될 문제 등에 대해 과감히 민주당의 입장을 버리고 있다. 해리스 부통령은 출마 연설과 광고에서 자신을 "살인범과 학대범을 감옥에 넣은 검사" "대형 은행을 상대로 싸운 주 법무장관" "제약 회사들이 가격을 인하하도록 만든 부통령"으로 정의하면서 친서민적인 이미지를 강조하기 시작했다. 동시에 그녀는 트럼프가 억만장자를 위한 감세와 오바마케어 폐지를 지지한다고 비판하고 있다.

그럼에도 불구하고 해리스는 아직 트럼프를 제압할 수 있는 효과적인 대선 아젠다와 전략 및 전술을 개발하지 못한 것으로 보인다.

트럼프와 그의 러닝메이트인 J.D. 밴스 상원의원을 단지 '이상하다'고 부르는 것은 효과가 없다. 밴스 상원의원이 자녀가 없는 여성들에 대한 기이한 발언[26]과 같은 공격의 내용은 상처를 줄 수 있지만[27] 그들을 '이상하다'고 부르는 것만으로는 스윙 유권자들(부동표)을 설득하기에 충분하지 않을 것이기 때문이다. 사실 그들에게는 모든 정치인이 이상하게 보이기 때문이다.

캠페인 하나하나의 질이 매우 중요해지다

트럼프로서는 밴스 상원의원의 과거 발언이 주목을 끌고 해리스 부통령의 출마로 인해 미디어의 관심이 자신에게서 멀어지는 것에 대해 대단히 불쾌한 것으로 보인다. 예컨대 그는 이러한 불쾌한 감성을 감추지 못하고 불필요한 실수를 저질렀다. 지난 2024년 7월 27일에 일정표상의 9월 10일 ABC 대통령 토론회에 참석할지 여부는 해리스가 민주당 후보로 확정될 때까지 토론에 참여하지 않겠다고 함으로써 불편한 기색을 감추지 못했고, 따라서 해리스 부통령의 진보적 견해를 공격할 수 있는 소중한 시간을 낭비했다는 내부 지적도 받고 있다.

 트럼프의 단점, 즉 그가 약해 보인다는 여론이 만들어지고 있다. 하지만 이제 공화당은 초점을 맞추기 시작했다. 공화당은 해리스 부통령을 2020년 민주당 예비선거와 바이든-해리스 정부 기록에서 나온 발언 등을 바탕으로 샌프란시스코 급진파로 정의하고 있다.

트럼프 캠페인은 2024년 7월 30일부터 1,200만 달러 규모의 6개 주 광고 공세를 시작했다. 이 광고는 국경 보안에 대한 효과적인 광고로 시작했으며, 해리스 부통령을 바이든 대통령이 임명한 실패한 '국경 차르'로 공격했다. 그들의 정책으로 인해 1천만 만 명이 불법적으로 국경을 넘었고, 마약류 수입(펜타닐)과 이주민들이 저지른 폭력 범죄로 인해 25만 명이 사망했다고 비난했다. 바이든 대통령이 그녀에게 국경관리 임무를 부탁했을 때 언론들이 그녀를 '국경 차르(border czar)'라고 친밀하게 불렀지만 이제 트럼프팀은 그 단어를 해리스의 반이민적 이미지를 강화하기 위해 역으로 이용하고 있다.

효과적인 광고를 제작하는 것과는 별개로 메시지를 독립적인 언론 보도, 즉 신문, 방송사 등에서 다루는 보도를 통해 증폭시키는 것은 또 다른 문제다. 이를 위해서는 무시할 수 없는 이슈에 초점을 맞추는 전술이 필요하다. 공화당은 인플레이션, 국경 문제, 그리고 세계에서 미국에 대한 존중 등의 쇠퇴에 대해 이야기하는 평범한 사람들을 공화당 전당대회에서 강조하는 방법을 선택하면서 부분적인 성공을 이끌어냈다는 자평도 있다.

트럼프는 해리스 부통령의 기록을 탐구하는 데 있어 자기 통제와 인내심을 보여야 한다는 점을 조금씩 이해하기 시작한 듯하다. 예컨대 그는 자신이 가장 잘한다고 생각하는 연설을 반복하는 긴 집회 연설을 피하고, 대신 한 번에 하나의 이슈에 집중하는 전술을 선택하고 있다. 이를 가장 효과적으로 하는 방법은 바이든-해리스 정책 아래서 개인적으로 고통받은 미국인들을 트럼프 전 대통령의 등장과 함께 보여주고, 그들의 이야기가 그의 주장을 돕도록 하는 것이다. 높은 열정과 지지를 보이는 집회 참석자들과 달리, 선거를 결정할 낮은 정보의 미확정 유권자나 낮은 투표율의 유권자들은 주의 집중 시간이 짧았다는 점을 간과한 것이다. 주제를 반복하는 것만이 그들을 설득할 수 있으며, 이는 트럼프 캠페인에게 큰 도전인 것은 사실이다.

흥미로운 것은 올 10월 11일 미국을 필두로 개봉될 'The Apprentice(견습공)'라는 영화를 통해 지금까지 트럼프의 대선 선거 전략은 물론이고, 비즈니스 활동에 가장 큰 영향을 미친 소위 개인적인 멘토로서 로이 콘(Roy Cohn)과의 관계가 대선에 어떤 영향을 줄 것인지도 관심사다. '무조건 공격하라' '무조건 인정하지 말고 부정하라' '무조건 승리만을 얘기하라. 패배는 없다' 이 3가지가 로이 콘이 젊은 트럼프에게 늘 가르쳐준 멘토링 학습이었다. 과연 선거를 불과 20여 일 앞두고 전 세계에 상영될 이번 영화가 어떤 영향을 줄지도 관심사다.

이번 대통령 선거는 기존의 선거들과는 완전히 다른 점들이 몇 가지 있다. 첫째로 전례 없는 국내외적 사건들로 가득한 어지러운 시간이 계속되고 있고, 둘째로 마라톤이 단거리 경주로 바뀌면서 깊은 이미지를 남기고 실수를 수정할 시간이 줄어들었다. 이제 각 후보들마다 캠페인 하나하나의 질이 매우 중요하며, 각 후보자들의 정치적 재능이 더 중요한 순간이 다가오고 있다.

해리스는 지난 2024년 8월 1일 텍사스에서 열린 지지 행사에서 흑인 기자단들에게 자신을 '흑인'이라고 폄하하는 트럼프의 인종적 유산 관련 발언을 "여전한 분열의 쇼"라고 비판했다.[28] 해리스의 아버지는 자메이카 출신이고, 어머니는 인도 출신이다. 당일 휴스턴에서 열린 해리스 기금 모금 행사에서는 당초 목표액의 두 배 이상인 250만 달러가 모금되었다.

해리스와 팀 왈츠 부통령 후보는 경합 주를 순회하는 가운데 트럼프의 국경법안 폐지를 주장하면서, 향후 낙태법, 마리화나 합법화 및 사회복지정책의 확대 등 진보적 정책들을 적극적으로 강조할 예정이다. 카멀라 해리스는 "미국 국민들은 더 나은 대우를 받을 자격이 있다"며 트럼프가 시카고에서 열린 전국 흑인기자협회 연례회의에서 "해리스 부통령이 최근에야 '블랙 여성'이 되었다"고 주장한 인종 편견과 반이민법적 정책 가능성 등에 대해 비난했다.

2024년 8월 1일 텍사스 휴스턴에서 열린 '시그마 감마 로' 기금 마련 행사에서 해리스는 "미국 국민들은 진실을 말하는 리더, 진실에 직면했을 때 적대적으로 반응하지 않는 리더를 원한다. (중략) 우리의 차이점이 우리를 나누지 않는다는 것을 이해하는 리더"라고 역설했다.

해리스와 트럼프의 주요 대선 공약 비교

해리슨의 대선 공약은 조 바이든 대통령의 공약과 유사할 것으로 보인다. 하지만 해리스는 낙태, 경제, 이민 문제 등에서 자신의 개성을 반영할 것으로 예상된다. 트럼프는 더욱 충성파들로 정부를 구성해 각종 정책을 과거로 회귀할 계획을 세우고 있다.

해리스의 주요 대선 공약

해리스의 대선 공약은 지난 4년 동안 지지해온 조 바이든 대통령의 공약과 유사할 것으로 보인다. 하지만 해리스는 낙태, 경제, 이민 문제 등에서 자신의 개성과 스타일을 반영할 것으로 예상된다. 또한 그녀는 부통령 재임 기간 성과에 대한 공로를 인정받으면서도 유권자들로부터 행정부의 단점에 대해 공동으로 비난받지 않도록 신중한 균형을 맞추려 한다.

해리스는 바이든 대통령처럼 미국에 대한 자신의 비전을 전임 대통령 도널드 트럼프의 비전과 비교하려는 전술을 취하고 있다.

"이 순간에 우리는 2가지 다른 국가 비전 사이에서 선택을 해야 한다고 믿습니다. 하나는 미래를 중시하고, 다른 하나는 과거를 중시하는 비전입니다. (중략) 여러분의 지지로, 저는 우리 나라의 미래를 위해 싸우고 있습니다."

2024년 7월 31일 디애나폴리스에서 역사적으로 흑인 여성들로 구성된 모임인 제타 파이 베타의 행사에서 해리슨이 한 말이다. 그녀가 강조한 앞으로의 방향이란, 일하는 중산층 미국인들을 지지하고, 그들이 노동조합에 가입할 수 있도록 하며, 존엄성을 가지고 은퇴할 수 있도록 하고, 총기 폭력에 대한 두려움 없이 살며, 저렴하게 건강 관리를 받을 수 있도록 하는 것이다. 해리스는 또한 바이든 행정부가 약품 비용을 낮추고, 아동 빈곤을 줄이며, 학생 대출 채무를 탕감하고, 의료 채무를 신용 보고서에서 제거하기 위한 노력들을 홍보하고 있다. 예상되는 해리스의 대선 주요 공약들은 다음과 같다.

낙태

로 대 웨이드(Roe v. Wade) 판결이[29] 2022년 6월에 뒤집힌 이후 해리스는 행정부의 낙태 권리와 관련한 책임자로서 주요 역할을 맡았다. 그녀는 지난 2024년 1월에 '재생산 자유 투어'를 시작했으며, 이 투어에는 미네소타에서의 낙태 클리닉 방문이 포함되었다. 해리스는 2020년 캠페인에서 바이든보다 더 진보적인 낙태 정책을 지지하고 있다.

경제

높은 물가는 많은 미국인들에게 주요 우려 사항이다. 많은 유권자들은 바이든의 경제정책에 낮은 평가를 하고 있으며, 해리스도 이로 인한 비판에 직면할 수 있다. 해리스는 초기 캠페인 연설에서 미국인들에게 더 많은 기회를 제공하고, 보육, 건강관리, 노인 돌봄, 가족 휴가 등을 더 저렴하게 접근할 수 있도록 만들고 싶다고 강조하고 있다.

부채

해리스는 학생 대출 문제와 의료 부채 해결에 대한 관심이 높다. 부통령으로서 그녀는 학생 대출을 탕감하는 바이든 행정부의 이니셔티브를 홍보했다. 해리스는 또한 의료 부채를 신용 보고서에서 삭제하기 위해 누구보다 적극적으로 활동하고 있다.

건강 관리

해리스는 2020년 대선 캠페인에서 미국을 정부 지원 건강 보험 시스템으로 전환하자는 주장을 했지만 민간 보험을 완전히 없애자는 주장은 아니었다. 그녀의 제안은 10년 동안 'Medicare-for-All' 시스템으로 전환하되, 민간 보험 회사가 Medicare 계획을 계속 제공할 수 있도록 하는 것이었다. 소위 '국민 의료보험 체계'를 확대하되 민간 부문의 의료보험 체계 내 시장에 진입할 것을 허용하자는 취지다.

기후

해리스는 기후와 환경 정의에 대한 오랜 지지자로, 캘리포니아의 법무장관 시절 '브리티시 석유(BP)'와 'ConocoPhillips'를 상대로 소송을 제기한 바 있다. 그녀는 상원의원 시절에 그린 뉴딜 결의안을 후원했으며, 2020년 캠페인에서는 프래킹(fracking) 금지를 지지했다.

이민

해리스는 2021년 3월 중앙 아메리카의 외교적 노력을 감독하는 책임자로 지명되었다. 그녀는 민간 부문과의 협력을 통해 지역의 일자리 창출을 촉진하고 있으며, 외국 지도자들과 직접 협력하고 있다.

한편 이 모든 분야에서 해리스의 정책은 그녀의 개성과 스타일을 반영하면서도 바이든 행정부의 성과와는 일정 부분 연관이 있을 것으로 짐작할 수 있다.

이스라엘-가자

이스라엘-하마스 전쟁은 현재 미국이 직면한 가장 복잡한 외교 정책 문제 중 하나로, 전쟁이 시작된 2023년 10월 이후 미국 전역에서 여러 차례의 시위가 일어나고 있다. 2024년 7월 29일 이스라엘 총리 벤자민 네타냐후와 회담한 후에 카멀라 해리스는 가자 지구 상황에 대해 강력하고 주목할 만한 다음과 같은 연설을 했다. "우리는 이러한 비극 앞에서 눈을 돌릴 수 없습니다. 우리는 고통에 무감각

해져서는 안 됩니다. 그리고 나는 침묵하지 않을 것입니다."

해리스는 이스라엘에 대한 '철통 같은 지지'와 '변함없는 헌신'에 대한 바이든의 반복된 발언을 되풀이했으며, 그녀는 이스라엘이 스스로 방어할 권리가 있다고 말하면서도 그 방법의 중요성을 강조했다. 하지만 그녀가 팔레스타인 사람들의 고통에 대해 표현한 공감은 최근 몇 달간 바이든이 언급한 것보다 훨씬 강력했다는 점에서 가자 지구에서의 민간인 사망, 인도적 상황 등에 대해 네타냐후에게 "심각한 우려"라고 두 번이나 언급한 것은 향후 해리스의 대중동 정책에 중요한 시사점을 제시하는 것으로 보인다.

러시아-우크라이나 전쟁

해리스는 러시아의 침략에 맞서 싸우는 우크라이나를 지원하겠다고 약속했다. 우크라이나 대통령 볼로디미르 젤렌스키와 최소 6차례나 만나고, 2024년 6월에는 에너지 지원, 인도적 필요 및 기타 지원을 위한 15억 달러 지원안을 발표했다. 2024년 뮌헨 안보 회의에서 "조 바이든 대통령과 내가 우크라이나와 함께한다는 것을 분명히 할 것이며, 미 의회 양원에서 지지하는 초당적 협력을 통해 우크라이나가 절실히 필요로 하는 핵심 무기와 자원을 확보할 것이다"라고 약속한 점은 NATO가 미국의 글로벌 안보 접근 방식의 핵심이라는 점을 재확인한 것으로 보인다.

트럼프의 주요 대선 공약

트럼프는 2024년 11월 대선에서 재선될 경우 이민자 수백만 명을 강제 추방하고, 고가의 관세로 글로벌 무역을 재편하며, 지난 재임 기간 동안 측근들의 배신을 통해 참모진들을 철저히 충성파들로 구성할 계획을 세우고 있다. 트럼프 전 대통령은 교육 혁신부터 '미국 우선 정부(America-first government)' 구축에 이르기까지 다음과 같은 프로그램과 정책을 재임 중 시작할 것을 약속하고 있다.

법과 질서

트럼프는 미국에서 경찰관을 고용하기 위한 충분한 자금을 지원하겠다고 약속했으며, 경찰 예산 삭감을 추진한 바이든 행정부와 '급진 좌파'를 비판한다. 그는 민주당 지지 도시에서 범죄율이 자신이 재임하던 시절 이후 증가했다고 주장한다. 퓨 리서치 센터(the Pew Research Center)에 따르면, 미국에서의 살인율은 2020년에 30% 증가했으며, 2022년에도 코로나19 팬데믹 이전보다 여전히 '상당히 높은 수준'을 유지하고 있다. 한편 2023년에는 살인율이 상당히 감소한 것으로 나타났다.

교육

트럼프는 "바이든의 급진 좌파 이념을 미국 군에서 제거하고 부당하게 해고된 모든 애국자를 재고용할 것"이며, "미국의 국제적 위상을 회복할 것"이라고 약속했다. 그는 또한 급진 좌파 의제로 간주되는 이념을 홍보하는 학교와 프로그램에 대한 연방 자금을 삭감할 계획이라고 밝혔다. 여기에는 비판적 인종 이론, 젠더 이데올로기, 시민 교육의 무기화, 경쟁하는 트랜스젠더 운동선수들을 포함한다.

트럼프의 대선 교육 공약인 '프로젝트 2025'는 워싱턴 D.C.의 보수적 싱크탱크인 헤리티지 재단이 만든 계획으로, 미국 교육부를 폐지할 계획을 담고 있다. 대신에 K-12(유치원부터 고등학교 3학년까지) 교사들에 대한 종신직 제도를 폐지하고, 부모 권리 법안을 시행하며, 행정 직원 수를 줄이고, 부모들이 투표로 선택하는 학교 교장 선거를 실시하며, 공립학교에서의 종교적 기도에 관한 헌법적 권리를 보호할 것이라고 한다.[30]

자유 발언

트럼프는 자유 발언을 회복하겠다고 밝히며, 사회적 미디어 플랫폼들이 사용자들의 제1수정헌법 권리를 검열하거나 제한할 수 있는 능력을 제한하는 법안을 제정할 계획이다. 그는 또한 자신의 정치적 의제가 아닌 법을 집행하는 것을 믿는 판사와 대법관을 계속 임명하겠다고 약속한다.

에너지

트럼프는 국내 에너지 생산을 확대해 연료 비용을 낮추며, 그린 뉴딜을 폐지하고, 북극의 국립 야생 동물 보호구역에서의 시추를 허용할 계획이다. 미국 에너지 정보 관리국(EIA, Energy Information Agency)에 따르면, 2022년 미국의 에너지 생산에서 화석 연료가 81%를 차지했다.

이민 정책

트럼프는 수백만 명의 이민자를 강제 추방하고, 국경 보안을 강화하는 조치를 취할 계획이다. 트럼프는 재선에 성공할 경우 첫 임기 때의 이민 정책을 재개할 계획이다. 여기에는 미국-멕시코 국경에서의 망명 접근 제한, 미국 내 이민자 부모에게서 태어난 이들의 자동 시민권 제거, 국가 방위군과 지역 경찰을 동원해 '불법 외국인 갱단원 및 범죄자'를 신속하게 추방하며, 공적 기반의 이민 시스템의 도입을 포함한다.

또한 카르텔 선박에 대해 전면적인 해상 봉쇄를 시행할 것을 약속하며, 미국 국방부에 카르텔 지도부와 작전에 '최대한의 피해를 입히도록' 명령하고, 카르텔을 외국 테러 조직으로 지정하겠다고 발표했다. 그는 다른 정부들에도 같은 조치를 취하도록 요구하고, "이 범죄 네트워크가 잔혹한 지배를 유지할 수 있게 해주는 모든 뇌물과 리베이트를 폭로하겠다"고 강조했다.

무역 정책

트럼프는 대선에서 이기면 높은 관세를 통해 글로벌 무역을 재편하고, 미국의 무역 우위를 확보할 전략을 추진할 것이다. 트럼프는

"모든 수입품에 대해 10% 이상의 관세를 부과하겠다"는 구상을 언급하며, 이를 통해 무역 적자를 없애겠다고 주장하고 있다. 또한 미국이 '중국에 의존하지 않도록' 4년 계획을 실행하고, 중국의 미국 내 주요 인프라 소유를 금지할 계획을 가지고 있다.

정부 구성

트럼프는 정부를 충성파들로 채우고, 자신의 정책과 비전을 지지하는 인사들로 행정부를 구성할 계획이다.

교육 개혁

트럼프는 교육 시스템을 개혁해 미국의 교육 경쟁력을 강화하는 다양한 방안을 제시할 예정이다.

미국 대선의 승부처는 중산층 유권자들의 향배

경제문제 가운데 해리슨 민주당 후보와 트럼프 공화당 후보가 벌일 경쟁은 '중산층 가계' 공략 여부에 달려 있다. 미시적인 금리 수준, 인플레이션 억제, 경기 둔화 등의 다양한 경제 이슈는 미국 중산층의 확대 및 강화라는 아젠다에 모두 포함된다.

중산층 가계 공략이 대선 승리의 핵심 변수

해리스와 트럼프의 대선 공약 가운데 가장 첨예하게 부딪힐 부분은 역시 경제문제다. 양측 후보들이 이스라엘-가자와 러시아-우크라이나 전쟁을 두고 정치 및 외교전을 벌이거나 이민, 낙태 혹은 교육 및 의료보험 제도 개혁보다 더 큰 쟁점이 '미국경제를 어떻게 연착륙시키고, 중국에 대한 합리적 제재와 유럽과 효율적 연대를 지속할 것인가' 하는 문제이다.

경제 문제 가운데 양 후보가 벌일 경쟁은 '중산층 가계'에 있다. 갤

럽 조사에 따르면, 미국 중산층은 미국 전체 국민들의 약 3분의 1을 차지하는 것으로 보인다. 미시적인 금리 수준, 인플레이션 억제, 경기 둔화 등의 다양한 경제 이슈는 미국 중산층의 확대 및 강화라는 아젠다에 모두 포함된다. 대선 승리를 위해 이들 두 후보의 중산층을 위한 경제 비전은 어떤 차이를 보이고 있을까?

먼저 미국 중산층에 대한 정의 및 규모부터 간단히 살펴보자. 요즘 미국 중산층에 대해 좋은 소식과 나쁜 소식이 있다.

미국 중산층에 대한 부정적 소식은 최근 미국 중산층의 축소 현상이 뚜렷하다는 점이다. 퓨 리서치 센터 연구에 따르면,[31] 미국 중산층은 1971년보다 줄었다. 2023년에는 미국인의 51%만이 중산층 가구에 속해 있었으며, 이는 50여 년 전의 61%에 비해 감소한 수치다. 일부 전문가들은 소득이 중산층을 정의하는 데 적절한 척도가 아니라고 보기도 하지만 퓨 리서치 센터는 중산층 소득을 미국 중간 가구 소득의 2/3에서 2배에 해당하는 가구로 정의한다. 2023년 미국 중산층의 중간 가구 소득은 106,092달러였다.

미국 중산층에 대한 긍정적 소식은 더 많은 중산층 가구가 소득 계층에서 상위로 이동한 반면, 하위로 이동한 가구는 더 적었다는 점이다. 이는 경제 발전의 신호라 할 수 있다. 2023년에 미국인의 19%가 상위 소득 가구에 속했다. 이는 1971년의 11%에 비해 증가한 수치인 반면, 하위 소득 가구는 2023년 기준 30%였다. 이는 1971년의 27%에 비해 증가한 수치다. 중산층에서 상위로 이동한 가구보다 하위 소득 가구로 전락한 가구 수가 더 크다는 것은 미국 역시 양극화 문제가 중요한 대선 이슈가 된다는 점을 시사한다.

미국 중산층에 대한 또 다른 부정적 내용은 중산층 소득이 고소득층에 비해 더 느리게 증가했다는 점이다. 퓨 리서치 센터는 1970년부터 2022년까지 중산층 소득이 60% 증가한 반면, 고소득층 소득은 78% 증가했다고 밝혔다. 같은 기간 동안 최저 소득층 소득은 55% 증가하는 데 머물렀다.

또한 중산층이 차지하는 총 가구 소득의 비율은 1970년 62%에서 2022년 43%로 급감한 반면, 고소득 가구는 1970년 29%에서 2022년 48%로 급증했다. 2022년 랜드연구소(RAND Corporation)에 따르면, 중간 소득을 올리는 가구의 약 3분의 1은 중산층처럼 지출할 여력이 없다고 한다. 미국의 많은 중산층 가구는 기본적인 생활 수준을 유지하기 위해 예산을 쥐어 짜거나 적자를 감수하고 있는 것이다. 다른 가구는 그들의 소득에 맞춰 지출하지만 이는 연방 빈곤 수준보다 낮은 필수 지출을 할 수밖에 없는 소위 '소비 빈곤(consumption poverty)' 상태를 의미하기도 한다. 이 두 경우 모두, 소득으로 볼 때 중산층인 가구가 중산층 생활 수준에 접근하지 못한다고 볼 수 있다.

결국 '인플레이션'은 주택을 구입하려는 세입자나 자녀의 대학 교육비를 지원하려는 부모 등 중산층 미국인들의 재정적 불안을 악화시켰다. 주택 및 교육비에 대한 절감이 많은 미국 국민들에게 중산층 지위를 유지하기 위해 필요한 부분이지만 현실은 주택 가격과 학비 상승이 소득보다 더 빠르게 상승해 감당하기 어려울 정도다.[32] 결

〈표 1〉 미국 내 중산층이 차지하는 총 가구 소득의 비율 추이

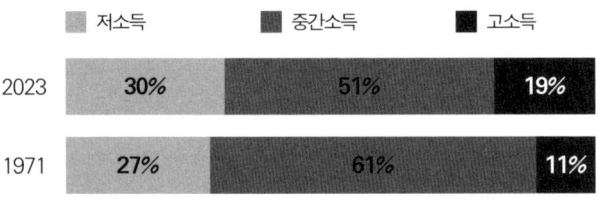

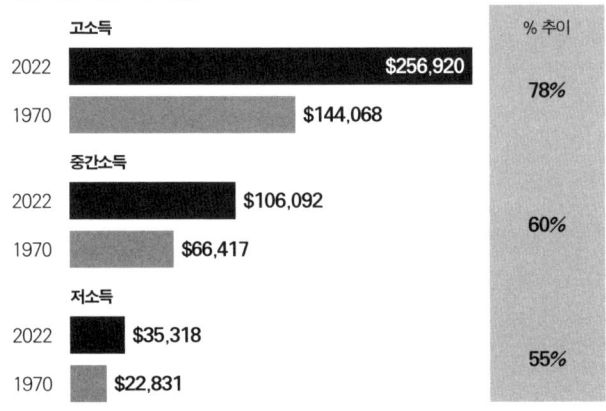

자료: Pew Research Center

국 현재 중산층 세대는 이전 세대보다 더 큰 불확실성을 느끼고 있을 것으로 보인다.

해리스의 중산층 공략책

해리스와 트럼프는 모두 중산층과, 스스로를 노동계층이라고 생각하는 사람들을 돕겠다는 약속을 했지만 그 약속들은 아직까지는 매우 일반적 공약에 불과하다. 중산층을 공략하기 위한 가장 중요한 요소는 세금, 주택 및 의료비 문제 등이다.

해리스는 자신이 중산층을 강화하는 것이 핵심 목표라고 한다. 그녀는 도널드 트럼프의 대선 경제 공약은 부자를 위한 공약일 뿐 오히려 미국을 퇴보시키려 한다고 비난한다. 트럼프는 대선 승리 이후 당장 IRA 법안과 CHIPS 법안 등 무차별적인 보조금 지원 정책을 전면 폐지할 뜻을 비쳤다. 하지만 해리스는 이미 조 바이든의 계획과 입법 성과 중 가장 인기 있는 부분을 수용하면서 트럼프의 대선 공약과 어떻게 대비를 이루고 있는지를, 그리고 최근 몇 년간 전개된 생활비 위기와 관련해 자신이 트럼프보다 어떻게 위기를 더 잘 넘길 것인지를 강조하고 있다.

바이든 행정부 관계자들은 해리스가 미국 제조업 부문에 투자하고, 인프라를 보수하며, 녹색 에너지를 장려하는 바이든의 계획을 계속 추진할 것으로 예상하고 있다. 아울러 소위 '돌봄 경제'라 불리는 분야에 중점을 두고, 보육 접근성 증가, 유급 가족 휴가, 교육 자금 지원 등을 강조할 예정이다. 이 부분은 바이든이 미 의회를 통과시키지 못한 계획들이다.

해리스는 미국 유권자들에 대해 바이든 행정부의 경제 정책을 효과적으로 방어할 수 있을 것으로 보인다. 이는 공화당과 트럼프가 지난 팬데믹 이후 인플레이션 상승에 대해 민주당 정부를 비난하는 가장 핵심 사안이다. 하지만 바이드노믹스는 대공황 이후 최악의 경기 둔화로부터 미국을 구출하고 기록적인 일자리 성장을 이끌었음에도 불구하고 국민들에게 더 나은 삶을 제공하고 있다는 점을 보여주는 데는 사실 어려움을 겪고 있다.

2020년 대선 당시 해리스는 중산층과 노동계층 가정이 생활비를 유지할 수 있도록 돕기 위해 부부당 연간 최대 6천 달러의 환급 가능한 세금 공제를 제안한 바 있다. 'LIFT the Middle Class Act(중산층을 위한 생계 보장법)'으로 명명된 이 법안은 납세자들이 매달 최대 500달러의 혜택을 받을 수 있게 해 가족들이 높은 이자율의 급전 대출에 의존하지 않도록 하는 것이 골자다.

주택 정책도 중요한 이슈다. 해리스는 최근 주택 관련 문제에 집중해온 바이든 행정부의 정책들을 확장하게 될 가능성이 높다. 예컨대 최근 바이든 행정부는 전국적으로 임대료 인상을 제한하고, 저렴한 주택 공급을 확대하기 위해 추가 자금을 배정한 바 있다.

여기에 덧붙여 해리스는 트럼프의 공략 대상인 미국 노동조합을 보다 강력하게 지지할 것으로 예상된다. 기본적으로 해리스와 바이든의 참모들은 미국을 미래지향적으로 나아가게 하는 가장 좋은 방법 중 하나는 노동자들에게 목소리를 부여하는 것이라는 점을 강조한다. 이는 조직할 자유를 보호하고, 집단 교섭의 자유를 방어하며, 노조 파괴를 막아냄으로써 중산층 가정 확대에 단초를 만들어내는 것이다.

2020년 이후 팬데믹으로 사실상 통화량을 급속히 증가시킨 정부는 트럼프 정부지만 인플레이션은 바이든 대통령하에서 급등했다. 그러므로 사람들은 파블로프 조건반사(Ivan Pavlov's conditioned reflex)처럼 바이든의 경제정책이 마치 고물가 현상을 일으킨 주범이라고 생각할 수 있다. 다만 유권자들은 해리스를 바이든 대통령만큼 비난하지 않을 가능성은 있다.

어쨌든 해리스는 전 캘리포니아 주 검사 및 상원의원으로서 경제학에 대한 강력한 배경이 없다는 점은 기업가 출신인 트럼프에 비해 경제정책 논쟁에 있어 설득력이 떨어진다는 큰 약점이 될 수 있다. 해리스가 지나치게 바이든 경제정책에서 벗어날 경우 비록 대선 기간이 얼마 남지 않았지만 충분히 그녀를 대체할 잠재적 후보군들이 여전히 거론된다는 사실도 간과해서는 안 된다.

한편 해리스는 주류 중도 진보적 유권자들을 위한 경제 정책도 준비해야 한다. 여기엔 재무부장관 재닛 옐런의 역할도 중요할 것으로 보인다. 미국 중산층 가정 경제에서 여성의 지지가 어느 정도 중요한지에 대해 사회학자들의 다양한 의견 제시는 없지만 해리스는 결국 중산층 가족을 지지하며 그들이 미국경제의 강점에 핵심적이라

〈표 2〉 2020년 이후 미국 도시 소비자물가 변화 추이(단위:%)

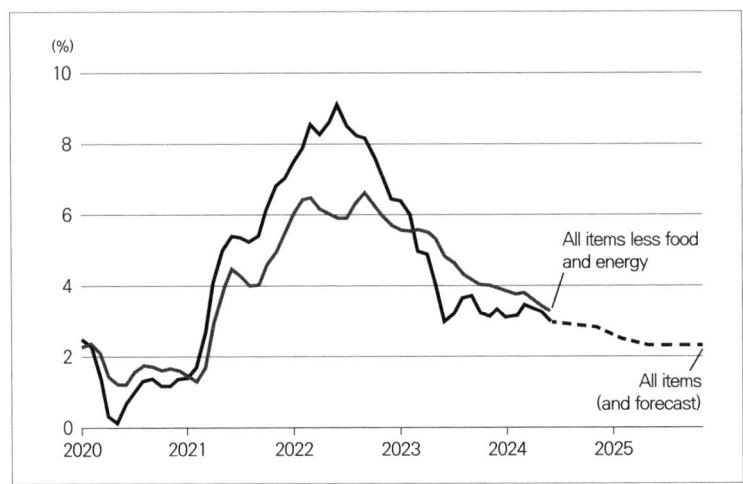

자료: US Bureau of Labor Statistics, Bloomberg 및 Financial Times.
월별 소비자 물가는 계절적 조정이며, 연간 자료는 비조정 자료임.

〈표 3〉 2020년 이후 미국의 일자리 성장 추이: 산업별 고용 현황(백만 명)

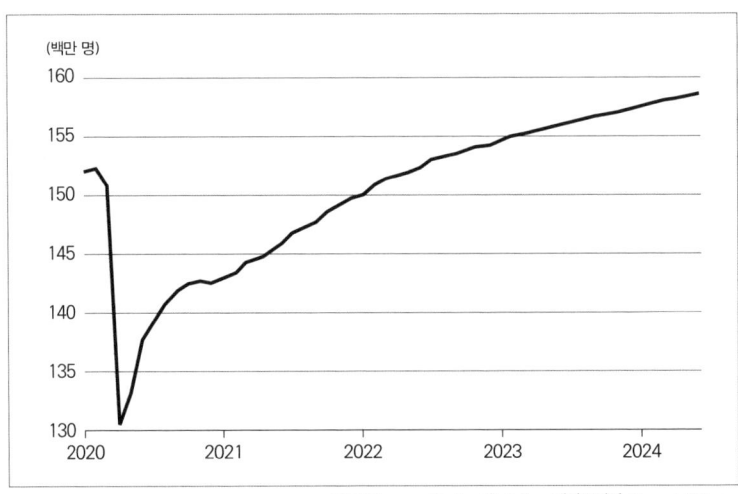

자료: Bureau of Labor Statistics, 계절조정치, Financial Times.

는 것을 알고 있다는 점을 강조해야 할 것이다.

따라서 해리스는 좋은 일자리 창출, 아동 돌봄 및 의료와 같은 중요한 분야에서 비용 절감, 미래 산업의 노동자 교육에 집중할 필요가 있다. 앞서 지적한 바대로 우선은 해리스가 지원하는 미국 사회 안전망 강화정책에 바이든의 2021년 3.5조 달러 규모의 '다시 더 나은 미국 만들기' 계획을 일부 반영했으나 최종적으로 의회를 통과하지는 않았던 점을 상기하며 이를 재강조해야 할 필요를 느낄 것으로 보인다.

트럼프의 중산층 공략책

마찬가지로 트럼프도 최근 몇 년간 급격히 상승한 물가로 인해 피해를 입었다고 주장하는 중산층을 돕겠다고 약속하고 있다. 트럼프는 "바이든 행정부하의 급격한 물가 상승이 미국 중산층을 파괴하고 있다"고 주장한다.

트럼프는 "바이든과 급진 좌파 민주당원들 아래에서 발생한 인플레이션이 미국 중산층을 없애고 있다"며 공세를 강화하고 있다. 그러나 트럼프의 이 같은 비난은 자칫 자신의 팬데믹 극복 정책이 가져온 결과라는 점, '바이든 경제정책이 오히려 설겆이를 하는 모양새'라는 비난에 딱히 대처할 방법이 없어 보인다.

공화당의 일반적 경제 정책 플랫폼은 불필요한 연방 지출을 억제하고 비용이 많이 드는 규제를 줄이며 경제를 안정화하고 성장시키겠다는 것이 목표다. 또 다른 플랫폼은 '힘을 통한 평화(peace through strength)'를 회복해 원자재 가격을 낮추겠다는 방침이다.

트럼프로서는 물가를 낮추기 위해 공화당이 오랫동안 선호해온 몇 가지 일반적인 조치를 제시하고 있다. 즉 먼저 인플레이션을 되돌리기 위해 최우선 과제로 에너지 산업을 재활성화해 인플레이션과 모든 미국인의 생활비를 낮추겠다는 것이다. 예컨대 트럼프가 선거에서 승리하면 국내 에너지 생산에 대한 제한을 해제하고 바이든 행정부의 친환경 에너지 노력을 종료할 것이며, 이는 즉시 물가를 낮추고, 주택, 자동차, 공장 등에 저렴한 에너지를 공급할 것이라고

〈표 4〉 트럼프의 재정 계획에 포함된 역진적인 세금 감면과 역진적인 세금 인상의 파급 효과(소득 5분위별 세금 인상 및 감면 분포, 세후 소득의 % 변화)

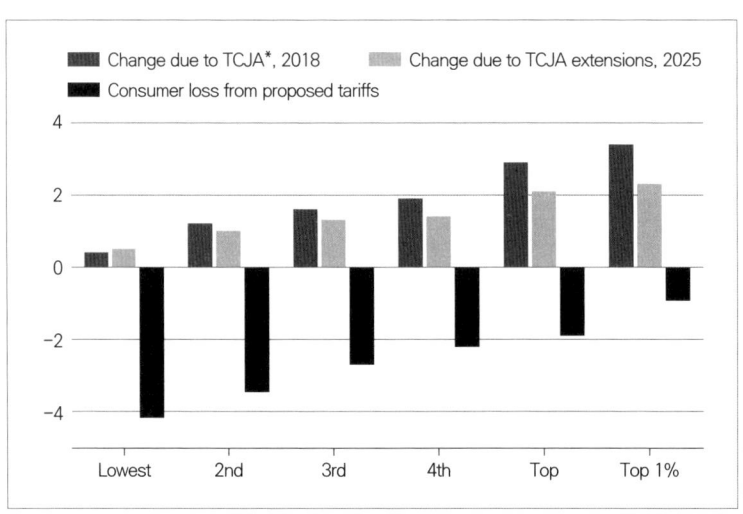

자료: Peterson Institute for International Economics • *Tax Cuts and Jobs Act

공약하고 있다. 트럼프의 또 다른 주요 정책은 불법 이민을 막음으로써 불법 이민이 미국 가정의 주거, 교육 및 의료 비용에 미치는 부정적 파급효과를 최대한 줄이겠다는 것이다. 하지만 트럼프의 이러한 정책 제안들은 중산층의 생활비를 증가시킬 수 있다.

또 다른 무역 관련 관세정책들도 소비자물가에 상승 압력으로 작용할 수 있다. 예컨대 트럼프는 모든 미국 수입품에 대해 10%의 세금을 부과하고 중국에서 들어오는 상품에 대해서는 60%의 세금을 부과할 계획이다. 이렇듯 모든 미국 수입품에 대해 10% 관세를 부과할 경우 미국 중산층 가정에 매년 최소 1,700달러의 비용부담이 초래될 것으로 보인다. 아울러 트럼프의 관세 정책은 연간 5천억 달러의 부담을 지게 되어 미국의 가장 가난한 가정에 큰 부정적 영향을 미칠 것이다. 그 결과 트럼프의 관세 정책이 가져올 비용은 미국 GDP의 1.8%에 해당되는 것으로 추정된다.

해리스가 감당해야 할 과제

요약하자면, 해리스의 가장 큰 도전은 '트럼프와 공화당이 특히 경합주에서 자신들을 노동자 계층의 정당으로 포지셔닝하려는 노력을 반박하고 이들의 지지를 어느 정도 복원하는 것'이다. 해리스는 이미 부유한 미국인과 기업을 위한 감세, 전면적인 수입 관세, 대규모 이민자 추방 등 노동자 가정을 해칠 것이라고 말하는 트럼프의 정책을 비판하고 있다. 해리스는 연 소득 40만 달러 이하인 사람들의 세금을 인상하지 않겠다는 바이든의 약속을 지킬 것으로 예상된다.

해리스는 2024년 11월 미국 대선에서 유권자들이 미래를 위한 2가지 다른 경로에 대해 선택하게 될 것이라는 점을 강조하고 있다. 즉 해리스는 미국 유권자들이 실제 트럼프의 공약을 선택한다면 그것은 궁극적으로 유권자들에게 잘못된 길이라는 것을 설득할 수 있어야 한다.

2022년 40년 만에 최고치를 기록한 인플레이션이 완화되고 연방준비제도이사회가 대출 금리를 인하할 준비를 하고 있는 상황에서, 미국경제가 다소 개선된다면 해리스 캠페인은 바이든-해리스의 경제적 성과를 홍보하는 동시에 향후 자신의 행정부가 제시할 경제 성장 계획에 대해 긍정적 평가를 받을 기회는 있다. 문제는 경제다.

다음에 이어지는 내용에서는 양자의 경제 정책이 어느 세대에 더 많은 호소력을 가질지, 남성과 여성들에게 누가 더 큰 관심을 받게 될지 등에 대해 알아보기로 한다.

예기치 않은 변수로 떠오른 성별 대선 후보 지지도

트럼프는 점점 더 많은 젊은 남성들 사이에서 지지를 얻고 있다. 공화당을 지지하는 젊은 남성들은 민주당의 진보적 가치의 확산을 우려한다. 미국의 젊은 남성들은 민주당의 정책들이 '좌파적' 관점에서 만들어진 미국답지 않은 가치라고 확신한다.

젊은 남성층들을 공략중인 트럼프

2024년 8월 1일 트럼프 지지자들은 UFC와 같은 엔터테인먼트 및 스포츠 인물들과 협력해 젊은 남성 유권자들을 겨냥한 2천만 달러 규모의 유권자 등록 캠페인을 시작했다. 이 캠페인은 도널드 트럼프의 지지자들이 젊은 남성 유권자들을 겨냥해 시작한 'Send the Vote'라는 유권자 등록 및 투표 촉진 프로그램이다. 인기 팟캐스트 풀 센드(Full Send)에서 J.D 밴스(JD Vance)와의 인터뷰를 통해 공개될 예정이다.

이 같은 캠페인은 카멀라 해리스가 민주당의 새 후보로 떠오르면서 젊은 유권자들에 대한 접근이 더욱 중요해졌으며, 소셜 미디어에서의 홍보전이 유권자를 확보하는 데 중요한 역할을 하고 있음을 보여주는 대목이다. 트럼프는 점점 더 많은 젊은 남성들 사이에서 지지를 얻고 있으며, 이들은 점점 더 보수적인 성향을 보이고 있다. 많은 이들이 남성 중심의 엔터테인먼트와 스포츠 문화를 즐기고 있다는 점에 착안한 선거 전략이다.

팟캐스트 풀 센드의 진행자인 넬크 보이즈(Nelk Boys)는 최근 게스트인 윌 스미스(Will Smith)와 젤리 롤(Jelly Roll)과 같은 유명인과의 인터뷰를 진행하며, 팟캐스트와 소셜 미디어 플랫폼에서 트럼프의 유권자 등록 프로젝트를 홍보할 예정이다. 이 같은 연예 오락 스타들은 "인스타그램이나 트위터에 게시물이나 글을 올리는 것도 멋지지만, 모든 사람들이 유권자 등록을 하고 목소리를 내야 한다"는 점을 강조한다. 결국 젊은 남성 유권자들이 투표장에 나와 필요한 선거인단 선출에 트럼프 지지를 표명해야 한다는 점을 의미한다.

특히 이 풀 센드의 캠페인은 조지아, 노스캐롤라이나, 펜실베이니아, 미시간, 위스콘신, 애리조나, 네바다 등 9개 주의 젊은 남성층들을 주요 타깃으로 삼고 있다. 이 그룹은 공식적으로 비당파적이며, 기부자 공개 의무가 없는 비영리 단체로 설립되었다. 이들이 마련한 선거 참여 장려를 위한 로드맵은 주요 스포츠 이벤트를 통해 유권자 등록 캠페인을 진행하고, 파티 혹은 콘서트 입장은 유권자 등록 증명서를 가진 자들을 모두 포함한다. 예를 들어 2024년 9월 14일 라

스베이거스에서는 UFC 306 프리파이트 파티가 예정되어 있으며, 이 외에도 애리조나주 스카츠데일, 필라델피아, 디트로이트, 애틀랜타, 뉴욕시, 로스앤젤레스에서도 다양한 이벤트가 계획되어 있다. 트럼프는 풀 센드에 출연하면서 프로레슬러 로건 폴(Logan Paul)과의 인터뷰를 포함해 다른 팟캐스트 스타들과도 만나고 있다.

왜 젊은 남성들은 트럼프를 지지하는가?

트럼프는 2024년 6월에 뉴어크(Newark), N.J.에서 UFC 경기를 관람하면서 틱톡 계정을 시작했으며 약 940만 명의 팔로워를 보유하고 있다. 이에 비해 해리스는 트럼프에 비해 약 한달 늦게 틱톡에 가입하면서 약 370만 명의 팔로워를 보유하고 있다.

공화당을 지지하는 젊은 남성들은 민주당의 진보적 가치 확산을 우려한다. 그들은 민주당의 정책들을 '좌파적' 관점에서 만들어진 미국답지 않은 가치라고 확신한다. 특히 이들을 인종으로 구분하면 백인층들이 좀 더 적극적인 상황이다. 하지만 민주당을 지지하는 젊은 세대들의 이견도 만만치 않다. 특히 낙태 및 기타 권리 접근을 축소하려는 보수파들로부터 개인적인 위협을 느낀다는 층들도 트럼프 지지에 냉소적이다.

트럼프 진영에서 적극적으로 젊은 남성 유권자들을 위한 선거 참여 프로그램을 착안한 배경은, 지난 2020년 선거와 달리 최근 30세

이하 남성들 사이에서 트럼프에 대한 지지도가 상승세를 보이고 있기 때문이다. 박빙의 대선 경쟁이 예상되는 가운데 젊은 30세 이하의 남성 유권자들은 트럼프에게 매우 중요한 역할을 할 수 있을 것으로 보인다. 반면에 여성들은 30세 이하 연령대에서 민주당을 여전히 강력 지지하고 있다.

한편 트럼프 전 대통령은 젊은 흑인 및 히스패닉 남성들 사이에서 지지를 얻고 있다. 하지만 해리스가 이 지지세를 감소시킬 수 있는 위협이 되고 있다는 점도 가볍게 볼 수 없는 트럼트 진영의 민감한 과제다.

해리스는 바이든에 대한 지지를 되찾으려는 전략을 생각하고 있으며, 바이든이 후보직을 사퇴한 이후 그녀의 지지율이 다소 상승한 점이 이 같은 해리스의 노력이 필요한 부분을 시사한다. 해리스는 2024년 7월 초의 여론조사에서 30세 이하 유권자들 중에서 바이든 대통령이 후보였을 때보다 더 많은 지지를 얻고 있다. 그러나 만일 30세 이하 젊은 남성들의 이탈표가 늘어난다면 결코 안심할 수 없는 상황이 전개될 가능성에 대해 우려하는 건 당연한 일이다.

유권자들 사이에 형성된 새로운 균열선

미국의 문화와 정치 세력은 30세 이하의 남성과 여성들을 상반된 진영으로 밀어붙이고 있다. 이는 유권자들 사이에 새로운 균열선을 형성하면서 2024년 대선에 예기치 않은 변수를 추가하고 있다.

미국의 30세 이하 유권자들은 1989년 로널드 레이건 대통령이 퇴임한 이후 민주당 지지세의 주춧돌이 되어왔다. 하지만 젊은 남성들이 민주당을 탈당하면서 이 주춧돌이 균열을 보이고 있다. 이들은 현재 공화당의 의회 통제와 트럼프 대통령을 지지하지만 2020년 지난 대선에서는 바이든 대통령과 민주당 의원들을 지지했었다.

반면 30세 이하의 여성들은 의회와 백악관 모두에서 여전히 민주당을 강력히 지지하고 있다. 이들은 20년 전보다 스스로를 자유주의자라고 칭하는 경향이 훨씬 더 강해졌다.

바이든이 대선 후보에서 물러나기 전, 트럼프는 30세 이하 남성들 사이에서 다수의 지지를 얻고 있었던 것으로 보인다. 이 지지 추세가 선거일까지 지속된다면 공화당은 약 20년 만에 젊은 남성들에게

〈표 5〉 미국 젊은 세대들의 대선후보 지지율

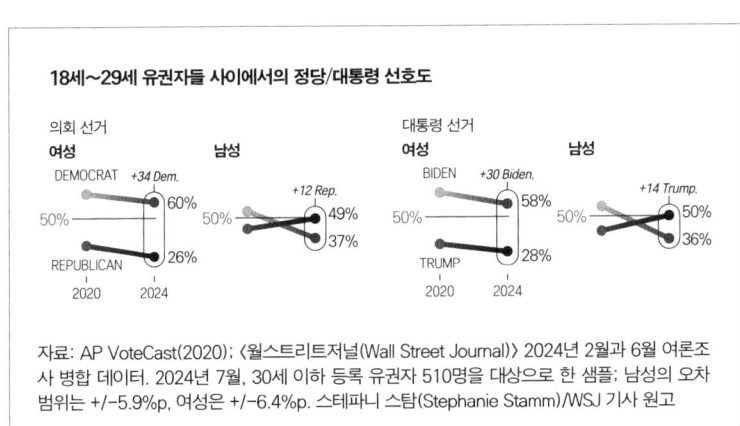

자료: AP VoteCast(2020); 〈월스트리트저널(Wall Street Journal)〉 2024년 2월과 6월 여론조사 병합 데이터. 2024년 7월, 30세 이하 등록 유권자 510명을 대상으로 한 샘플; 남성의 오차 범위는 +/-5.9%p, 여성은 +/-6.4%p. 스테파니 스탬(Stephanie Stamm)/WSJ 기사 원고

지지를 받는 상황을 맞이할 수 있다는 기대감이 커지고 있다.

젊은 남성들은 2024년 7월 28일 실시한 〈월스트리트저널〉 조사에서는 트럼프를 바이든보다 14%p 더 지지하는 것으로 나타났다. 이는 2020년과는 상당한 변화가 있는 결과다. 이들은 2020년 대선에서는 바이든을 15%p 더 지지했었다. 〈월스트리트저널〉 조사에서 젊은 여성들은 바이든을 30%p 더 지지하며, 민주당의 의회 통제에 대해서는 34%p 더 지지하고 있다. 이 결과는 2020년과 본질적으로 변화가 없다. 젊은 남성과 젊은 여성 등 성별에 따른 격차는 낙태, 학자금 대출 면제 및 기타 청년들의 삶에 영향을 미치는 문제에 대한 상반된 견해로 확대되고 있는 것으로 보인다.

이제 문제는 민주당의 대선 후보인 해리스가 젊은 남성들의 지지를 회복할 수 있을지, 아니면 큰 폭으로 지지율을 떨어뜨릴지를 놓고 어떻게 대응할 것인가를 찾아내는 것이다. 해리스로서는 젊은 남성과 여성 사이에서 차이를 보이고 있는 사회적, 경제적, 정책적 이슈를 부각시키는 데 집중할 것으로 보인다.

미국 대선과
증시 수익률의 관계

일반적으로 미 대선이 있는 해에는 변동성이 높아지는 경향이 있지만, S&P 500은 오히려 선거가 없는 해보다 더 자주 긍정적인 연간 수익률을 보여주고 있다. 이는 불확실성이 해소되거나 예상된 결과가 나온 후 시장이 회복되기 때문이라 할 수 있다.

미 대선 결과에 시장은 어떻게 반응할까?

2024년 11월 예정인 미국의 대통령 선거가 다가오면서, 투자자들은 자신의 투자에 어떤 영향이 있을지 궁금해할 수 있다. 카멀라 해리스가 승리하면 주식시장이 어떻게 반응할까? 현재의 민주당 정부가 트럼프의 공화당으로 교체된다면 시장은 어떻게 움직일까? 대통령은 그렇다치고 만일 공화당이나 민주당이 의회를 장악했을 때와 혼합된 상황에서는 주식시장이 어떻게 성과를 내는지에 대한 궁금증도 있을 법하다.

미국에 선거가 있는 해에는 주식시장 변동성이 자주 증가하지만 역사적으로 미국 주식은 선거가 없는 연도보다 선거가 있는 연도에 더 자주 높은 수익을 기록했었다. 긍정적인 점은 주식시장은 어느 정부에서건 장기적으로 꾸준히 좋은 성과를 거두었다는 사실이다.

다음은 역대 미 대통령별 주식시장 및 채권시장의 수익을 보여주는 여러 차트와 이에 대한 설명들이다. 블랙록(BlackRock)과 〈포브스(Forbes)〉지의 최근 분석을 토대로 재구성해보았다.

미국 대통령별 주식시장 성과(S&P 500)

민주당 대통령이든 공화당 대통령이든 상관없이 역대 대통령 재임 기간 동안 주식시장은 일반적으로 장기적인 상승세를 보였다. 그렇다면 미국 대통령으로 누가 선출되었는지와는 별개로, 주식시장 성과에 영향을 미치는 다양한 요인들을 고려해봄직하다.

예를 들어 9·11 테러와 2008년 금융위기는 조지 W. 부시 대통령 재임 시절에 발생했다. 오바마 대통령의 임기는 2009년에 시작되었으며, 당시 주식시장의 평가가 거의 바닥에 가까웠다. 잘 알려진 바와 같이 그 이후 주식시장은 역사상 가장 긴 강세장을 기록했다.

여기서 각 정부마다 서로 다른 정책의 영향에 대해 논의할 수 있지만 핵심은 어떤 행정부가 들어서든지 시장에 미치는 영향은 제한적이며, 예상치 못한 사건들이 주식시장에 긍정적이거나 부정적인 영향을 미칠 수 있다는 점이다. 즉 예상치 못한 비경제적 사건들이 주식시장에 미치는 파급효과가 뚜렷하다.

〈표 6〉 미국 역대 대통령별 주식시장 성과(S&P 500)

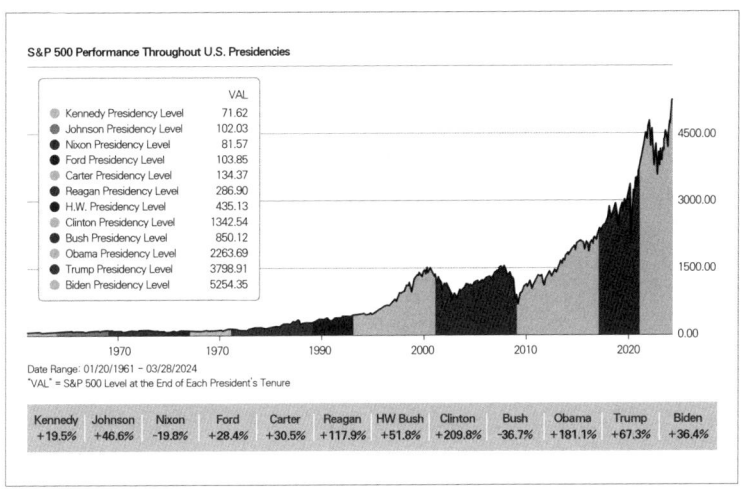

자료: YCharts

〈표 7〉 역대 미국 대통령 임기의 평균 연평균 수익률

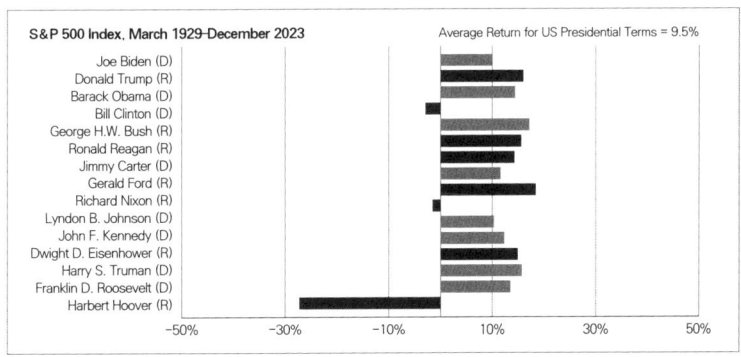

자료: Dimensional Fund Advisors

미국 대통령 임기 동안의 연평균 주식시장 수익률

1929년 이래로 단 세 명의 대통령만이 임기 동안 S&P 500지수의 연평균 수익률이 마이너스를 기록했었다. 허버트 후버(Herbert Hoover)와 리처드 닉슨(Richard Nixon), 조지 부시(George Bush), 이렇게 세 명의 대통령들이다. 하지만 일반적으로 역대 대통령 임기의 평균 연평균 수익률은 9.5%를 초과하는 것으로 분석되었다.

미국 대통령 임기 동안의 연평균 채권 수익률

예상대로, 채권시장의 변동성은 주식보다 훨씬 적었다. 1977년 이후 바이든 대통령을 제외하고는 임기 동안 연평균 채권 수익률이 마이너스를 기록한 대통령은 없었다. 주식시장과 마찬가지로, 채권시장은 미 연준과 재무부의 금리 및 재정정책과 관련이 있다. 대통령과는 직접 관련이 없다. 이는 직접 통제하지 않기 때문이다.

〈표 8〉 미국 대통령 임기 동안의 연평균 채권 수익률

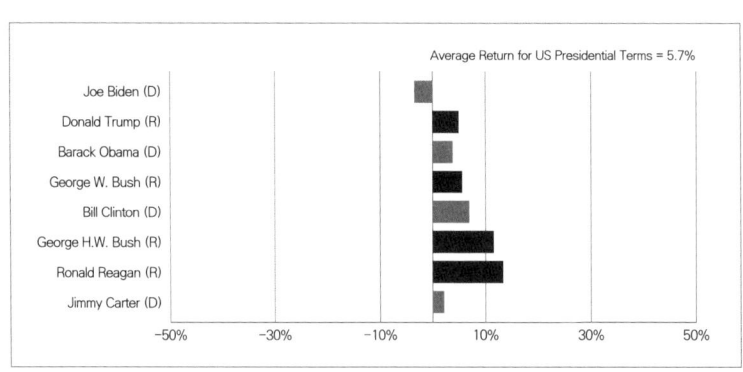

자료: Bloomberg US Aggregate Bond Index, January 1977–December 2023

채권 수익률을 결정하는 주요 요인은 통화 정책, 금리 그리고 인플레이션이다. 인플레이션이 상승하면 금리를 올리고, 따라서 양적 긴축을 진행하면서 채권을 매도하기 때문에 채권 가격은 하락하게 된다.

미국 대통령이 연방준비제도 이사회의 구성을 일부 결정할 수는 있지만 이 과정은 시스템의 다른 측면과 마찬가지로 여러 견제와 균형 장치가 포함되어 있다는 점에서 대통령이 미국 재정과 통화정책에 직접적인 영향력을 행사할 수도 없고, 하기도 어렵다. 1980년대 이후로 일반적으로 하락해오던 미국 금리는 연방준비제도가 지난 2008년 서브프라임 모기지 부실 사태와 2020년 팬데믹으로 인한 과도한 통화 공급의 후유증, 즉 인플레이션을 억제하기 위해 2022년에 최근 역사상 가장 빠른 속도로 금리를 인상했었다.

S&P 500의 선거 연도 투자 성과

시장은 나쁜 소식보다 불확실성을 더 싫어한다. 미 대통령 선거는 중요한 변화의 가능성을 의미한다. 역사적으로 공화당은 낮은 세금과 규제 완화를 중시했으며, 이는 시장이 선호하는 요소라 할 수 있다. 그러나 앞서 살펴보았듯이, 이것이 반드시 행정부 집권 기간 동안 더 높은 수익으로 이어지지는 않는다.

선거 연도의 투자 수익률은 일반적으로 여러 요인의 조합에 의해

결정된다. 몇 가지 주요 요인을 살펴보면 다음과 같다:

첫째, 현직 대통령의 재선 여부다. 현직 대통령이 재선에 도전할 때는 시장의 예측 가능성이 높아질 수 있다. 경제정책과 대외정책에 급격한 변화가 없기 때문이다. 불확실성이 다소 감소한다.

둘째, 경제/지정학적 상황과 기대치다. 경제 상황과 국제 정세에 따라 시장의 기대가 달라질 수 있다. 사실상 미국 자산시장의 가격 변동성에 단초가 되는 것은 경제적 상황 변화보다 지정학적 상황 변화가 더 중요한 변수가 되는 듯 보인다.

셋째, 선거의 접전 여부 및 예측 불가능성이다. 선거가 얼마나 치열하고 결과가 얼마나 예측 불가능한지에 따라 시장이 흔들릴 수 있다. 이는 2024년 11월 5일 미국 대통령 선거 직후에 나타날 수 있는 현상이다.

넷째, 후보자의 주요 이슈 및 주식시장에 잠재한 각종 위험에 대한 현실 인식이다. 예를 들어 세금 인상, 친기업 정책의 폐지, 규제 강화 등의 공약이 시장에 부정적으로 작용할 수 있다.

다섯째, 미국 대선 후 의회를 한 정당이 장악할 가능성이다. 한 정당이 의회를 장악할 경우에는 정책의 일관성이 예상되면서 시장의 불확실성이 줄어들 수 있다.

선거 연도 vs. 비선거 연도의 미국 주식 성과

일반적으로 미 대선이 있는 해에는 변동성이 높아지는 경향이 있지만 S&P 500은 오히려 선거가 없는 해보다 더 자주 긍정적인 연간

〈표 9〉 비선거 연도의 미국 주식 성과

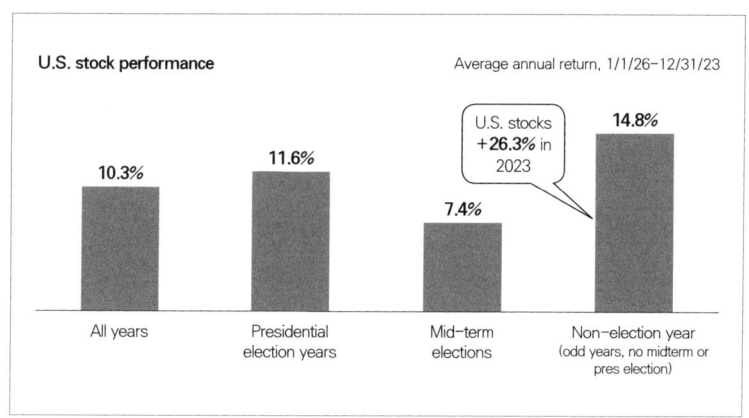

자료: BlackRock

수익률을 보여준다. 이는 불확실성이 해소되거나 예상된 결과가 나온 후 시장이 회복되기 때문이라 할 수 있다.

역사적으로 S&P 500 지수는 비선거 연도에 선거 연도보다 더 높은 평균 연간 수익률을 기록해왔지만 선거 연도에는 투자자들이 더 자주 수익을 얻었다. 1926년 이래로, 미국 주식은 선거 연도에 단지 네 번(1932, 1940, 2000, 2008년)만 마이너스 수익률로 마감했다. 당시 마이너스 수익률을 보인 이유는 네 번 모두 선거 자체보다는 주요 지정학적 또는 금융 시장 사건 때문이었다. 이를 비선거 연도와 비교하면, S&P 500은 연간 손실을 경험한 경우가 거의 2배 가까이 자주 발생했다(30%).

미국 주식시장 성과: 민주당, 공화당, 혼합 의회 통제 시

미 상원과 하원에서 공화당과 민주당이 교체 다수당이 되는 혼합 통제 시에는 양당의 의제에 대한 더 많은 장애물이 잠재하고 있음을 의미한다. 이는 자산시장에서 주가나 채권 가격의 변화 속도가 느려지거나 아예 변화를 일으키지 않을 수도 있다, 시장은 불확실성을 두려워하기 때문에 이러한 현상 유지가 오히려 긍정적인 소식일 수 있다.

〈표 11〉은 혼합 의회가 상대적으로 얼마나 드문지를 보여준다. 어쨌든 장기 투자자들이 반드시 고려해야 할 핵심 요소는 주식시장은 경제나 백악관과는 별개의 존재였다는 점이다. 와이차트(YCharts)의

〈표 10〉 선거 연도의 미국 주식 성과

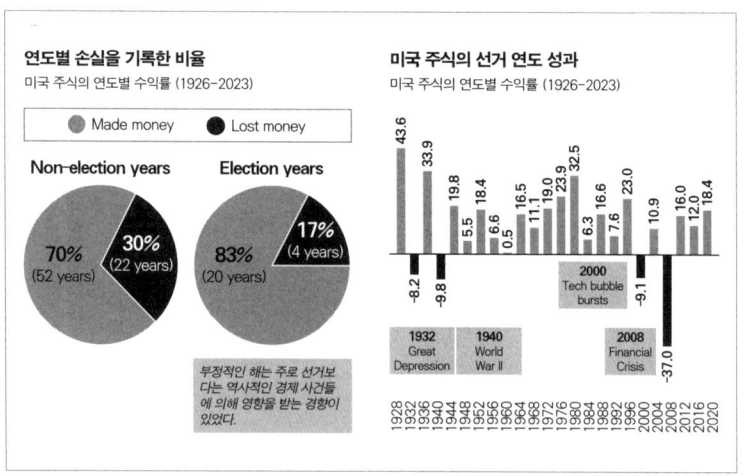

자료: BlackRock

〈표 11〉 미국 주식시장 성과: 민주당, 공화당, 혼합 의회 통제 시

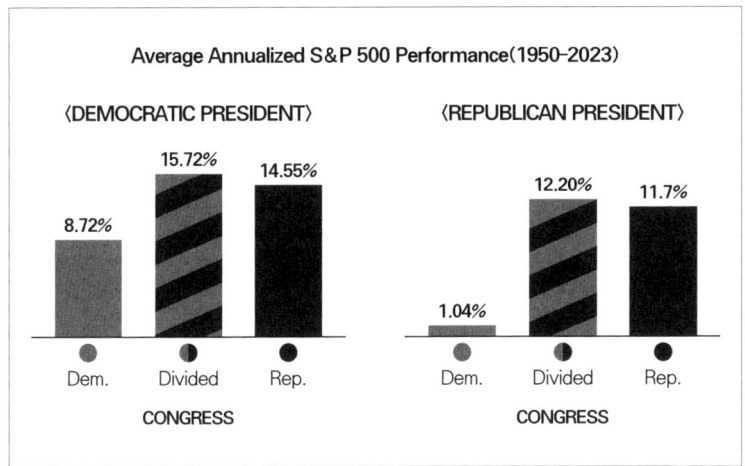

자료: YCharts

데이터에 따르면, 1950년 이후 S&P 500의 가장 높은 평균 연간 수익률을 기록한 정치적 조합은 민주당 대통령과 상하원이 민주 및 공화당으로 각각 분리되어 다수당이 되었을 때였다.

미국 대선 해에 개인들의 투자 관리법

미국에 선거가 있거나, 새로운 대통령이 선출된 후에 자산 배분을 변경해야 할까? 그럴 필요는 없어 보인다. 장기적인 투자를 위해서는 자신이 통제할 수 있는 것에만 집중하는 것이 중요하다.

핵심은 시장이 가져올 등락 등 변동성에 최적의 타이밍을 맞추는

〈표 12〉 투자 기간에 따른 수익률 비교

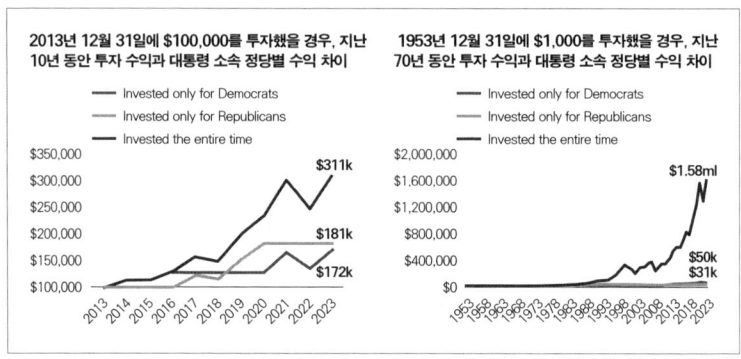

자료: BlackRock

것에 있지 않다. 어쩌면 이는 신의 영역이라 할 수 있다. 해답은 단지 시장에 오래 머무는 것뿐이다.

늘 기회가 있을 때마다 "미국 가치주와 성장주를 중심으로 최소 5년 이상 들고 가는 게 좋다"는 조언을 하지만 본래 빨간불과 파란불이 반짝이는 걸 보며 아드레날린이 분배되는 것을 즐기는 단기 투자자들에게는 아무런 소용이 없는 조언이기도 하다. 하지만 위의 〈표 12〉 '투자 기간에 따른 수익률 비교'를 주목해보기 바란다.

이 그림에서 볼 수 있듯이, 미 대선에서 누가 집권하든 상관없이 결론적으로 더 많은 기업 투자를 유지하는 것이 더 나은 재정적 선택이 되어왔다는 점에 주목해야 한다. 정치에 대한 개인적인 감정이 투자자 각 개인의 재정 계획에 영향을 미치지 않도록 하는 것이 쉽지는 않겠지만 매우 중요하다. 언론에서 '이때다 싶어 흔들어대는 기사에 쉽게 휘둘리거나 흥분할 필요가 전혀 없다는 의미다.

CHAPTER 3에서는 세계경제를 비롯한 미국경제와 중국경제 등 주요국의 경제 전망을 정리했다. 2025년 이후 세계경제의 주요 이슈는 크게 3가지다. '첫째, 미국경제의 둔화 혹은 침체의 깊이는 어느 정도일 것인가? 둘째, 중국경제는 내수 및 대외 수출 경제 모두 둔화되는 가운데 부동산 버블이 어떻게 마무리될 것인가? 일단 시진핑 주석의 경제 실패에 대한 고해성사가 있었다. 셋째, 미국과 유럽 선진국들과 중국과의 산업 기술과 관련된 경쟁적 대결구도는 어떤 방향으로 전개될 것인가?' 등이다. 1990년 전후와 닮아 있다. 지정학적 요인으로는 1989년 베를린 장벽 붕괴 이후 1990년 독일 통일과 구소련의 붕괴, 이라크의 쿠웨이트 침공에서 비롯된 중동전쟁, 그리고 산업 분야에서 개인용 컴퓨터 산업의 본격적인 시작과 디지털 정보통신 기술의 발전이 그렇다. 이런 비슷한 상황은 15세기 이후 16세기까지 유럽의 르네상스 시기와도 엇비슷한 모습을 보인다. 17세기 이후 유럽은 산업혁명을 준비하면서 과학과 기술 분야의 엄청난 진전을 가져왔다. 기술 발전에 있어 자본 투자는 충분조건이다. 여기에 다양한 정치체제와 제도가 규범화되기 시작했다. 2025년 이후 세계경제가 이를 닮아 있다. 역사는 앞으로 전진할 뿐, 결코 후퇴하거나 반복하지 않는다. 이러한 변화의 바람은 '경제문제'에서 비롯된다.

CHAPTER 3

2025~2029년 세계 및 주요국 경제 전망

2025~2029년
세계경제 전망

대부분의 세계경제가 2024년과 2025년은 이전 10년보다 더 느린 성장세를 보임은 물론이고, 지역별로 미국과 중국의 경제 마찰 심화, 유럽경제에 있어 독일경제의 둔화, 중국 및 동남아시아를 비롯한 신흥국 경제의 침체가 지속될 가능성이 높아 보인다.

반드시 새로운 방향 전환이 필요한 때

2008년 미국에서 시작된 서브프라임 모기지 부실에 따른 금융위기는 전 세계적으로 경제 성장률이 크게 감소하는 단초가 되었다. 2009년 상반기에는 대부분 주요 국가들의 3분의 2의 GDP가 축소되었다. 약 7년 후 2016년에는 거의 모든 국가에서 성장이 긍정적으로 전환되었지만 2019년 말 시작된 팬데믹으로 인해 글로벌 경제가 다시 둔화되기 시작했다. 코로나19 팬데믹은 대공황 시기와 유사한 속도로 GDP를 붕괴시켰다.

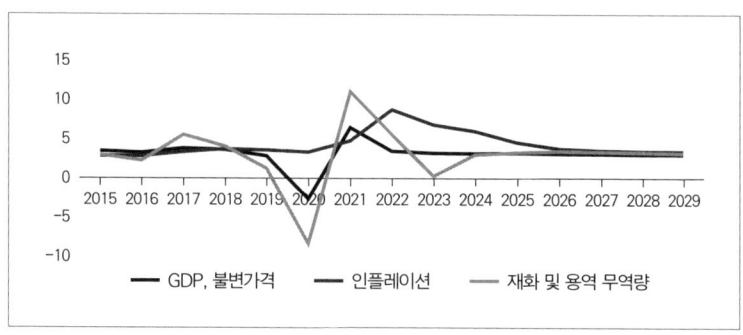

〈표 1〉 세계경제 GDP, 인플레이션 및 무역량 변화 전망(단위: %)

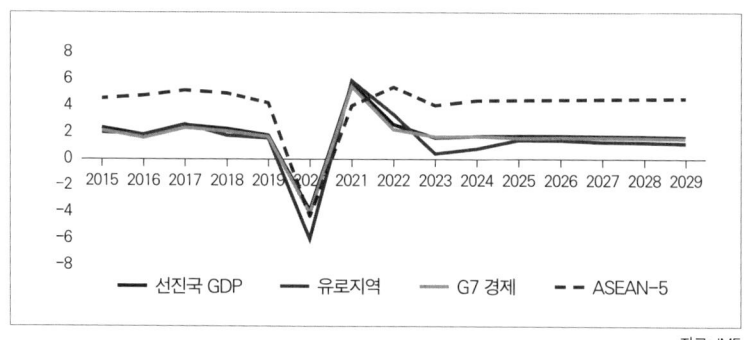

〈표 2〉 주요 경제 GDP 성장률 변화 전망(단위: %, 불변가격)

자료: IMF

　글로벌 경제 성장은 2021년에 6%의 강력한 속도로 재개되었으나 2022년에는 3.5%로, 2023년에는 3.2%로 조금씩 하락 반전했다. IMF와 세계은행은 2024년 세계경제 성장을 각각 3.2%와 2.6%로 예상한다. 하지만 2025년 경제 성장에 대해 두 주요 기관들은 각각 3.3%와 2.7%로 모두 1%p 소폭 상승하는 데 그칠 것으로 전망하고 있다. 두 기관 모두 인플레이션 상승 위험과 함께 무역 긴장 고조와 정책 불확실성 및 이에 따른 고금리 현상이 지속될 가능성에 초점을 두고 있는 것이다.

2024년 이후 세계경제 전망을 다루는 데 있어 핵심 열쇠는 무엇일까? 경제적 내생변수로는 다음과 같은 4가지를 꼽을 수 있다. 즉 첫째, 미국경제의 성장 속도, 둘째, 미국의 소비자 물가, 실업률 및 고금리 체제의 전환 가능성, 셋째, 대선 이후 미국과 중국 간의 새로운 무역 마찰과 이에 따른 글로벌 경제에 미치는 파급효과의 정도, 넷째, 유가 및 국제 원자재의 공급사슬 안전과 가격 안정이다. 그리고 경제적 외생변수로는 지정학적 요인인 러시아-우크라이나 전쟁과 이스라엘-하마스 전쟁의 진행 정도 등을 꼽을 수 있다.

최근 세계경제는 팬데믹 이후 30년 만에 최악의 경제 성장을 기록할 것으로 보인다. 무엇보다 팬데믹 이전 글로벌 경제가 가졌던 '망(network)'에 대한 신뢰, 즉 글로벌 공급사슬 및 가치사슬을 다시 복원하는 데 있어 상당한 시간과 비용이 들 것으로 보이기 때문이다. 향후 세계경제는 이제 새로운 방향 전환이 없다면 '기회의 낭비'가 될 수 있다.

2023년부터 경기 침체 위험에 직면해 글로벌 경제가 회복력을 보였음에도 불구하고, 러시아-우크라이나 전쟁과 이스라엘-하마스 전쟁 등 지정학적 긴장이 증가함에 따라 새로운 단기적인 도전 과제가 발생한 것도 이 같은 미래 불확실성에 중대한 요인이 되고 있다. 따라서 대부분의 세계경제가 2024년과 2025년은 이전 10년보다 더 느린 성장세를 보임은 물론이고, 지역별로 미국과 중국의 경제 마찰 심화, 유럽경제에 있어 독일경제의 둔화, 중국 및 동남아시아를 비롯한 신흥국 경제의 침체가 지속될 가능성이 높아 보인다.

무엇보다 중국과 동남아시아 개발도상국이 중기적으로 가장 큰 타격을 입을 경우 글로벌 무역의 느린 회복 및 긴축적인 금융 환경으로 인해 세계경제의 성장 엔진이 둔화되고 향후 5년간의 세계경제 전망도 심각한 영향을 미칠 것으로 보인다. 세계은행은 2024년 개발도상국의 경제 성장이 3.9%에 머물 것으로 전망했는데, 이는 지난 10년 평균보다 1%p 이상 낮은 수치라고 할 수 있다.

특히 2024년 연말까지 개발도상국의 약 4분의 1과 저소득 국가의 약 40%는 2019년 Covid-19 팬데믹 전보다 여전히 더 경기 침체가 심화될 것으로 전망된다. 투자 붐은 개발도상국을 변화시키고 에너지 전환을 가속화하며 다양한 개발 목표를 달성하는 데 기여할 잠재력을 가지고 있다. 그런 점에서 2020년대를 '변화의 시대'로 정의했던 주요 세계경제 관련 기관들은 각국 정부가 신속하게 투자 확대와 재정 정책 프레임워크 강화를 통해 상황을 반전시킬 필요가 있다는 점을 강조한다.

여기서 '변화의 시대'라 함은 〈표 3〉에서와 같이 1990년 인터넷과 함께 PC 시대의 시작 등 디지털 정보통신 기술이 세계경제를 그 이전에 비해 얼마나 비약적으로 발전시켜온 계기가 되었는지를 잘 보여주는 것과 같다. 2017년 가격 기준으로 1920년 글로벌 GDP 규모는 5.77조 달러에서 60년 이후인 1980년 기준 38.23조 달러로 약 5.6배 상승했으며, 1990년부터 2022년까지 약 32년 동안은 51.44조 달

〈표 3〉 1920년 이후 세계경제 규모 및 성장률 변화 추이(단위: 조 달러, %)

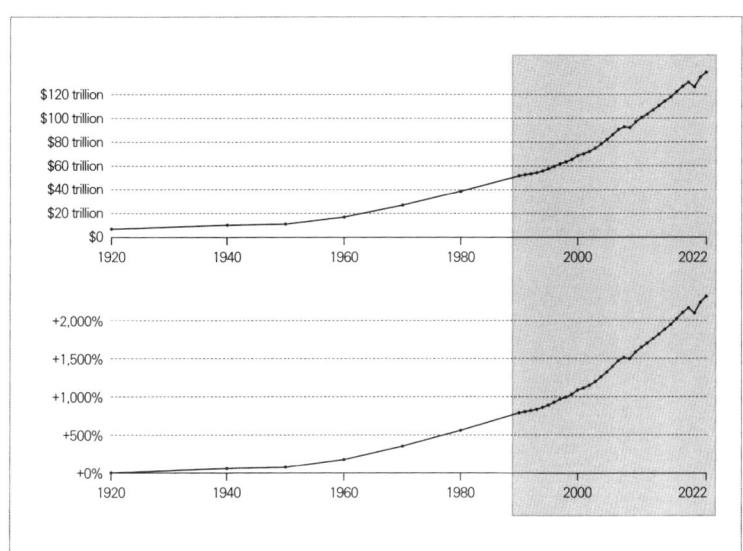

자료: World Bank (2023); Bolt and van Zanden - Maddison Project Database 2023; Maddison Database 2010
주: GDP 규모는 2017년 가격 기준의 미국 달러

러에서 139.36조 달러로 1.7배 상승했다. 경제 성장규모를 1920년 기준 성장률 변화로 다시 환산해 살펴보면 1980년의 글로벌 GDP는 562.86%, 1990년 GDP는 791.90%, 2022년 GDP는 2,316.21%로 급성장한 것을 볼 수 있다.

이 기간 동안 우리가 알고 있는 경제 성장의 모멘텀 변화는 1970년대까지는 대공황, 전쟁 및 데탕트와 같은 요인이었으나, 1990년 이후 세계경제는 디지털 혁명에 의한 새로운 성장 모멘텀을 찾은 것으로 볼 수 있다. 2024년 우리는 이 같은 새로운 기술 혁명의 성장 모멘텀을 '인공지능(AI)'에 두고 있으나 이는 실제로 좀더 깊게 살펴볼 때 빅데이터, 가상 및 증강 현실과 메타버스, 웹 3.0과 6G 등 다양한 파생 산업의 분업화를 앞두고 있음을 충분히 알 수 있다.

지정학적 긴장의 지속 가능성

앞에서도 말했듯 지정학적 긴장은 이제 세계경제가 직면한 가장 중요한 위험 요소가 되었다. 현재 세계 식량 및 에너지 공급에 중요한 지역인 동유럽 우크라이나와 중동에서 전쟁이 벌어지고 있다.

특히 향후 중동의 갈등이 격화될 경우 이 지역이 전 세계 석유 생

〈표 4〉 리스크 시나리오별 글로벌 경제성장률의 변화(단위:%)

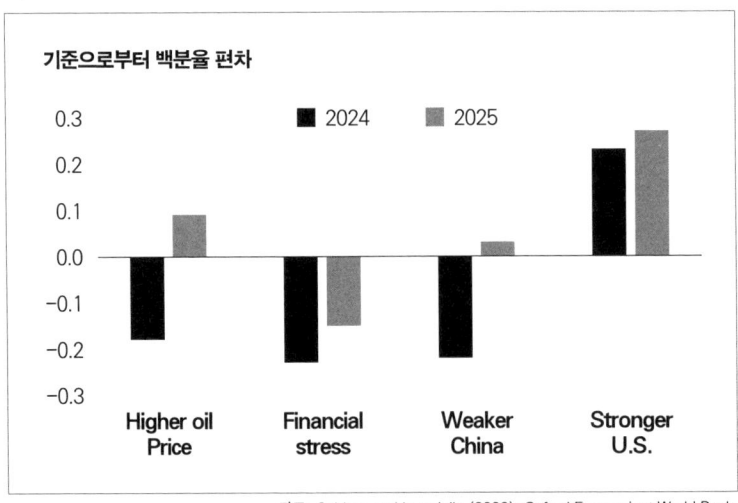

자료: Caldara and Iacoviello (2022); Oxford Economics; World Bank.
주: X축의 패널은 대안 시나리오에서 기준선 대비 세계 성장의 편차를 의미함.

산의 거의 30%를 차지하고 있기에 에너지 가격이 매우 불확실한 상황에 처할 수 있다. 이는 세계 인플레이션 안정화에 주요한 변수가 된다. 만일 중동지역 긴장 심화로 인해 전 세계 컨테이너 물동량의 30%를 차지하는 수에즈 운하를 통한 해운 물동량이 큰 타격을 받게 된다면 이 역시 글로벌 원자재 가격 상승은 물론 공급사슬에 심대한 영향을 줄 수 있다.

지정학적 긴장은 시장에 있어 불확실성을 높이며, 투자와 경제 성장에 악영향을 미친다. 갈등과 전쟁은 글로벌 공급 능력을 줄이는 경향이 있으며, 이는 잠재적인 인플레이션 효과를 가져올 수 있다.

중국경제의 둔화 등 세계경제 둔화로 2024년 유가는 다소 하락 안정세를 보일 것으로 예상된다. 하지만 만약 중동 지역 갈등이 격화된다면 유가는 2024년 배럴당 81달러의 기본 예측보다 30% 이상 크게 상승할 수 있으며, 이로써 세계경제는 고물가로 인해 성장의 0.2%p 정도를 반납해야 할 것으로 보인다.

중국경제의 성장 둔화

중국경제가 2024년 4.5~5.0%의 성장률을 기록할 경우 코로나19 시대를 제외하고 1990년 이후 가장 낮은 성장률이 될 것으로 보인다. 이는 중국과의 무역에 의존하는 많은 선진국과 개발도상국에 타격을 줄 가능성이 크다. 중국경제의 더 깊은 둔화는 글로벌 경제 전반

〈표 5〉 주요 경제별 대중국 수출 비중(단위: %)

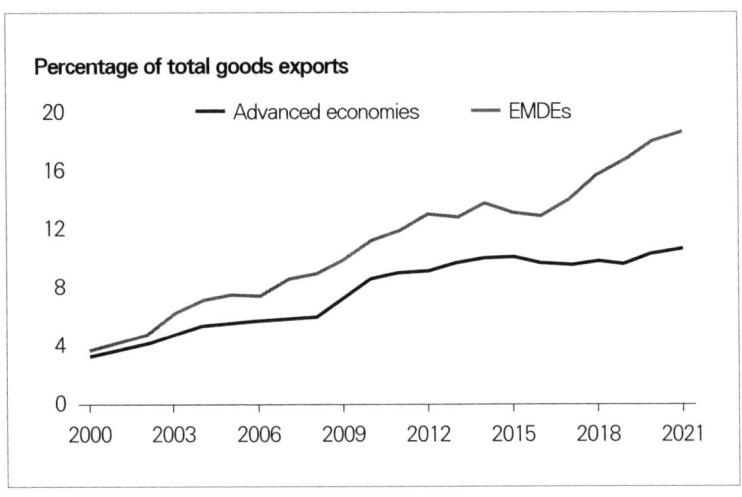

〈표 6〉 중국 부동산 시장 판매량 변화 추이(단위: %)

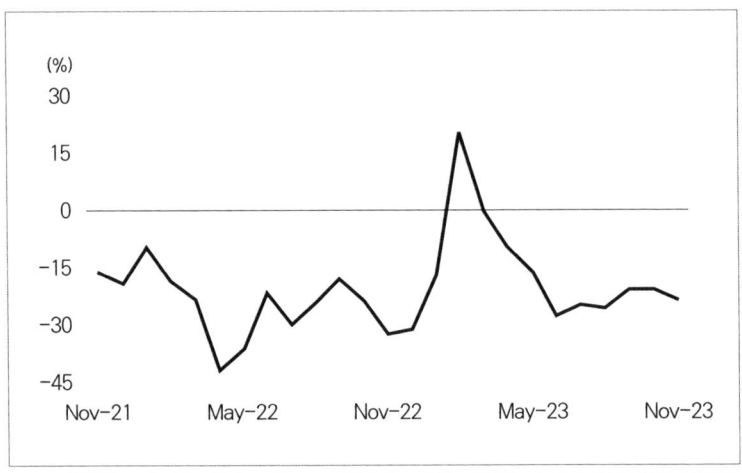

자료: Haver Analytics; National Bureau of Statistics of China; UN Comtrade (database); World Bank.

주: 위: EMDE (Emerging Markets and Developing Economies)는 신흥시장 및 개발도상국을 의미합니다. 이 도표는 선진국과 EMDE 상품 수출 중 중국으로 향하는 비율을 보여줍니다. 마지막 관측치는 2021년. 아래: 주거용 건물의 바닥 면적 판매량의 전년 대비 성장률입니다. 마지막 관측치는 2023년 11월.

에 고통을 가중시킬 것으로 예상된다.

2021년 말 현재 중국은 개발도상국의 모든 상품 수출의 거의 20%를 차지하는 주요 시장이었으며, 이는 〈표 5〉에서 보듯이 21세기 초반 비중의 약 5배에 해당한다. 또한 중국은 특히 녹색 에너지 전환에 중요한 원자재에 대한 수요의 매우 중요한 공급사슬의 원천이라는 점에서 인플레이션과 관련한 주요 변수가 될 가능성이 크다.

무엇보다 중국의 성장 전망은 '부동산 부문의 스트레스'와 관련된 하방 위험에 직면해 있다. 만일 중국의 경제 성장률이 2024년 당초 예상치보다 1%p 낮아질 경우에 세계 성장률은 약 0.2%p 낮아질 수 있으며, 이는 원자재 수출 개발도상국에 상당한 피해를 줄 것으로 보인다.

금융 스트레스의 급증

지난 40년 동안의 글로벌 금리 급등이 1980년대에 발생한 혼란을 초래하지 않은 것은 주목할 만하다. 미 연준의 정책 금리는 2024년 하락할 가능성이 높지만 일부 국가에는 충분히 그 파급효과가 빠르게 나타나지 않을 수도 있다. 오랜 기간 동안 실질적으로 마이너스 금리 수준을 유지한 후(명목 금리에 인플레이션을 조정한 금리) 글로벌 실질 금리는 현재 양수로 전환되었으며, 가까운 장래에도 높은 수준을 유지할 가능성이 크다. 글로벌 저성장세가 당분간 지속될 것이라는 다

<표 7> 글로벌 실질 금리 추이(단위: %)

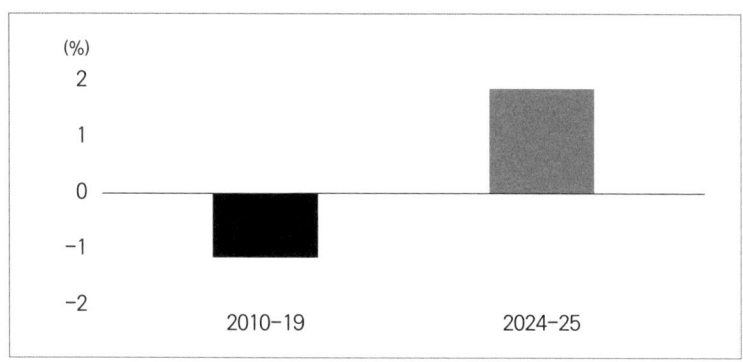

<표 8> 신흥개도국의 GDP 대비 총부채 규모(단위: %)

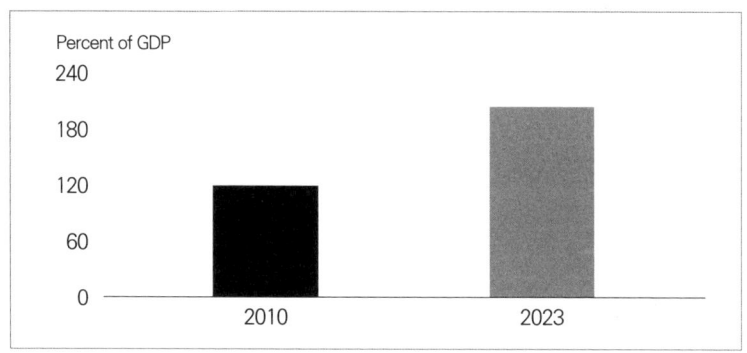

자료: Haver Analytics; Kose et al. (2021); U.S. Federal Reserve System; World Bank.

주: 위: 연방기금 목표 금리에서 CPI 인플레이션을 뺀 값을 사용해 계산한 미국의 실질 금리. 2024-25년 금리는 2023년 12월 연방공개시장위원회의 예측을 사용해 추정. 아래: EMDE는 신흥 시장 및 개발 도상국. GDP 대비 총부채 규모는 미국 달러로 환산한 명목 GDP를 가중치로 사용해 계산됨. 총 부채는 정부와 민간 부채의 합. 2023년 데이터는 추정치.

소 부정적 혹은 불확실한 배경 속에서 이는 신용등급이 낮은 개발도상국 경제에 계속해서 압박을 가하는 환경을 의미한다.

2023년 말 기준, 채무 상환에 어려움을 겪고 있는 개발도상국의 수는 2000년 이후 최고 수준에 달했다. 저성장, 높은 실질 금리 및 높은 부채 수준의 조합은 취약한 개발도상국에서 부채 상환을 더 어렵게 만들고, 더 많은 국가를 금융 스트레스로 몰아넣을 수 있다. 개발도상국의 금융 스트레스가 급증할 경우 2024년 글로벌 경제 성장은 약 0.2%p 감소할 수 있다. 이는 개발도상국의 성장을 0.6%p 감소시킬 것으로 보인다.

세계 각국 간의 무역 분쟁 심화

2023년에 무역을 제한하는 정책 조치의 수가 급격히 증가했다. 무역 제한과 동맹국 중심의 '프렌드-쇼어링(Friend-shoring)' 및 '근거리-쇼어링(Near-shoring)'은 국가 안보 우려에 대한 논리적인 정책 대응처럼 보일 수 있다. 하지만 이러한 정책은 세계 무역의 재반등을 지연시키는 단점을 가지고 있다.

2023년 기준 글로벌 무역 성장률은 사실상 정지 상태에 이르렀다고 볼 수 있다. 즉 2023년 무역 성장률은 0.2%로, 지난 50년 동안 글로벌 경기 침체를 제외하고 가장 약한 성과를 기록했기 때문이다.

2024년 글로벌 무역 성장률은 어느 정도 반등할 것으로 예상되지만 팬데믹 이전 10년 평균의 절반에 불과할 것으로 추정된다. 미국을 비롯한 일부 선진국 기업들은 중국의 자원 무기화 등에 대한 대응책으로 중장기적으로 글로벌 가치사슬에서 국내 또는 지역 공급

〈표 9〉 WTO 회원국 간 분쟁 지도

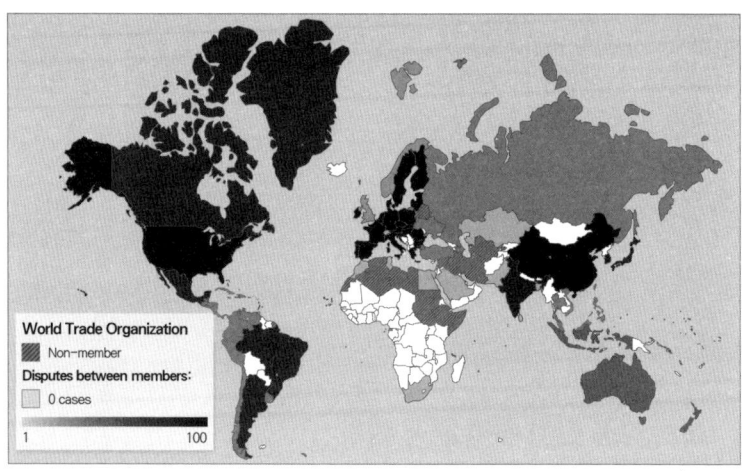

자료: WTO

주: 2021년 1월 4일 현재 영국은 2020년 12월 31일 브렉시트 전환 기간이 만료될 때까지, 진행 중인 WTO 분쟁에 대해 유럽연합이 당사자인 경우에 한해, 영국이 유럽연합의 회원국으로 간주했음.

〈표 10〉 글로벌 무역 성장률(단위: %)

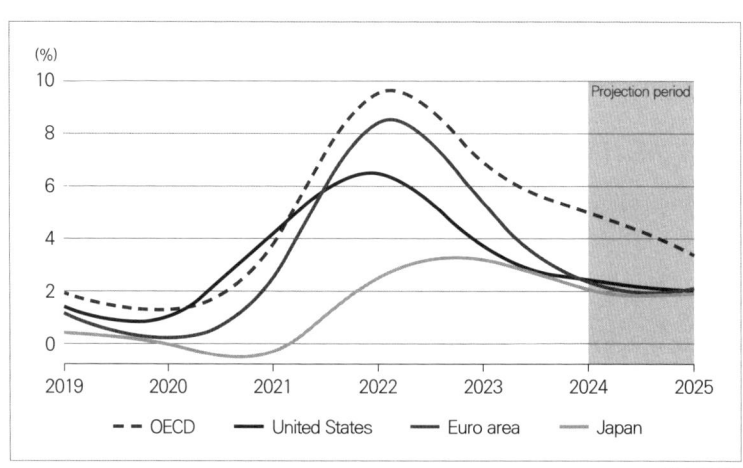

자료: OECD

주: 2025년 세계경제의 인플레이션은 크게 하락할 것으로 가정했음.

168   chapter 3

사슬로 투자를 전환하고 있기 때문이다. 이러한 추세는 생산성 향상과 생활수준 개선의 중요한 힘이었던 무역이 중요한 개발도상국에 불리하게 작용할 것으로 예상된다.

기후 변화 리스크로 인한 글로벌 무역 둔화

기후 변화는 글로벌 무역 둔화의 주요 변수 중 또 다른 압박 요인이다. 예컨대 파나마 운하의 물 부족으로 인해 운하를 통과하는 선박의 수가 2023년 크게 감소했다. 이는 기후 변화가 단순한 중장기적인 위험이 아니라 단기적인 위험으로도 다가오고 있음을 보여준다.

특히 최저 소득 국가들은 전체 탄소 배출량의 10분의 1을 차지하

〈표 11〉 2000년부터 2023년까지 전 세계 자연 재해 사건 수

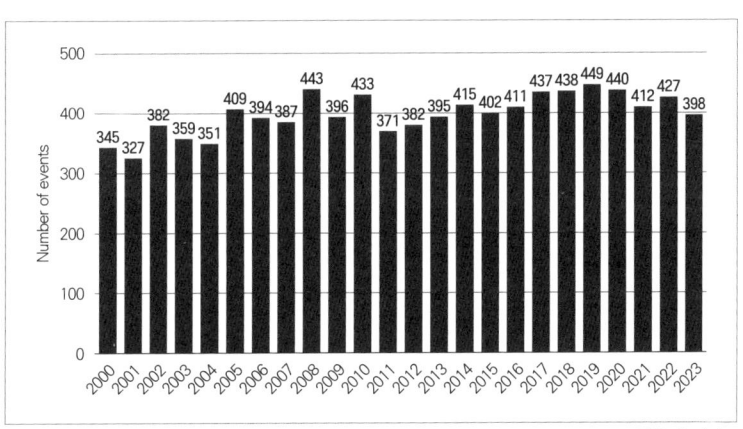

자료: Statistica

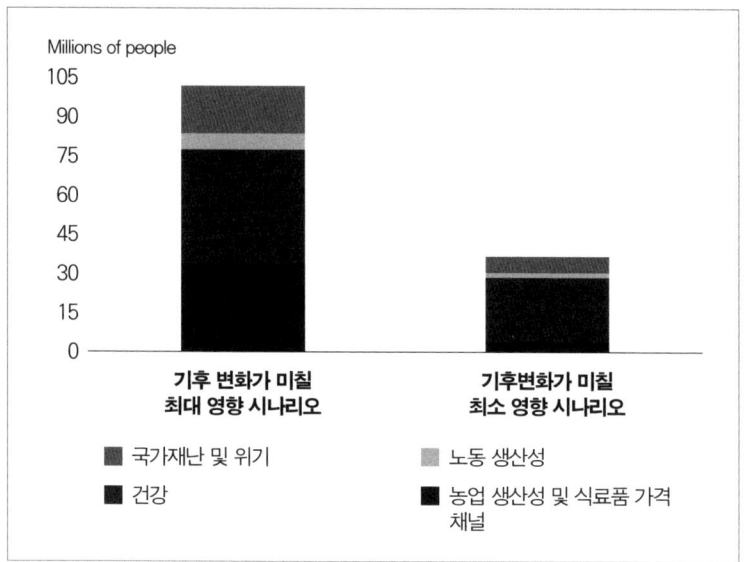

〈표 12〉 2030년까지 기후 변화가 극단적 빈곤에 미치는 영향(단위:백만 명)

자료: EM-DAT (database); Jafino et al. (2020); World Bank.

주: 기후 변화로 인해 2030년까지 극단적 빈곤에 추가될 인구 수

지만 기후 변화로 가장 큰 영향을 받고 있다. 아울러 이들 국가의 인구는 기후변화에 취약한 구조로 인해 건강, 식량 및 물, 교육 등에서 심각한 피해를 겪고 있다.[33]

2023년은 기록상 가장 더운 해였으며, 연속적인 가뭄, 홍수, 산불 등으로 기후 변화의 영향이 전 세계적으로 더욱 두드러졌던 한 해였다. 결국 기후 변화는 자연 재해의 빈도와 비용을 증가시키며, 이는 경제 성장에 악영향을 미치고, 빈곤을 악화시키며, 농업 생산량을 감소시키는 주요 요인이 된다. 이미 엘리뇨 현상의 심각성이 글로벌 농업 관련 분야에 자연 재해로 기후 변화와 관련된 심각한 피해와 위

험이 될 가능성에 대한 경고는 여러번 제기되었다. 그런 점에서 2024년과 2025년 글로벌 경제에 장기적인 그림자를 드리울 전망이다.

글로벌 금융 및 통화 시스템의 변화

21세기 글로벌 경제는 중국이라는 하드웨어와 AI를 비롯한 과학기술 중심의 소프트웨어인 새로운 경제 축이 등장하면서 당황하고 있다. 아울러 국가 혹은 정부 권력이 공공 기관에서 비국가 기업 혹은 일반 개인들로 과감하게 이동하고 있다. 가속화되는 기술 변화가 기존 비즈니스 모델을 파괴하고 있으며, 이는 직업의 미래를 위협하면서도 10년 전에는 상상할 수 없었던 새로운 기회를 제공하고 있다. 이러한 모든 일이 2008년 금융위기의 여파와 2020년 팬데믹으로 인해 대부분 사회 내의 불평등 증가와 함께 리더십이 흔들리는 글로벌 정치 질서 분위기 속에서 진행되고 있다.

　이와 같은 변화를 궁극적으로 경제제도로 전치시킬 경우 결국 2030년까지 글로벌 금융 및 통화 시스템의 변화로 새롭게 정의될 것으로 보인다. 이는 미국과 중국 간 기축통화 지위 문제와 함께 미래 자본시장의 글로벌 패권 문제와도 밀접한 상관성을 갖는다. 결국은 '자본', 즉 '돈'의 문제로 귀결되기 때문이다. 이와 같은 과정 속에서 다음과 같은 2가지 핵심 요소에 대한 새로운 정의가 이루어질 것으로 보인다.

첫째, 사회적 가치에 대한 새로운 정의다. 금융 시스템은 자본을 효율적으로 배분하고 안전한 결제 시스템을 통해 저축과 금융 솔루션에 대한 접근을 제공한다. 또한 금융 보호와 위험의 공유 및 분산을 제공하며, 폭넓고 신뢰할 수 있는 금융 서비스 접근은 탄력적인 실물 경제와 사회적 응집력을 위해 필수 요건이다.

둘째, 글로벌 경제의 교역 및 결제는 상호 간 신뢰 문제의 확대를 위한 소위 '약속'의 프로토콜을 구축한다. '탈중앙화'와 '통합'이라는 2가지 상반된 힘을 성공적으로 활용하면서 글로벌 금융 시스템을 재활성화하고 실물 경제 활동에 자금을 제공하며, 재산 관리 및 위험 분산을 위한 보편적인 금융 서비스 접근을 제공하게 될 전망이다. 향상된 금융 시장의 신뢰 관계는 자본의 하향 흐름을 촉진하고 부채 금융 의존도를 줄일 수 있다. 효율적으로 운용되는 금융 시스템은 글로벌 구조적 변혁 문제를 해결할 수 있는 최선의 희망이기도 하다.

탈중앙화

미국 달러의 우위 상실과 관련해 현재의 중앙집중식 글로벌 통화 및 금융 시스템, 즉 미국 달러를 기축통화로 하는 글로벌 금융 시스템에서 다수의 준비통화와 금융 영향력을 가진 세계로 변화할 가능성에 대해 준비할 필요가 있다. 이는 17세기 이후 네덜란드의 길더에서 영국 파운드로, 다시 영국 파운드에서 은본위제도로, 다시 은본위에서 미국 달러로의 준비자산 이동이 있었던 점을 반영한다. 경제적 중요성이 전통적으로 금융 및 통화의 우위를 이끌기 때문에 유로화와 위안화는 미국 달러와 함께 중요성을 얻고, 세계의 준비통화와 안전 자산에 대한 수요를 충족할 가능성에 대해 선제적 대응책을 마련할 필요가 있다.

지폐 사용 감소

디지털 화폐(민간은행 또는 중앙은행에서 발행) 및 탈중앙화 원장 시스템이 확산되며 통화 정책 및 금융정책 결정에 영향을 미칠 전망이다. 디지털 기술 변화가 빠른 국가에서는 핀테크 산업이 온라인 플랫폼을 통해 가계와 기업에 신용 및 결제 서비스를 제공하는 다양한 기술 혁신을 활용해 전문화된 금융 서비스를 제공하고 있다. 암호화폐의 수용과 채택은 계속 확산될 것으로 보인다. 이러한 발전은 다극적이고 복잡하며 상호 연결된 세계에서 시장, 기관 및 인프라를 통합시킬 것이며, 통화 정책의 시행에 도전하고 금융 안정성에 영향을 미칠 전망이다.

전통적인 은행 비즈니스 모델의 도전

핀테크는 전통적인 은행과 보험 회사를 변화시키며, 새로운 탈중앙화된 엔티티(entity)가 중개 없이 유동성과 새로운 금융 서비스를 제공한다. 인공지능(AI)과 같은 새로운 디지털 및 개인 정보 보호 기술의 발전은 새로운 자산 클래스를 창출하고, 저축자와 대출자를 직접 연결하며, 금융 데이터의 상품화로 위험 완화를 촉진할 전망이다. 그러나 이로 인해 더 많은 분열과 혼잡이 발생할 수도 있다.

글로벌 금융 통합의 가속화

새로운 기술의 발전에 힘입어 글로벌 금융위기 이후의 정체가 새로운 글로벌 금융 상호 연결의 황금기로 대체되고 있다. 이는 선진국과 신흥국가 간의 국가, 기업, 개인 간의 더 긴밀한 네트워크를 촉진하고 있다. 글로벌 금융 통합에 대한 위협 요소 중 하나는 협력적인 정치 인프라인데, 정치적 분열과 정치적 불확실성이 커지면 높은 무역 장벽이나 금융보호주의 증가를 통해 글로벌 상호 연결성에 위험을 초래할 수 있다.

개발도상국과의 더 큰 금융체제로의 전환

중국, 인도, 신흥 아시아가 주요 금융 시장에 진입함에 따라 아프리카가 글로벌 투자자들에게 마지막 경계로 남아 있다. 하지만 머지 않은 미래에 새로운 기술이 전통적인 거버넌스 메커니즘, 재산권 등록 및 계약 집행에 대한 혁신적인 해결책을 제공할 것으로 보인다.

재정 서비스의 보편적 접근

보편적인 금융제도의 확산과 금융 서비스 접근이 현실이 될 전망이다. 새로운 기술의 발전과 전통 은행을 통한 중개 감소로 인해 모든 성인이 거래 계좌를 통해 결제 저장, 송금 및 수령이 가능해질 것이다.

〈표 13〉 개인 신용 증가율 추이(단위: 조 미 달러)

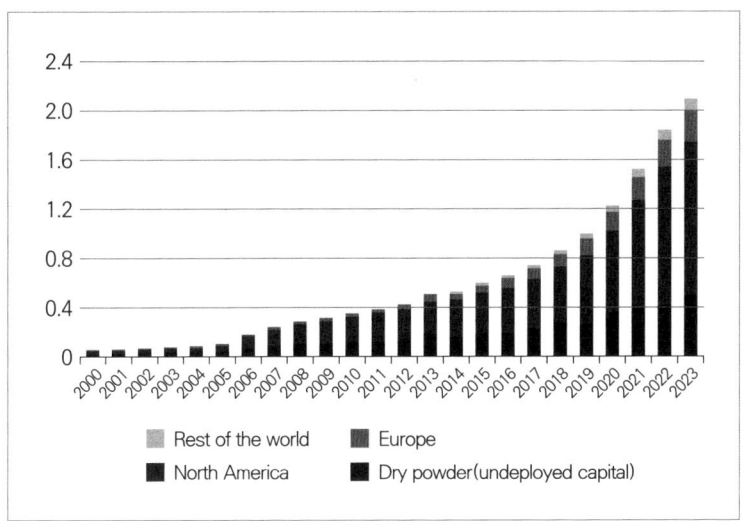

자료: Preqin, IMF

주: 자산 관리 측정에는 사모 신용 펀드, 사업 개발 회사, 중소형 담보 대출 의무(주로 미국에 집중됨)을 포함한 통계임.

요약하면, 금융 서비스 산업의 미래 도전 과제는 이러한 변화를 모두 수용 및 발전시킬 수 있는 제도와 규칙을 근간으로 한다. 보다 탈중앙화되지만 상호 연결된 시스템은 증가된 위험의 원천이 될 수 있다. 이러한 위험을 관리하려면 민첩한 지원 인프라를 개발해야 하고, 특히 강력하고 유연한 지원 시스템, 효과적인 규제, 새로운 위기 관리 도구를 마련하면서 새로운 기술의 도입을 촉진하고 시스템의 건강한 확장을 저해하지 않아야 한다. 즉 금융산업 발전에 걸림돌이 되는 해킹과 같은 방해 관리 문제를 보다 정교하게 구축해야 한다.

첫째, 탈중앙화 시스템의 방해 위험과 관련해 이전의 구조적 변화와 금융 혁신이 금융 안정성, 시장 질서, 투자자 보호에 위험을 초래했던 것처럼, 더 탈중앙화되고 통합된 금융 시스템은 사이버 위협, 시장 과열, 신용, 유동성, 전염 및 운영 위험의 변화와 같은 충격에 취약할 가능성에 대비해야 한다.

둘째, 새로운 형태의 규제 및 위기 관리가 필요하다. 글로벌 금융 환경의 변화는 금융 중개자, 시장, 서비스 제공자 간의 전통적인 경계를 흐리게 하고, 국적이나 거주지를 기준으로 한 경계도 무의미해질 수 있다. 지리적 및 부문적 경계도 덜 중요해지면서 국적/거주지 및 부문 기반의 세금 및 규제의 효과가 감소하는 등 탈중앙화와 통합이 금융 시스템 발전의 주요 힘으로 작용하고 있다. 그에 따라 '규제 및 감독 구조'는 시장 실패를 방지하고, 회복력을 통한 안정성을 촉진하며, 기존 시장과 혁신 시장 간의 공정한 경쟁을 촉진하기 위해 청사진을 준비해야 한다. 이러한 조정은 초국가적 및 국가적 수준에서의 정책 조정과 관련 금융 기관 및 활동의 포괄성을 보장하기 위한 규칙 및 감독 관행의 동적 조정을 필요로 할 것이다.

2025~2029년
미국경제 전망

사실 이번 고물가의 원인은 팬데믹이었고, 트럼프 행정부의 무차별적 재정 지원이 원인이다. 따라서 2024년 8월 초 벌어진 미 증시의 대폭락 사건은 해프닝으로 끝날 수도 있고, 아니면 중장기적 경기 침체 가능성에 대한 선제적 경고음이 될 수도 있다.

미국경제는 향후 어떻게 될 것인가?

미국경제는 연준의 긴축이 시작된 이후로 경제 예측가들의 예상이 빗나가고 있다. 소비자들은 계속해서 고물가와 고금리에 대한 어려움을 이야기하고 있다. 기업 파산 건수 역시 팬데믹 이전 수준으로 다시 증가하고 있고, 경기 침체 위험에 대해 여전히 불확실성을 보여주고 있는 셈이다.

'과연 2024년 이후 미국경제는 어느 쪽이 될 것인가' 하는 문제는 결코 결정하기 쉽지 않다. 최근 미국 실업률의 상승 속도 역시 경기 연착륙 가능성을 낮아지게 할 것으로 보이기 때문이다.

미국경제에 대한 전망은 불과 2년 전에는 지나치게 비관적이었다. 팬데믹 이후 나타난 공급과 가치사슬의 붕괴 이후 어떤 세계경제도 낙관적 전망을 가질 수 없는 상태였기 때문이다. 아울러 부정적 환경이 지배적일 때 일반적으로 사람들은 더 부정적인 판단을 하기 마련이다. 이에 반해 최근 주식 시장은 지나치게 낙관적이다. 어떤 면에서 미국경제에 대한 확신이 더 커질 수는 있지만 과도한 낙관주의가 더 위험할 수도 있다.

미국경제의 향방은 2024년 11월 5일 미 대통령 선거 결과와 밀접한 관련이 있다. 아울러 다양한 외교 및 무역 정책 결정권을 가진 의회의 통제 여부도 큰 변수가 될 전망이다. 다양한 경제환경을 고려할 때 '향후 12개월 동안 경기 침체가 일어날 가능성이 크지 않다'고 생각할 이유는 별로 없어 보인다. 이는 인플레이션이 미 연준의 목표에 가까워지기까지는 다소 시간이 걸릴 것임을 의미한다.

경제학자들은 트럼프보다 해리스하에서 인플레이션이 더 심할 것이라고 보고 있다. 그러나 2024년 7월 5~9일간 비즈니스, 월스트리트, 학계의 전문 예측자 68명을 대상으로 〈월스트리트저널〉이 실시한 설문조사에 따르면, (7월 22일로, 당시 바이든이 후보 사퇴를 하기 전이었음을 감안) 미국 대선과 관련한 질문에 답한 50명 중 56%가 '인플레이션이 해리스 재임 기간보다 트럼프 재임 기간 중에 더 높을 것'이라고 답했다. 16%만이 '그 반대'라고 응답했다.[34] 나머지는 '두 사람 간의 경제정책이 실질적인 차이를 보이지 않을 것'으로 응답했다.

〈표 14〉 미국 소비자 물가 변화 및 전망 (단위: %)

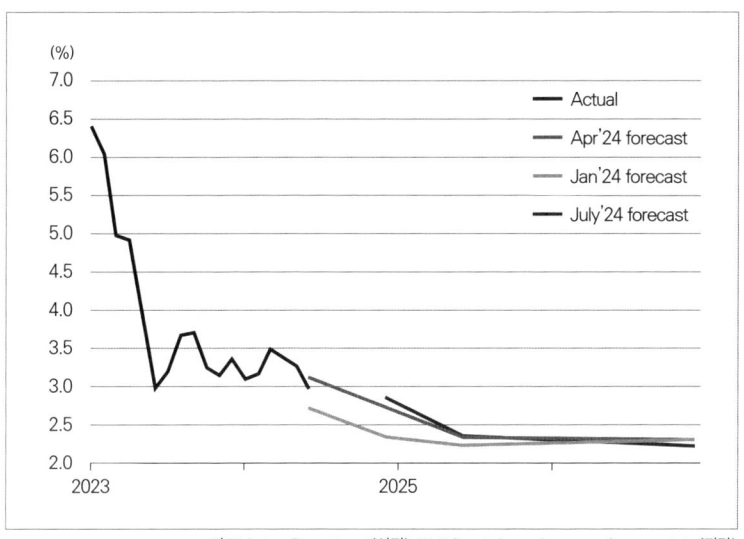

자료: Labor Department(실질), Wall Street Journal survey of economists (전망)

　　트럼프 재임 시 인플레이션이 더 높을 것으로 응답한 이유로는 트럼프의 관세 인상 및 불법 이민 단속 계획이 고물가 압력을 가중시킬 것으로 보고 있기 때문이다. 트럼프는 모든 수입품에 대해 10%의 전면적인 관세를 부과하고, 중국에서 수입하는 제품에는 60% 이상의 관세를 부과하겠다고 대선 공약에서 강조하고 있다. 아울러 그는 역사상 가장 큰 규모의 불법 이민자 추방을 약속했으며, 이는 일부 산업에서 노동 공급을 줄일 수 있어 노동시장의 경직성 문제를 부각시킬 수도 있어 보인다. 요약하면, 인플레이션과 금리에 대한 경제학자들의 시각은 주로 트럼프의 정책 선호도, 특히 무역과 이민 정책에 의해 결정되는 것으로 보인다.

반면에 바이든은 불법 이민자들이 미국에 머물 수 있도록 여러 조치를 취했고, 불법 국경 단속을 줄이기 위한 행정명령을 발동하기도 했다. 해리스 민주당 후보의 경우에도 이러한 평가가 크게 달라질 가능성은 낮아 보인다.

2024년 하반기 이후 미국경제에 대한 전망

지난 2024년 7월 18일 〈월스트리트저널〉의 최신 분기별 설문 조사 발표를 참고로 해 2024년 하반기 이후 미국경제에 대한 전망을 분석해보기로 하자. 미국의 경제학자들은 최근 데이터에서 약간의 약세 징후가 있음에도 불구하고 경제 전망에 대해 여전히 확고하게 낙관적인 것으로 조사되었다. 미국의 경제학자들이 현재 미국경제에 대해 어떤 생각을 하고 있는지, 그리고 그들의 예측과 경제가 어떻게 변화해왔는지, 연방준비제도이사회가 언제 금리를 인하할지, 선거가 적자, 인플레이션, 금리에 어떤 영향을 미칠지 등에 대해 어떻게 답했는지 판단해보기로 한다.

첫째, 미국경제 전문가들은 미국경제가 마침내 인플레이션 안정과 함께 성장률이 정상화 궤도로 진입할 것으로 예상한다. 지난 약 2년 동안 경제학자들은 미국경제의 강세를 지속적으로 과소평가해 경제가 예상보다 더 느리게 성장할 것이라고 예측했었다. 하지만 미국경제가 취약하다는 인식은 2024년 첫 1분기 동안 미국경제 성장률이 예상보다 낮았을 때 오히려 바뀌게 된다. 아직도 대부분의 경제학자들은 급속한 확장과 지나치게 높은 인플레이션을 경험한 후 미국경제는 경기 둔화를 피할 수 없을 것으로 보고 있다. 그러나 사실 경제는 악화되고 있는 것이 아니라 건강한 형태로 정상화되고 있다고 보는 것이다.

둘째, 인플레이션은 비록 느리지만 꾸준히 안정되는 모습을 보이고 있다. 〈월스트리트저널〉의 최근 설문 조사는 2024년 7월 9일에 집계되었는데, 이는 소비자물가지수 데이터가 6월 인플레이션이 크게 완화된 것을 보여주기 단 이틀 전이었다. 부분적으로 2024년 4월 초의 〈월스트리트저널〉의 설문 조사 이후 인플레이션 예측이 약간 상승한 이유를 설명할 수 있지만 그 차이는 아주 미미한 것으로 봐

〈표 15〉 미국의 경제학자들이 본 GDP 성장률 전망(단위: %)

자료: Commerce Department (실질); Wall Street Journal survey of economists (전망)
주: 차트는 계절 조정된 전 분기 대비 연간 실질 GDP 변동률과 설문 응답자들의 평균 예측을 보여줌.

<표 16> 근원 개인지출(Core PCE) 소비자물가(단위: %)

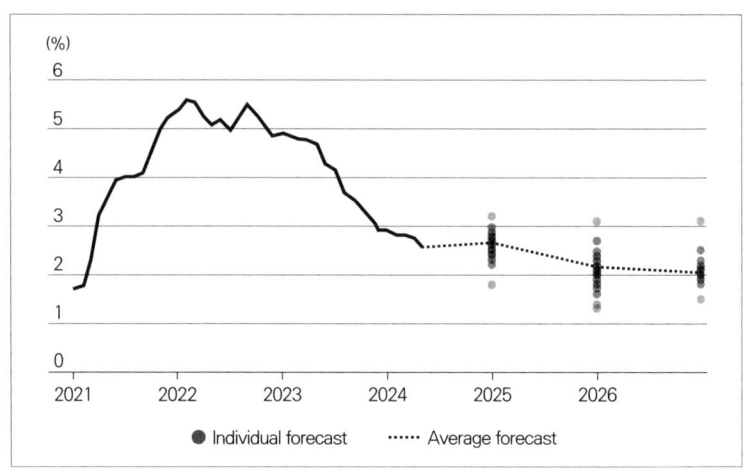

자료: Commerce Department (실질); Wall Street Journal survey of economists (전망)

주: 개인소비지출(PCE) 가격지수에서 식품 및 에너지를 제외한 12개월 변화를 기준으로 분석. 전망의 경우, 더 진한 음영은 중첩된 점을 의미.

도 무방하다. 왜냐하면 가장 최근의 인플레이션 예측 역시 종전 예측과 마찬가지로 연준이 인플레이션을 2% 목표치로 낮추는 데 성공할 것이라는 강한 신뢰를 보여주기 때문이다. 다만 문제는 '목표를 달성하기 위해 무엇이 필요할 것인가' 하는 것뿐이다.

셋째, 실업률도 매우 안정적이다. 미국 실업률은 최근 경제학자들의 예상보다 빠르게 상승해 2023년 초 3.4%에서 6월에 4.1%로 늘어났다. 이는 일자리 성장률이 견고함에도 불구하고 이민율 증가 덕분에 노동자 수요가 상대적으로 냉각되고 있는 것으로 보인다. 중장기적으로 볼 때 노동시장의 공급 유연성은 보다 안정된 시장 환경으로의 회복을 의미한다고 낙관할 수 있다.

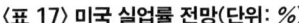

<표 17> 미국 실업률 전망(단위: %)

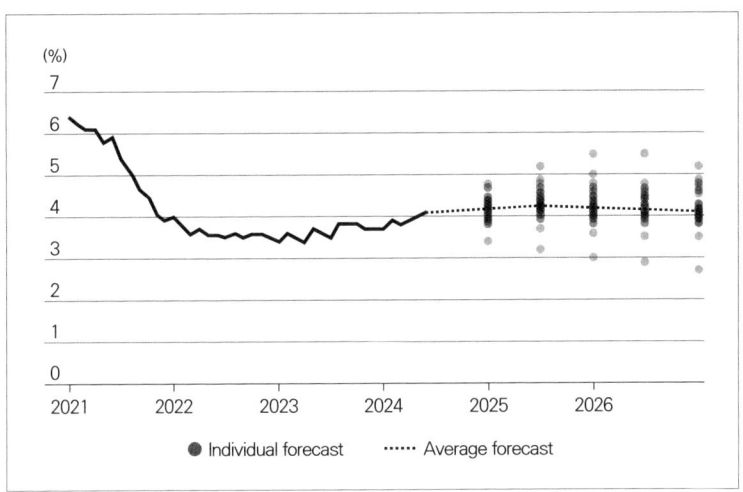

자료: Labor Department (actual); Wall Street Journal survey of economists (forecasts)
주: 실제 실업률은 계절 조정치. 전망의 경우 더 진한 색상은 응답이 중첩된 점을 의미함.

넷째, 향후 고금리 기간은 좀더 장기화될 가능성이 크다. 앞서 살펴본 실업률 상승과 인플레이션의 하락은 투자자들 사이에서 '연준이 2024년 최대 세 차례 단기 금리를 인하할 수 있다'는 희망을 되살리긴 했으나 사실 1회 내지 2회 인하가 가장 가능성이 높아 보인다. 아울러 첫 금리 인하시기로 가장 가능성이 높은 시작 시점은 2024년 9월로 예상된다.

최근의 인플레이션 개선은 지난 3년간 높은 소비자 물가가 지속된 이후 나타나기 시작한 것으로, 향후 당분간 고금리 추세는 지속될 가능성이 높을 것으로 보인다. <표 15>에서와 같이 미국경제학자들의 금리 인하 속도에 대한 낙관적인 전망은 금리 예측의 분포에서

<<표 18> 미국 연방준비은행의 기준금리 목표치 전망(단위:%)

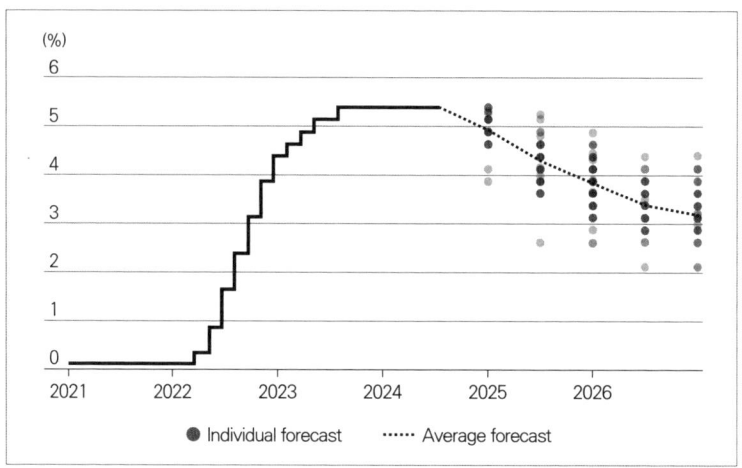

자료: Federal Reserve (실질); Wall Street Journal survey of economists (전망)

주: 미 연준의 실질 금리는 금리 목표 범위의 중간 지점을 보여준다. 예측의 경우 더 짙은 색상은 중복되는 점들을 의미함.

확인할 수 있다. 하지만 이후에 미 연준이 경기 침체를 우려한다면 금리를 더 공격적으로 인하할 가능성이 커 보인다. 2024년 4월 설문조사 응답자의 22%는 2025년 6월까지 금리가 3.75% 이하로 떨어질 것으로 보고 있다.

미 연준의 통화정책과 함께, 향후 의회와 법원의 주요 결정도 미국경제의 향방을 가늠하는 중요한 변수가 될 전망이다. 즉 트럼프의 정책이든 해리스의 정책이든 어떤 정책이 시행될지는 알 수 없지만 미 의회의 구성과 트럼프의 난민 추방 계획과 같은 법원 소송 문제와 관련된 사항들도 중요한 변수가 될 것이기 때문이다.

트럼프의 극단적인 발언들은 미국경제의 향방을 가늠하기에 더욱 어려운 상황을 만들고 있다. 어쩌면 민주당 정부하에서 인플레이션이 더 높아질 수도 있지만 트럼프 재집권 시에는 정부 재정 적자와 금리가 더 높아질 가능성도 크다. 게다가 미국 대통령은 일반적으로 경제와 인플레이션에 대한 영향력이 비즈니스 사이클, 유가와 같은 외부 충격, 그리고 연방준비제도의 금리 정책보다 훨씬 적다. 이런 점을 감안할 때 아무리 경제문제가 대선의 향방을 가늠하는 핵심 변수라 하더라도 실질적이고 정교한 전망치를 만들기에는 아직 불확실하다.

실제로 소비자 물가는 바이든이 2021년 1월 취임한 이후 19% 상승했지만 이 중 일부는 팬데믹으로 인해 트럼프하에서 시행된 정부 지출의 급증, 상품과 노동의 부족, 그리고 팬데믹 이후 공급망 붕괴로 인해 발생한 것이기 때문이다. 트럼프의 재임 기간 동안 소비자 물가는 무려 7.8%나 상승했었다. 미 노동부는 소비자 물가 지수(CPI)로 측정된 연간 인플레이션이 5월 3.3%에서 6월 3%로 하락했다고 발표했으며, 〈월스트리트저널〉이 조사한 경제학자들은 위에서 언급한 바대로 미국 인플레이션은 2024년 12월에는 2.8%로, 2025년 말에는 2.3%로 완화될 것으로 예상하고 있다.

요약하면, 미국의 경제학자들은 2024년 미국 국내총생산(GDP)이 인플레이션을 반영해 1.7% 성장할 것으로 예상하고 있으며, 이는 2023년의 3.1%에 비해 하락한 수치다(4분기 기준으로 전년 대비). 미국 실업률은 2026년까지 4%를 약간 웃도는 수준이 유지될 것으로 보이며, 향후 1년 동안 월평균 약 13만 1천 개의 일자리가 추가될 것으로 예상한다. 평균적으로 미국의 경제학자들은 향후 12개월 내에 경기 침체 확률을 28%로 보고 있다. 이러한 전망은 2024년 4월의 〈월스트리트저널〉 조사와 거의 변동이 없는 내용으로, 당시 미국의 경제학자들은 올해 GDP 성장률을 1.7%로, 경기 침체 확률을 29%로 예상했었다.

미 연준: "문제는 타이밍이야, 바보야"

미국뿐 아니라 세계경제는 인플레이션을 무척 싫어한다. 글로벌 경제가 회복되는 데 바로 이 점이 미 연준이 느끼는 가장 큰 문제인 셈이다. 미 연방준비제도(Fed)는 수년간 2%의 인플레이션을 목표로 해왔다. 그러나 일부 경제학자들은 '4%의 인플레이션이 연준으로 하여금 경기 침체에서 벗어날 수 있는 여유를 줄 수 있다'고 생각하기도 한다. 사실 높은 인플레이션율은 연준이 고금리 정책을 펼치는 데 가장 기본적인 명분을 제공한다. 이후 경제가 침체 국면에 진입할 때 연준은 다시 기준금리를 더 많이 인하할 여지가 생기기 때문이다.

국제통화기금(IMF)의 전 수석 이코노미스트 올리비에 블랑샤르(Olivier Blanchard)는 2010년에 4%의 목표가 효과적일 것이라고 제안한 바 있다. 존스홉킨스대학교의 로렌스 볼(Laurence Ball) 역시 4%가 적절하다고 주장한다. 팬데믹 이전에 캘리포니아대학교 버클리 캠퍼스의 존 스타인슨(Jón Steinsson) 역시 인플레이션 목표를 더 높게 설정하는 것에 대해 동조하는 등 향후 미 연준의 인플레이션 목표치가 현재 2%에서 다소 높아질 가능성도 충분해 보인다.

하지만 적어도 지금은 그렇지 않다. 그 이유는 간단하다. 미국인들은 경제학자들이 생각하는 상대적으로 낮은 인플레이션에도 거부반응을 보이기 때문이다. 고물가는 곧 실질 소득과 가처분 소득의 하락을 가져오며, 노동시장의 경직성으로 인해 실업률 같은 문제가 고금리를 통한 물가 안정과 같은 속도로 회복할 수 있다고 보지 않기 때문이다.

미국의 소비자 심리는 여전히 매우 낮은 수준이다. 낮은 실업률과 지속적인 임금 상승에도 불구하고 지난 몇 년간의 인플레이션 경험이 주요 원인이다. 미 연준이 선호하는 인플레이션 지표는 2022년 6월 7.1%에서 완화되었지만 가격은 여전히 팬데믹 이전보다 훨씬 높다.

2024년 8월 2일 시장이 보낸 경고 신호와 그 속내

요약하자면, 2024년 하반기까지 0.75%p를 인하할 경우, 2025년에는 적어도 1.0%~1.25%p는 인하할 전망이다. 따라서 2025년 하반기 미 연준 기준금리는 3.5%~3.75% 정도 수준에서 추가 인하 요인을 찾을 것으로 보인다. 지정학적 불확실성이 걷히지 않는 한, 유가 및 식료품 가격 인상 요인이 잠재하는 한 2026년까지 기준금리가 다시 1%대를 보이기는 힘들 전망이다. 적어도 2027년~2028년까지는 2%대 초반 금리를 유지할 가능성이 높아 보인다.

2024년 8월 2일 시장이 일종의 경고 신호를 보냈다. 다우지수가 단 하루 만에 600p 이상 대폭락하면서 투자자들은 미국경제 약화에 대한 우려를 표출했다. 미국 고용 둔화가 주식 시장에 타격을 주었고, 이에 대한 반대 급부로 사람들은 더 빠른 금리 인하와 인하 횟수를 늘릴 것을 강하게 요구한 것으로 보인다.

경제는 심리다. 2024년 8월 2일 시장이 보낸 경고음에 대해 좀더 자세히 살펴봄으로써 미국경제가 안고 있는 위험요인이 향후 글로벌 경제에 보내는 심각한 경기 침체 가능성에 대해 주목할 필요가 있다. 여기에는 제롬 파월 의장의 미 연준에 대한 정책 실패 혹은 실기에 대한 시장의 강한 불만이 담겨 있다.

물론 혹자들은 이 같은 미 연준의 늦은 금리 인하 정책을 두고 '중국 때리기' 등의 암묵적 전술이라고 음모론적으로 해석할 수도 있다. 일본 엔화의 평가절하를 뻔히 쳐다보고도 일절 아무런 조치도 취하지 않는 미 의회와 재무부를 볼 때 이 같은 음모론이 터무니 없는 가설로 보이지는 않는다. 2003년 이후 2008년 서브프라임 모기지 사태의 단초가 되었던 중국이 미국을 상대로 펼친 '부채담보부증권(CDO)' 시장에서의 일방적 채권 매도에 대한 '보이지 않는 전쟁'으로 치부할 수도 있기 때문이다.

2024년 8월 2일 벌어진 상황은 미국의 고용 둔화가 주식 시장에 타격을 주고 금리 인하 확대에 대한 베팅을 자극한 것으로 볼 수 있다. 미국 노동부는 2024년 7월의 고용 증가가 급격히 둔화되었으며,

실업률이 2021년 이후 최고 수준으로 상승했다고 보고했다. 미국 노동부에 따르면, 고용은 2024년 7월, 11만 4천 개의 일자리가 증가해 기대에 미치지 못했고, 실업률은 4.3%로 상승했다.[35] 이는 경제가 팬데믹에서 회복하고 있던 거의 3년 전의 수준이다. 미국 노동부의 이 발표는 이미 약화된 노동 시장이 실제로 더 큰 약세로 접어들 수 있다는 증거를 충분히 보여주기 때문에 미국경제의 침체 국면이 코 앞으로 다가왔음을 의미한다.

이날의 데이터 발표 후 경제 둔화에 대한 투자자들의 우려를 반영한 주식 시장은 은행 주식부터 소형 기업 주식까지 큰 타격을 받아 급격히 하락했으며, 국채 수익률은 대부분 4% 이하로 급락했다. 한편 기술주 중심의 나스닥 종합지수 역시 최근 최고치에서 최소 10% 하락하며 조정 구간에 진입했다. 대형 기술 기업들의 실망스러운 실적 발표로 인해 인공지능에 대한 과도한 열풍이 기술 주식을 자극했는지에 대한 의문이 제기되고 있기 때문이다.

이번 고용 보고서는 연방준비제도의 경제 처리 방식이 실제 경제 상황에 비해 뒷북 때리기인지 등에 대한 논쟁에 또 다른 불을 지필 것으로 보인다. 연준 정책위원들은 2024년 7월에도 금리를 기존대로 유지하기로 했지만 2024년 9월에 금리를 인하할 가능성을 강하게 시사했다. 이에 경기 침체의 불씨가 갑작스럽게 큰 불로 미국경제를 태울 수 있다는 두려움이 시장을 엄습하고 있다. 과연 그럴까?

일부 투자자들은 연준이 이미 금리 인하를 위해 너무 오랫동안 기다린 것은 아닌지 의문을 제기하기 시작했다. 금리 인하가 2024년

9월에 거의 확실해 보이는 가운데, 많은 투자자들은 연준이 0.25%가 아닌 0.5%p 인하를 원한다. 미 시카고 금리 선물 시장에서는 2024년 8월 2일 현재 9월 0.25%p 인하에서 0.5%p 인하로 예상이 변경되었다.

연준 의장 제롬 파월은 "0.5%p 인하는 현재 고려하고 있는 사항이 아니다"라고 언급했으나 답변을 마친 후에는 아직까지 "아무런 결정도 하지 않았다"고 추가 언급했다. 팬데믹 이후 고용 급증에서 노동 시장이 냉각되는 것은 불가피했지만 이제는 그것이 경기 침체로 이어질지 여부가 문제로 급부상한 것이다.

당시 고용 보고서 외에도 경제 약세를 시사하는 다른 데이터가 연이어 발표되었다는 점에 주목할 필요가 있다. 어느 국가경제처럼 통계를 조작할 수는 없지만 한꺼번에 부정적 경제지표가 쏟아짐으로써 미국경제의 둔화 신호를 시장은 매우 심각하게 받아들인 것이다. 예컨대 공급관리협회는 2024년 7월의 제조업 고용 지표가 악화되었다고 보고했으며, 이로 인해 주식 시장에서 매도세가 촉발되었다.[36] 이 같은 제조업 상황을 보여주듯이 인텔은 실망스러운 분기 매출을 공시하면서 1만 5천 명의 해고 계획을 발표했고, 인텔 주가는 2024년 8월 2일 당일 26%나 하락했다.

그렇다면 경고 신호인가? 노동 시장의 다른 지표들도 경고 신호를 보내고 있다. 전 연준의 이코노미스트 클라우디아 삼(Claudia Sahm)은 자신의 '삼 법칙(Sahm rule)'에서 실업률의 3개월 평균이 이전 1년 동안의 최저 3개월 평균보다 0.5%p 이상 상승하면 경제가 침체에 접어들었다고 간주한다. 최근 3개월 동안 실업률 평균은 4.13%로, 지난 1년 동안의 3개월 평균 최저치인 3.6%보다 0.53%p 높은 수치다. 하지만 이는 통계적 규칙일 뿐 경제 규칙처럼 반드시 어떤 일이 일어날 것이라고 보기엔 무리가 있다.

중요한 것은 2024년 8월 2일 미 증시의 급락이 과연 무엇을 의미하는지 그 속내를 찾아낼 수 있어야 한다는 점이다. 첫째, 지표 그대로 미국경제가 둔화 조짐을 보이고 있다. 이는 장단기 금리 역전 현상에 따라 이 현상이 나타난 지 1년이 지나면 반드시 경기 둔화가 올 확률이 100%라는 점에서 피할 수 없는 선제적 신호다. 둘째, 미 연준에 대한 월가와 사람들의 강력한 요구 조건이 강화되었다. 즉 금리를 0.5%p 인하하라는 것이다.

〈표 19〉 미국 주요 거시경제 지표 전망(단위: %)

자료: IMF

주: GDP 성장률 및 인플레이션 좌축, GDP 대비 정부부채 우축

셋째, 미 대선을 앞두고 민주당과 공화당 모두 금리 인하 속도를 높일 것을 주문한다. 공화당의 민주당에 대한 공세가 강화될 듯 보이지만 앞서 지적한 바대로 사실 이번 고물가의 원인은 팬데믹이었고, 트럼프 행정부의 무차별적 재정 지원이 원인이다. 따라서 이번 증시의 급락은 해프닝으로 끝날 수도 있고, 아니면 중장기적 경기 침체 가능성에 대한 선제적 경고음이 될 수도 있다.

경기 침체가 단지 몇 개월 뒤로 미루어졌을 뿐

요약하면, 미국경제는 즉각적인 경기 침체 직전 상태에 있지는 않다. 다만 팬데믹 이후 노동 공급의 변화, 최근의 이민 증가 등이 노동 시장과 제조업 부문 기업들의 수익 약세를 과장하게 만든다고 볼 수 있다. 이들 지표들이 미국경제의 향방에 주는 시그널에 대해서는 충분한 경계가 필요하다. 미국의 실업률은 역사적으로 낮지만 상승세를 보이고 있으며, 매달 추가되는 일자리 수는 여전히 역사적으로 강하지만 하향 추세를 보이고 있기 때문이다.

아울러 장단기 금리 역전이 시작된 2023년 1월 이후 미 경기 둔화가 실제로 2024년 상반기 중 나타날 것으로 조심스럽게 전망한 바 있다. 그러나 이는 단지 몇 개월 뒤로 미루어졌을 뿐 결코 통계적 규칙, 즉 '100% 확률로 경기 침체가 온다'는 가설을 비껴가지는 못할 듯 보이기 때문이다. 〈표 19〉에서 보는 바와 같이 2025년부터 2029년까지 미국경제 GDP 성장률과 전년대비 인플레이션이 비슷한 수준으로 갈 것이라는 점에 주목하기 바란다.

2025~2029년 중국경제 전망

중국의 그림자 금융과 그 리스크에 주목해야 한다. 그림자 금융은 중국의 금융 시스템에서 중요한 역할을 하지만 상당한 위험을 동반한다. 무엇보다 규제와 투명성 부족은 숨겨진 리스크를 초래할 수 있으며, 이는 금융 시스템의 안정성을 위협할 수 있다.

중국경제 문제의 핵심 요소는 정치

중국경제 문제의 핵심 요소는 사실상 정치다. 공산당 일당 체제는 자유주의 시장경제 체제를 이끌어가기에 충분조건도, 필요조건도 될 수 없다. 정부 주도 경제 성장 모델이 지난 1960년대 초반 이후 한국경제의 성공 모델로 인정받고 있지만 대한민국의 정치적 정체성은 자유민주주의 체제로 사회주의 인민 공화국 체제가 아니다.

중국은 그때의 대한민국과 달리 첫째, 대규모 과잉 투자, 둘째, 견제하려는 의지와 심리의 급변 가능성, 셋째, 저조한 내수경제와 국내 판매, 넷째, 20세기 이후 구축된 미국과 선진 유럽경제의 자유무역주의 원칙과 질서를 무차별적으로 파괴하며 나가는 대외경제 정책 등으로 인해 무수한 대외경제와 마찰을 일으키고 있다. 그 결과 해외 경제가 대중국 무역정책에 대응하기 위해 설치한(그리고 설치하려는) 무역 장벽들이 중국 기업들의 수익성을 악화시키고 많은 기업들이 벼랑 끝으로 몰리고 있다.

20세기 이후 미국과 선진 유럽국가들이 구축한 글로벌 무역질서란 무엇일까? 중국경제에 대해 미국을 비롯한 선진국 경제가 크게 우려할 만한 몇 가지 이유가 있다.

먼저, 선진국 기업들이 값싼 중국 제품의 거침없는 물결에 두려움을 느낀다는 점이다. 여기엔 다음 2가지 중국의 대외 무역 정책의 아마추어리즘이 잠재한다. 첫째, 중국 국내기업과 해외기업 사이의 차별이다. 즉 내다 팔 것만 신경을 쓰지, 해외 주요 국가경제와 기업들로부터 자유로운 투자 유치와 시장 확대 기회를 중국 기업들과 차별화해 대우한다는 점이다. 둘째, '일대일로(一帶一路, One Belt, One Road)'를 통한 '중국몽(中國夢)'의 실행은 일방통행이 아니라 쌍방통행이어야 한다는 점을 간과하고 있다. 중국을 위대한 국가로 재건하기 위해 중국만의 이기적인 정책을 강조하기보다 상대국과 긴밀하게 협력하고 공존하기 위한 투명하고 일관된 정책을 유지 발전시킬 필요가 있다.

중국의 국내 소비 시장은 제조업체들에 대해 중국 정부가 산업 용량 및 생산량 확대를 요구하고 있다. 중국 자동차 부문은 100개 이

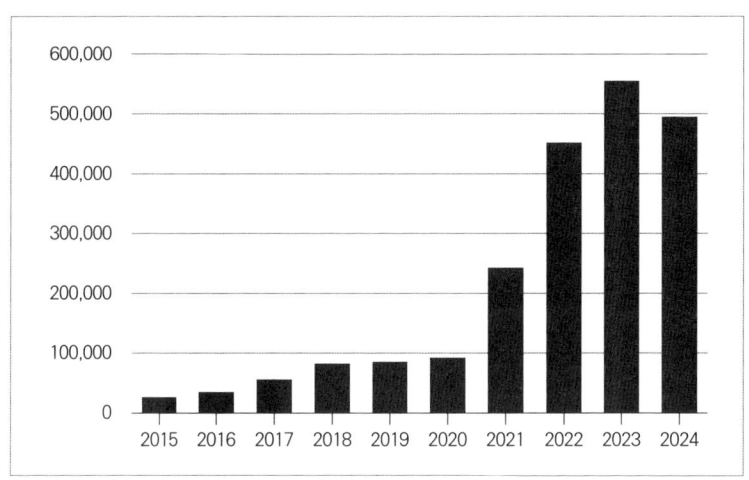

〈표 20〉 중국 월평균 전기자동차 생산량(단위: 대)

자료: China Association of Automobile Manufacturers, Wind

상의 기업이 국내 운전자가 매년 구매하는 전기차 수량의 거의 2배를 생산하면서 치열한 가격 전쟁을 벌이고 있다. 중국 정부의 시장 간섭은 자유주의 시장 경제체제의 시스템 운용 원리를 이해하지 못하는 것에서 비롯된다.

리튬 철 인산염을 공급하는 중국 기업 장쑤 로팔 테크(Jiangsu Lopal Tech)를 예로 들어보자.[37] 이 회사는 최근 연례 보고서에서 2023년 한 해만 1억 6,900만 달러의 손실을 보았다. 거의 3년치의 이익을 날려버린 셈이다. 로팔테크는 중국의 리튬 철 인산염 시장의 과잉 공급과 국내 배터리 제조업체들의 수요 감소를 적자의 원인으로 꼽았다.

이 사례뿐 아니라 중국 기업 전반에서 비슷한 불만이 터져 나오고 있다. 만연한 과잉 용량과 내수의 부족이 공급과잉을 초래하면서 가격이 급락하고 수익이 감소하면서 중국 기업들을 벼랑 끝으로 몰아가고 있다.

더구나 수년 동안 성장을 이끌었던 부동산 버블이 꺼지면서, 내수 경기가 급격히 둔화되었다. 이 와중에 제조업에 대한 투자만을 증가시킨다 해서 대외 무역마찰이 심화된 가운데 수출마저 타격을 입고 있는 상황에서는 과잉 공급을 흡수할 시장과 소비가 불충분하다는 점이다.

해외 소비까지 중국 정부가 간섭할 여지는 제로다. 더구나 국내 소비를 촉진하기 위해서는 정부의 합리적 자원 배분이 중요하지만 이에 대해서도 별 다른 조치를 취하지 않고 있다. 이는 주로 중국의 지도자인 시진핑이 미국식 소비를 낭비적이라고 보고, 이는 중국을 산업 및 기술 강국으로 만들고자 하는 목표에 반한다고 보기 때문이다.

중국 공산당은 2024년 7월 15일부터 열린 제20기 중앙위원회 3차 중전회에서 시진핑의 이러한 계획을 재확인했을 뿐이다. 부동산 둔화에 따른 내수경기 침체를 대신해 중국 정부는 전기차와 태양광과 같은 '신흥 및 미래 산업'의 개발을 가속화할 것이라고 발표했지만 이들 산업 역시 과잉생산의 부담에서 중국 기업들은 결코 자유롭지 못하다. 2022년 초와 비교해 중국 은행들의 부동산 대출은 거의 변화가 없는 반면, 산업 대출은 60% 이상 증가한 사실을 주목할 필요가 있다.

과잉 공급으로 가격 하락 및 기업 수익 급락

시진핑의 내수 경기 살리기 정책에 따른 과잉 공급으로 인해 기업의 판매 가격이 거의 2년 동안 급락하고 있다. 이는 중국경제를 디플레이션으로 몰아가는 단초가 된다. 현재 중국 본토에서 상장된 기업의 약 4분의 1이 수익을 내지 못하고 있으며, 이는 10년 전 7%에 비해 무려 3배 이상이다.

앞서 살펴보았던 롱지 그린 에너지 테크놀로지(Longi Green Energy Technology)만 하더라도 2024년 7월 초, 중국의 태양광 산업에서 과잉 공급을 이유로 2024년 상반기에 6억 6천만 달러 이상의 손실을 예상하고 있다. 안강강철(Angang Steel)은 주주들에게 제출한 보고서에서 2024년 1월부터 6월까지의 손실이 약 3억 7천만 달러에 이를 것이라고 밝혔으며, 이는 작년 같은 기간 손실의 거의 2배에 해당하는 수치다. 중국 기업들의 수익 급락은 특정 신흥 산업뿐만 아니라 기계, 전자 및 소프트웨어 등 중국 산업 전반에 영향을 미치고 있다.

중국 기업들은 국내 판매 부진을 보전하기 위해 수출에 의존하고 있으며, 2024년 6월 수출은 전년 대비 8.6% 증가했다. 그러나 이러한 수출은 25년 전 중국이 글로벌 무역 시스템에 진입하면서 미국과 그 외 국가들에 장난감, 의류, 가구 등 노동 집약적 제품 제조업체를 압박했던 이른바 '차이나 쇼크(China Shock)'를 연상시키며, 다른 국가의 일자리와 산업에 압력을 가한다는 점에서 중국에 대한 무역 장벽이 오히려 증가하고 있다.

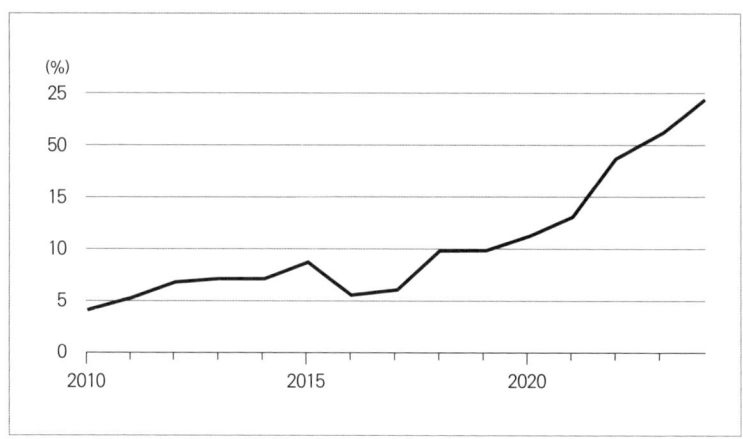

〈표 21〉 수익률 감소를 호소하는 중국 제조 기업들의 비중(단위: %)

자료: Company statements, via Wind

주: 2024년 자료는 1분기까지 자료

    2001년 중국의 세계무역기구(WTO) 가입 이후 세계에 '메이드 인 차이나'가 쏟아지면서 미국 등 주요국 지역 기업들이 생존을 위협받으며 일자리가 사라진 1차 차이나 쇼크와는 결이 다르다는 인식이다. '차이나 쇼크 2.0'으로 중국의 제조업 고도화와 중국 전자상거래 플랫폼(C커머스) 약진이 세계경제에 미치는 충격을 과거 1차 쇼크와 같이 대응할 수 없다는 인식이 확대되고 있다.

    중국의 공급과잉이 이루어지고 있는 산업으로 전기차, 배터리, 태양광 패널 같은 첨단 친환경 제품이 들어가고 C커머스가 전 세계 소비 시장을 직접 파고들고 있다는 점에 세계경제는 주목하고 있다. 미국과 유럽경제가 제조업 재부흥을 도모하는 시점에서 이에 대응하기 위해 중국산 수입품에 대해 25%를 상회하는 관세를 부과하고 있다. '친환경 제품을 싼값에 세계에 제공하면 좋은 게 아니냐'고 할 수 있지만 문제는 자국 내 일자리를 중시하는 정치에 있다. 시진핑의 중국은 서방의 요구에 응하지 않겠다는 것이다.

과거에는 내수가 부진하면 부동산 투자로 대응할 수 있었지만 현재 중국 부동산 시장의 경기 침체로 이마저도 여의치 않다. 중국 정부는 '차이나 쇼크'를 '피크 차이나(Peak China)' 전략으로 전환해 하이엔드(high end) 제품 시장까지 장악함으로써 제조업 고도화에서 해답을 찾고 있다.[38] '차이나 쇼크'는 100개가 넘는 국가의 최대 교역 대상국인 중국의 영향력을 확인시켜주지만 최근 수년간 서방세계에 확산된 '피크 차이나(Peak China)'는 중국의 취약점을 부각시킬 뿐이다.

하지만 중국을 바라보는 두 시각은 충돌하지만 공존한다. 서구 자본주의 시장 경제에서 바라본 잣대로 중국경제를 단정 짓는 오류는 피할 필요가 있다. 그러나 적어도 중국경제가 2001년 서구 자본주의 체제하의 글로벌 질서로 진입한 이상 중국으로서도 마냥 자신만의 독특한 체제를 강요하거나 주장할 수는 없을 것이다.

세계경제가 중국의 과잉 생산을 거부하는 가운데 트럼프 전 미국 대통령은 모든 중국 수입품에 60% 관세를 부과하는 방안을 제시했으며, 만일 해리스가 당선이 된다 하더라도 미국의 국가 이익을 위해 비슷한 조치가 취해질 수밖에 없을 것으로 보인다. 유럽연합은 최근 중국 전기차에 대한 관세를 인상할 예정이다. 인도, 브라질, 터키 등 경쟁 국가들도 중국산 수입품에 대한 제한 및 반덤핑 조사로 맞서고 있다.

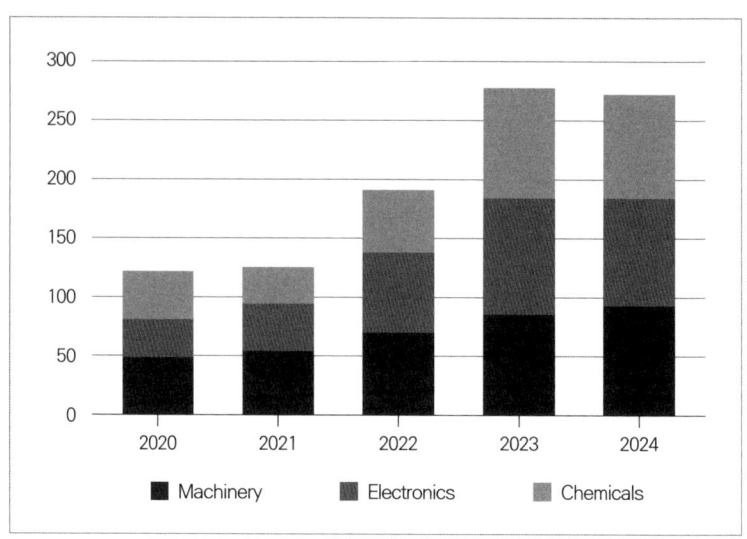

〈표 22〉 부문별 손익이 발생하는 중국 기업들의 수(단위: 개)

자료: 기업 재무재표, Wind

중국은 언젠가는 '정산'의 순간을 반드시 맞이할 것이다. 투자 주도 성장 모델은 결국 어디선가 수요가 있어야 하지만 중국 나름대로 경제규모만을 가지고 대외 경제를 압박할 수는 없다. 거기에는 한계가 있을 수 있다. 중국의 지도자들은 전 세계가 저렴한 중국 제품의 혜택을 보고 있다고 하지만 그에 따른 후폭풍은 고스란히 중국과 경쟁하는 개발도상국들의 유치산업 기업들의 비판으로 이어지고 있다.

사실 과잉 생산은 중국경제 시스템상 예측 가능한 결과다. 베이징은 보조금, 세금 감면, 국가 통제 은행 및 투자 기금을 통해 자본을 선호하는 부문으로 유도하고 있다. 이는 기업들이 정부 보조금 혹은 보호조치가 이루어지는 해당 부문에 몰려들어 생산을 증가시키는 역효과를 가져오게 된다.

중국의 그림자 금융과 리스크

'그림자 금융(Shadow Banking)'은 전통적인 은행 시스템보다 유사한 기능을 수행하는 금융 활동과 기관을 지칭하는 용어로, 2007년 미국에서 처음 사용했다. 전통적인 일반 시중 은행과 달리 투자 펀드, 신탁 회사 및 기타 비은행 금융 기관 등 그림자 금융 기관은 시중 은행과 같은 수준의 규제 감독과 요건을 적용받지 않는다. 우리나라 저축은행, 새마을금고, 자산 운용사 및 증권사 등 제2 혹은 제3 금융권에 비유하면 될 듯하다.

2008년 서브프라임 모기지 사태 당시 주택 담보부 채권의 파생상품을 취급하던 금융사들이 골드만 삭스, JP 모건, 뱅크 오브 아메리카, 리먼 브라더스 등인 것으로 알고 있지만 구체적으로 드러난 제2 금융권의 실체는 없다. 이런 투자 은행들의 자회사 정도로 보면 정확할 듯하다.

그림자 금융의 특징은 규제 부족, 높은 레버리지, 불투명한 운영 등으로 요약할 수 있다. 그러다 보니 문제가 발생하면 구체적인 손실 규모를 정확히 파악하는 데 매우 어려울 수 있다.

그림자 금융의 위험성은 다음과 같다. 첫째, 시스템 위험으로 그림자 금융의 문제가 발생하면 경제 내 금융 시스템으로 빠르게 파급될 수 있다. 둘째, 감독 부재에 따라 적절한 모니터링과 감독이 없어 상당한 리스크를 축적할 수 있다. 셋째, 레버리지를 높게 책정하는 대신 많은 내용들이 숨겨져 있어 금융 불안을 확대할 수 있다.

그렇다면 중국의 그림자 금융은 어떨까? 첫째, 전통적인 은행에 대한 제약과 높은 신용 수요로 인해 빠르게 성장해왔다. 중국의 주요 은행들은 실제 중국 공산당 소유 은행들이다. 하지만 신탁 회사와 중소규모 은행들이 시장에 존재함으로써 중앙 정부의 금융시스템 관리에서 벗어나 벌일 수 있는 레버리지 내용과 크기가 다양하고 클 것으로 추정된다. 둘째, 메이저 시중은행이 대부분 금융업의 시장 점유를 차지하다 보니 중국의 그림자 금융의 상당 부분은 대규모 유동성 공급이 불가능해 부동산 부문과 연결되어 레버리지를 확대하고 있다. 셋째, 이 같은 전통적인 은행 대출 한도를 우회하는 편법을 통해 정부 단속에서 비껴나 있으며, 그래서 자칫 중국의 부동산 시장이 침체에 빠질 경우 그림자 금융에 크게 의존했던 개발자들과 기타 차입자들에게 큰 금융 부담을 초래할 수밖에 없다. 그 결과 경기 둔화, 금융 불안, 정책 불안 등에 영향을 줄 수 있다.

요약하자면, 그림자 금융은 중국의 금융 시스템에서 중요한 역할을 하지만 상당한 위험을 동반한다. 무엇보다 규제와 투명성 부족은 숨겨진 리스크를 초래할 수 있으며, 이는 금융 시스템의 안정성을 위협할 수 있다. 중국이 이러한 문제를 해결해 나가는 과정에서 경제와 금융 시스템에 미치는 영향을 주목할 필요가 있다.

중국의 그림자 금융과 부동산 시장의 관계

2021년 부동산 거품 붕괴를 우려한 중국 당국이 대대적인 부동산 투기 단속을 벌이면서 그해 말 헝다(Evergrande)는 디폴트 사태를 맞았었다. 그 여파로 중국 내 대다수 부동산 기업이 유동성 위기에 몰렸고, 2년 후 중국에서 매출 기준으로 최대 부동산 개발기업인 비구이위안(碧桂園·컨트리가든)도 채무불이행(default) 위기에 처했었다.

헝다 사태 이후 2022년부터 중국의 부동산 문제는 그림자 금융의 세계와 그것이 중국경제에 미치는 위험성에 주목하고 있다. 중국 당국도 현재 내수 부진 속에서 부동산 리스크가 커지고 있다는 점을 인정하고 있다. 중국 100대 도시의 신규 주택과 기존 주택(중고 주택) 가격 모두 하락세가 지속되고 있으며, 신규 주택의 경우 분양 물량이 줄었는데도 거래가 부진한 상태다. 유동성 위기가 우려되는 부동산 개발자는 상장사만 약 19개에 달한다. 이들 부동산 개발자들의 부채 중 외채 비중도 76.1%로 높아 정부 통제를 벗어날 가능성도 있다.

중국 국가통계국에 따르면 2024년 6월 말 기준 미분양 상업용 부동산 면적(6억 4,159만㎡)은 작년 동기 대비 17% 증가했으며, 이 중 미분양 신규 주택 면적은 18% 늘어났다. 블룸버그에 따르면 아파트 등 공동주택 6천만 채가 미분양 상태로 남아 있다. 정부의 지원이 없다면 매각하는 데만 4년 이상이 걸릴 전망이다. 주택 역시 과잉 공급에 따라 가격 급락이 발생하고 있다.

2021년 헝다 사태 이후 부동산 개발업자들은 지금까지 디폴트로 대부분 유동성 부족에 허덕이고 있다. 중국 부동산을 둘러싼 우려가 이어지는 가운데 향후 중국 부동산 디벨로퍼(개발업체)들의 유동성 위기가 다른 기업으로 전염될지 여부에 시장의 관심이 집중되고 있다.

중국은 헝다그룹을 포함해 약 20개의 부동산 디벨로퍼들이 디폴트 사태를 겪었는데, 이들의 공통점은 다음 4가지로 요약된다. 첫째, 중국 정부가 구매 제한 정책을 펼칠 정도로 부동산 시장 과열을 조절한 것과 반대로 전체 자산 규모가 2015년 이후 3배 이상 늘어날 만큼 부동산 투자를 공격적으로 집행했다. 둘째, 투자 자금을 모두 부채로 충당하면서 부채 증가 속도가 자산 증가 속도를 앞서고 있다. 셋째, 정부와 상반된 움직임으로 은행 대출이 힘들어 부채의 많은 부분이 회사채로 구성되어 있다.

넷째, 앞선 3가지 요인으로 인해 2021년 정부가 제시한 재무안전성 지표인 3가지 레드라인 중 적어도 2개 이상은 기준 미달인 상태다.[39] 해당 기업들은 이미 시장에 소문이 나게 되면 어떠한 루트로도 유동성을 조달할 수 없는 상황에 처하면서 유동성 위기에 직면하게 된다.

중국의 금융 시스템은 국가의 지배적인 역할에 있다. 앞서 설명한 대로 중국 내 가장 큰 은행들이 국유화되어 있어서 비국유 기업들은 전통적인 은행에서 자금을 조달하기가 더 어렵다. 국가 주도의 금융 시스템이라고는 하지만 시장 참여자들이 국가가 항상 지원을 제공할 것이라는 가정하에 돈을 빌리고 대출하는 것은 자본주의 금융시장에서의 일반적인 관행이다. 즉 대형 혹은 중국 공산당 소유의 은행들은 이들 제2 금융권들의 암묵적인 보증기관으로 작용했을 것으로 보인다. 중국의 그림자 금융 규모에 대한 추정치는 매우 다양하지만 수조 달러에 달하는 것으로 보인다.

결국 중국 그림자 금융과 부동산 시장은 매우 밀접한 상관관계를 갖는다. 이는 미국과 같은 선진 금융시장도 예외가 아니라는 점은 2008년 서브프라임 모기지 사태로 알 수 있다. 중국의 부동산 부문은 중국경제의 약 4분의 1을 차지하며, 여기엔 그림자 금융, 지방 정부 재정, 가계 자산이 모두 교집합의 원소들이다.

중국은 지난 20년 동안 집값이 폭등하면서 사람들은 자가 주택 구매나 부동산 투기에 열광했었다. 이 같은 부동산 열풍을 타고 부동산 회사들은 앞다투어 지역 개발의 경제적 이익과 수익을 필요로, 같은 이해관계를 가지고 있는 지방 정부로부터 토지를 구입했다. 부동산 개발자들은 그림자 금융에서 자유롭게 대출을 받을 수 있었고, 이는 토지 구매를 위한 대출 한도를 우회할 수 있게 해주었다. 소위 '브릿지 론'을 중개하는 중개자 역할을 지방 정부가 담당한 셈이다. 그 결과로 토지 가격이 계속 상승했으며, 개발자들은 마진을 유지하기 위해 분양 주택 비용도 올렸다.

그러다가 중국 정부가 그림자 금융에 대한 제한 조치를 시행할 경우에는 공격적인 개발자들이 기존 그림자 금융 대출을 상환하기 위해 다른 자금 조달원을 찾아 나서게 했다. 때로는 개발자들이 아파트 선매를 통해 모기지로 자금을 조달하고, 비용 절감을 위해 건설을 늦추는 경향도 나타났다. 하지만 중국 정부는 미국발 2008년 서브프라임 모기지 사태의 심각성을 알기에 2020년 8월에 개발자들에 대한 단속을 본격화하며 부채 수준에 제한을 명시화하기에 이르렀다. 그 결과 수십 년간의 급속한 부동산 개발 시장의 성장은 중국의 대형 부동산 기업들인 에버그란데와 컨트리 가든의 파산, 주택 판매 급감 및 부동산 경기 침체로 이어지게 된 것이다. 거의 동시에, 신탁 기금 중룽(中融)이 일부 상품에 대한 투자자 상환 불능 소식이 전해지면서 부동산 개발자들에게 돈을 빌려준 금융권에 서서히 파급효과가 나타나기 시작했다.

신탁 기금에 숨겨진 자금

몇몇 어려움을 겪고 있는 부동산 회사들이 부채를 장부에 기록하지 않고 숨긴 사실이 점차 드러나고 있다. 최근 부동산 경기 호황 기간 동안 개발자들의 느슨한 통제와 공격적인 회계 관행에 대한 의문이 심각하게 제기되고 있다.[40] 예컨대 2023년 9월 13일 부동산 개발업체 시마오(Shimao)가 이전에 공개된 것보다 훨씬 더 많은 부채를 지고 있다는 사실도 드러났다. 그 자금 중 일부 숨겨진 부채는 신탁 회사들(신탁 기금은 일반적으로 부유한 가계에 투자 상품을 판매)에 의해 제공되었다. 바로 이런 자본의 흐름이 신탁 회사들이 이용한 그림자 금융 시스템의 일부라 할 수 있다.

노무라 연구소가 인용한 중국신탁협회 데이터에 따르면, 신탁사 기금 규모는 2023년 6월 말 기준으로 3.8조 위안에 달한다고 분석한다. 하지만 일반적으로 부동산 부문에 투자된 일부 신탁 상품은 실제 자금 사용 내역을 공개하지 않거나 의도적으로 정보를 불투명하게 만들어 금융 규제를 회피하려 했을 수 있다. 이 때문에 실제로 부동산 개발자들이 신탁 회사로부터 차입한 실제 금액은 이보다 3배 이상 많은 것으로 추정된다. 그 경우 2023년 3월 말 기준 중국의 신탁 기금의 약 7.4%, 약 11.3조 위안(1,591억 5천만 달러)이 부동산에 노출되어 있는 것으로 추정된다.

이처럼 중국 은행들은 신탁 회사를 이용해 대차대조표상의 실제 리스크 수준을 숨기면서 부동산 개발자 및 지방 정부와 같은 제한된 차입자들에게 대출을 실행함으로써 수익을 올렸을 것으로 보인다. 이런 관행은 미국 등 선진국이라 해도 크게 다르지 않은 듯하다.

미국 국제전략연구소(CSIS)의 로건 라이트는 중국의 그림자 금융이 2012년부터 2016년까지 중국 전체 대출의 거의 1/3을 차지한다고 추정하며, 베이징의 단속 이후 중국의 신용 성장률이 절반으로 줄어들었을 것으로 보고 있다. 문제는 중국 정부는 이유와 원인이 무엇이든 그림자 금융과 부동산 개발자 부채에 대한 단속과 함께 그 부실 부분을 경제 지원 형태로 보완해야 한다는 점이다.

중국 지도부가 2016년에 시스템적 금융 리스크를 줄이기 위해 시작한 '디레버리징 캠페인'의 속내가 바로 이러한 그림자 금융 안에 담겨진 구조적 부실과 경제침체 문제를 어떻게 해결할 것인지 그 해법을 찾고자 한 출발점이었을 것으로 보인다.

어쩌면 향후 5년에서 10년 동안 중국의 경제 성장은 금융 시스템이 자원을 부동산 관련 대출 및 지방 정부 투자 프로젝트에서 더 생산적인 민간 부문 기업으로 성공적으로 그리고 효율적으로 전환할 수 있는지에 달려 있는 것으로 볼 수 있다. 그렇지 않으면 중국의 경제 성장률은 향후 10년 동안 2% 이하로 계속해서 둔화될 수밖에 없을 것이다.

요약하면, 중국경제의 고도 성장 뒤에는 수조 달러의 숨겨진 부채가 있었다. 이제 중국은 자신의 미래에 대한 위협 요인을 제거하기 위해 투명한 정산이 필요하다. 중국의 지방 정부는 산업 지구, 리조트, 교통 시스템 및 주택 프로젝트를 건설하기 위해 회계 장부에 기록되지 않은 부채를 최대 11조 달러까지 쌓아왔으며, 이 중 많은 프로젝트는 실패했다.

중국 공산당은 2019년 초 그들이 계획한 공업 도시의 미래에 대해 낙관적이었다. 경제는 번창하고 있었고, 새로운 산업 지구가 자고 나면 생겨나고 있었으며, 고가 경전철 시스템이 형성되고 있었다. 하지만 숨겨진 비장의 카드는 그 누구도 언급하지 않았다. 중국의 수많은 도시들이 나름 성과를 내기 위해 경제 개발 프로젝트를 위장한 회계 장부에 기록되지 않은 수조 달러의 부채를 쌓아왔고, 이 불투명한 자금은 중국이 세계의 부러움을 사게 만든 효모 역할을 했다는 점에서 중국 정부는 이를 하루 빨리 바로 잡아야 한다. 그렇지 않고서는 자본주의 시장경제도, 이에 부합하는 중국식 사회주의 정치제제도 결코 제자리를 찾을 수 없을 것이다.

중국 정부가 당면한 재정의 함정과 리스크

수십 년 전부터 중국 정부는 '지방정부융자기구(LGFV, Local Government Financial Vehicle)'라는 국영 기관을 설립했고, 이를 통해 부채를 감당하며 하수도, 도로 등을 지방도시 개발 자금으로 지원할 수 있도록 했다. 하지만 중국 도시들은 '지방정부융자기구(LGFV)'로 불리는 자금 조달 기구를 중국 정부가 설정한 부채 한도를 회피하는 데 사용했다. 위험한 베팅을 한 것이다.

이 기구와 연계된 부실이 만일 앞서 제기한 중국 정부와 금융기관들의 그림자 금융 이슈와 함께 본격적으로 터져 나온다면, 중국경제는 침몰할 수 있다. 1995년 일본 부동산 버블 붕괴와 2008년 미국발 서브프라임 모기지 사태와 글로벌 경제 위기 등에 비견되는 위기가 지연뇌관으로 잠재하고 있다는 것을 의미한다.

다수의 큰 도시들에서 국영 금융 그룹들이 토지를 매입하고 여기에 호텔과 놀이 공원 등을 개장한 곳도 있다. 그러나 여전히 많은 토지 개발은 진행이 멈춰 있고 거의 사람이 다니지 않는 을씨년스러운 모습을 보이고 있다. 미완성된 아파트 단지의 빈 건물들 사이로 새들이 날아다니며 흉물에 가깝게 버려져 있는 곳도 많다. 중국 정부가 마치 파산한 상태처럼 보인다.

이 혼란의 중심에는 지역 정부를 대신해 돈을 빌린 복잡한 국영 자금 조달 기구들이 있으며, 많은 경우 경제적 수익을 거의 내지 못하는 개발 프로젝트를 추진했고, 지난 3년 동안 중국 부동산 시장의 악화로 인해 지역 정부는 주요 수입원이었던 부동산 개발업자들에게 토지를 판매하는 데 더 이상 의존할 수 없게 되었다.

부동산 개발 과정이 멈추며 회계 장부에 기록되지 않은 부채의 규모가 약 7조 달러에서 11조 달러, 즉 중국 중앙 정부 부채의 약 2배에 이르는 것으로 추정된다.[41] 이러한 부채의 늘어난 재정적 담보 약정의 불투명성 때문에 총 규모는 중국 정부조차 모를 수 있다. 하지만 이 부채 중에서 최대 8천억 달러가 채무 불이행과 같은 위기에 처해 있을 것으로 추정된다.

이 문제를 해결하기 위한 해법은 크게 2가지다. 첫째, 만일 금융 기관들이 그들의 의무를 이행하지 못한다면 중국정부는 구제금융을 지불할 수밖에 없으며, 이는 불안정한 차입으로 인해 더 큰 문제를 초래할 수 있다. 둘째, 부실한 금융 기관들이 파산하도록 내버려두어 중국 은행들이 심각한 손실을 입게 하고, 잠재적으로 신용 경색을 초래해 경제위기가 초래될 수도 있다. 이런 사태는 중국이 지난 1970년대 후반 이후 개방경제를 선택하며 성취한 모든 경제적 성과를 일시에 파괴시킬 수 있다.

분명한 점은, 이러한 누적된 부채는 중국경제가 더 성장할 수 있는 것을 막는 요인 중 하나라는 것이다. 중국의 연간 경제 성장률은 10년 전의 7.8%에서 2023년 5.2%로 둔화되었다.

도래한 정산의 시기에 또 하나의 감춰진 문제가 있다. 그림자 금융과 연계된 지방 부채 문제다. 이는 중국 도시들이 자금을 조달하는 방식에 근본적인 약점이 있다는 것을 의미한다.

〈표 23〉 '지방정부융자기구(LGFV)'의 운용 구조

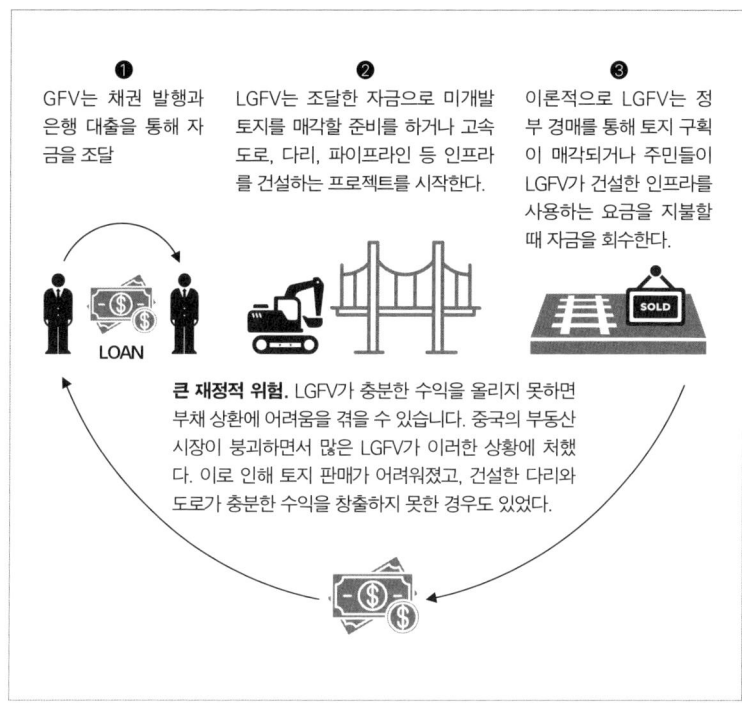

자료: Wall Street Journal, 7.14. 2024

　중앙 정부는 재정권을 통제하고 지방정부 채권을 관리 및 감독한다. 동시에 중앙 정부는 지방 도시들이 제한된 예산으로 경제 성장을 촉진하고 서비스를 제공할 것을 기대하며, 이를 토대로 중국 관리들은 공산당 내에서 승진의 기회를 가지는 시스템이 중국 공산당의 중앙당 운영 체제다. 이 부채는 정부 회계에 나타나지 않고 지방정부융자기구(LGFV) 장부에만 기록되기 때문에 도시들은 차입 한도를 숨길 수 있었다. 이 채권들은 마치 서브프라임 모기지 채권처럼

중국 은행들과 다른 기관 투자자들에게 매력적인 상품이었다. 투자자들은 도시들이 채무를 상환할 의무가 있다고 믿었기 때문이다. 투자자들은 '지방정부융자기구(LGFV)'의 채권 불이행을 그대로 지켜보는 것은 중국의 금융 시스템을 위기에 빠뜨리고 그 경제적 손실은 가히 상상을 초월할 것이라고 본다. '지방정부융자기구(LGFV)'로 자금을 조달한 많은 프로젝트들이 시기상 부적절하거나 잘못된 계획이었거나, 둘 다였을 것이다.

글로벌 리서치 회사인 로디움 그룹(Rhodium Group)의 분석에 따르면, 2023년 조사한 약 2,900개의 '지방정부융자기구(LGFV)' 중 5분의 1만이 단기 부채와 이자 지급 의무를 충당할 충분한 현금을 보유하고 있다고 판단한다. 투자에서 들어오는 현금이 거의 없는 '지방정부융자기구(LGFV)'는 지역 정부의 자금 지원과 지속적인 차입으로 겨우 유지되고 있었다. 또한 국제통화기금(IMF)의 2022년 연구에 따르면, LGFV의 연간 지출의 80%에서 90%가 새로운 자금 조달에서 나온 것으로 조사되었다.

'지방정부융자기구(LGFV)'들은 때때로 서로의 부채를 보증했으며, 이는 투자자들에게 이들의 부채가 더 안전해 보이게 하는 데 좋은 수단이었을 것이다. 예를 들어 광시성 리우저우(Guangxi Liuzhou)에서는 2022년에 하나의 '지방정부융자기구(LGFV)'가 13개의 다른 국유기업으로부터 보증을 받았으며, 그로 인해 이 프로젝트가 무위로 돌아가면서 모두가 채무 불이행에 대한 책임을 지게 되었다.

한편 '지방정부융자기구(LGFV)'의 차입은 그들의 부채가 증가할수록 점점 더 공격적으로 변했다. 일부 '지방정부융자기구(LGFV)'는 채권 발행시 자산을 다른 '지방정부융자기구(LGFV)'의 대차대조표로 이전해 더 낮은 비용으로 더 많은 자금을 빌렸다. 리우저우의 모든 9개의 '지방정부융자기구(LGFV)'들은 재정적으로 어려움을 겪고 있으며, 현금 보유액이 총 자산의 5%도 되지 않는다. 2023년 말까지 이들 금융 차량은 총 290억 달러의 이자부 부채를 기록했고, 리우저우의 공식 부채 규모는 약 120억 달러에 이른다.[42] 수십억 달러를 새 개발에 쏟았음에도 불구하고, 2023년 리우저우의 경제 생산량은 2019년보다 소폭 감소했고, 같은 기간 동안 일반 수익은 약 30% 감소했다.[43] IMF는 2022년 대비 2028년까지 중국의 LGFV 부채가 60% 증가할 것으로 예상한다.

중국경제는 앞으로 어떻게 될 것인가?

지난 2024년 7월 열린 공산당 제20기 중앙위원회 제3차 전체회의(3중전회)에서 시진핑 주석은 현재 중국경제 발전이 일부 어려움과 문제에 직면해 있다며, "새로운 생산력"을 발휘하겠다는 내용을 발표했다. 이 용어는 2023년 9월 시진핑 주석이 처음 사용한 이후로 중국의 생산성 향상을 포괄하는 용어로 자리 잡았다.

 계속되는 미중 간의 경쟁은 중국이 첨단 기술 및 공급망 보안에서 자급자족에 집착하게 만들었고, 이에 따라 산업 정책을 강화하고 있다. 중국은 전기차(EV) 및 조선업과 같은 분야에서 발전을 이루었지만 인공지능(AI) 및 반도체 분야에서는 뒤처져 미국과의 경쟁 격차가 벌어지고 있다는 판단이다. 이에 따라 중국 지도자들은 경쟁에서 뒤처질 가능성에 대한 불안감이 커지고 있으며, 인공지능(AI), 수소 에너지 및 혁신 의약품과 같은 분야에서의 생산성 성장을 최우선 과제로 삼고 있다.

중국이 새로운 정책 이니셔티브를 추진함에 따라 민감한 데이터에 대한 보안 고려가 최우선이 될 것이며, 이는 중국 관료들과 외국 기업들이 투자 기회를 모색할 때 투자 협약 준수 문제를 최우선으로 생각하게 만들 것으로 보인다. 중국으로서는 모든 데이터가 민감한 데이터이기 때문이다.

〈표 24〉 중국 주요 거시경제 지표 전망(단위: %)

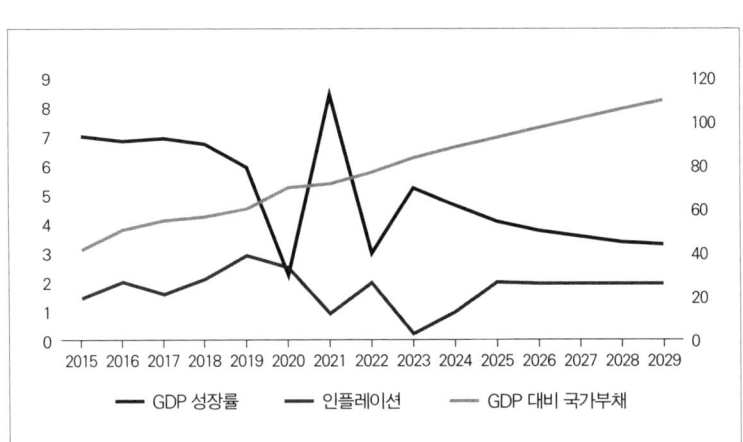

자료: IMF

주:GDP 성장률 및 인플레이션 좌축, GDP 대비 정부부채 우축

중국 정책 입안자들이 고려해야 할 또 다른 과제는 2024년 11월 5일에 열리는 미국 대선의 결과다. 만일 트럼프가 당선될 경우 트럼프는 그의 대표적인 '거래의 기술'로서 관세 위협을 부활시킬 가능성이 큰 것으로 알려져 있다.

예를 들어 중국에 새로운 무역 협정을 압박하는 것으로, 이는 추가적인 운영상의 도전을 야기하겠지만 비즈니스와 투자자들에게는 중국의 헬스케어 및 관광과 같은 성장하는 서비스 산업 분야에서 투자를 추구할 수 있는 기회가 열릴 수도 있다. 만일 해리스가 당선된다면, 그녀의 러닝메이트인 왈츠 부통령 후보가 나름 친중적 성격을 가진 후보라, 어느 정도 양국 간 대화의 길이 열릴 가능성도 있어 보인다. 다만 대화가 열린다고 해도, 양국 간 이해관계가 사실상 기술 분야를 놓고 첨예하게 대립될 수 없다는 점에서 트럼프에 비해 고관세율의 즉각적인 적용은 아니더라도 점차적인 압박은 피할 수 없을 것으로 보인다.

IMF, 세계은행 및 EIU(Economist Intelligence Unit) 등은 2024년 중국의 경제 성장률을 4.6~4.7%로 예측한다. 이는 가계 소비의 회복으로 인해 기저 효과가 높아질 것으로 기대하기 때문이며, 만일 부동산 개발과 관련한 부실 문제를 점진적으로 해결할 수 있다면 이 효과가 커질 가능성은 높을 것으로 보인다.

앞서 설명한 대로, 현재 중국 부동산 개발 부문은 많은 대형 개발업체들이 파산 직전에 있는 상황에서 장기적인 조정을 겪고 있으며 정부는 아직까지 과감한 문제 해결을 위한 해법과 정책을 시행하지 않고 있지만 어떤 형태로든 중국 정부의 문제해결 노력이 있을 것으로 예상된다. 다만 문제 해결까지 상당한 시간이 걸릴 것으로 보임에 따라 향후 5년간 중국경제의 성장률은 4~5%대 초반에 이를 것으로 예상된다.

CHAPTER 4에서는 미래 주요 산업의 발전 방향과 기술 투자 등에 대한 내용을 정리했다. 21세기 후기 산업사회는 생성형 AI, 우주항공 및 방산, 바이오 산업 등을 중심으로 전개될 가능성이 높다. 여기에 부수적으로 필요한 기술이 빅데이터를 관리하는 데이터 센터, 정보의 보안성을 강조하게 될 블록체인 기술의 확대, 새로운 디지털 기술 환경을 만들어줄 웹3.0과 6G 기술 등의 개발이 집중될 전망이다. 산업과 기술의 업그레이드 혹은 전환에는 반드시 자본 투자가 이루어지기 마련이다. 21세기 후기 산업사회의 자본시장은 다양한 자산들이 소개되어 새로운 투자 자산들이 무차별적으로 나타나고 사라질 전망이다. 따라서 기업의 적극적인 R&D 투자는 국가 경쟁력 차원에서 각국 정부가 적극적인 조세 및 통화 정책 등을 통해 지원된다. 일론 머스크는 스타링크(Starlink) 사업을 통해 약 4만 6천 개의 인공위성을 지구 궤도에 올릴 준비를 하고 있다. 현재 약 1만 개의 인공위성이 지구를 돌고 있다. 인류의 끝없는 우주에 대한 동경과 경외심은 언젠가 거대한 산업으로 부상할 가능성이 높다. AI, 로봇, 드론, 바이오 및 디지털 정보통신 산업 등 연관 산업은 결국 우주산업의 발전정도에 따라 밀접한 상관관계가 있을 것으로 보인다.

CHAPTER 4
미래 주요 산업의 발전 방향과 기술 투자

R&D: R&D 글로벌화 정책

기업들은 잘 설계된 글로벌 R&D 네트워크를 통해 경쟁 우위를 얻을 수 있으며, 글로벌 R&D 네트워크에 대한 세심한 접근 방식을 선택해야 한다. 특정 활동을 중앙 집중화할 필요가 있는 경우와 지역화해야 하는 경우를 구분해야 한다는 의미다.

잘 설계된 글로벌 R&D 네트워트가 필수

최근 인공지능(AI), 로봇, 드론, 전기자동차 및 우주항공 산업 등 새로운 디지털 연관 산업의 기술혁명이 태동하고, 실질적인 상용화 개발을 앞두면서 국가 및 기업은 저마다 연구 및 기술 개발(R&D) 사업 부문에 대한 관심과 투자가 증가하고 있다.

이와 동시에 1990년대 초반 이후 글로벌화 혹은 세계화 패러다임을 추세화시켰던 자유무역주의 정책이 쇠퇴하면서 다양한 무역 관련 법안 제정을 통해 자국 산업과 기술을 보호하는 보호무역주의 정책을 가속화하고 있다. 각국의 보호무역주의 정책 확산은 결국 각국별 과학기술 개발 능력 제고에 집중하는 R&D 글로벌화 정책에 주목하게 만들고 있다.

한편, R&D의 글로벌화 성공 요건은 무엇일까? 미래 탈중앙화 추세와 맞물려 정부의 역할보다 개별 기업들의 생존 경쟁에 초점을 맞추면, 향후 기업 중심의 R&D 경쟁을 구체적으로 살펴볼 필요가 있다. 기업들은 잘 설계된 글로벌 R&D 네트워크를 통해 경쟁 우위를 얻을 수 있기 때문이다.

글로벌 R&D 전략 성공을 위한 5가지 원칙

기업 중심의 글로벌 R&D 전략이 성공하기 위해서는 다음 5가지 기본 원칙을 적용해야 한다.

첫째, 아웃소싱(outsourcing)과 오프쇼어링(offshoring) 노력에 대해 명확한 목표를 설정해야 한다. 둘째, 경쟁사와의 차별화를 가져다주는 '핵심' R&D 활동과 '비핵심' 활동을 명확하게 구분해야 한다. 셋째, 기업의 총괄적인 포트폴리오 관점에서 글로벌 제품과 기술을 중앙 집중화하고 현지 시장에 맞춘 개발을 타깃 시장과 더 가까운 곳에서 수행할 필요가 있다. 넷째, 최소한의 사이트에서 프로젝트를 집중시키고 인터페이스(Interface)를 신중하게 관리해 글로벌 R&D의 비용과 혜택을 모두 관리해야 한다. 다섯째, 시장과 기술이 변화함에 따라 진화하고 적응할 수 있는 R&D 운영 모델을 구축하는 장기적인 접근 방식 모델을 구축해야 한다. 각각의 내용을 구체적으로 살펴보자.

명확한 목표 설정

비용의 최적화는 R&D 글로벌화의 원동력으로 자주 언급되지만 가장 성공적인 기업들은 시장 정보나 인재에 대한 접근, 조직 내 인터페이스 최적화 등 다른 잠재적 이점도 중요하게 생각한다. 한국의 가전회사 LG는 인도에 R&D 거점을 두어 현지 시장에 맞춘 제품을 개발함으로써 지역 시장 점유율을 높이고 있다. 미국의 제너럴일렉트릭(GE)은 자사의 글로벌 R&D 허브를 활용해 현지 시장을 위한 혁신을 이끌어내고, 이러한 아이디어를 글로벌 운영 전반에 걸쳐 전파하고 있다. 상하이에 본사를 둔 의료기기 제조업체 마이크로포트(MicroPort)는 테네시주 멤피스에 있는 운영 회사를 인수해 현재 정형외과 제품 혁신의 글로벌 중심 센터로 삼고 있다.

한편 최근 몇 년간 주요 자동차 업체들은 실리콘밸리에 R&D 센터를 설립해 차량용 디지털 기술과 제품에 점점 더 중요해지고 있는 소프트웨어 및 하드웨어 기술에 집중한다.

핵심 및 비핵심 활동의 명확한 분리

선도적인 기업들은 자사 제품을 제공하고 경쟁사와 차별화하는 데 중요한 R&D 활동을 명확히 정의하고 있다. 이러한 핵심 요소를 다른 R&D 활동과 분리하면 아웃소싱 및 파트너십 결정에서 더 나은 결정을 내릴 수 있다. 외부 전문 지식을 최대한 활용하면서도 장기적인 성공을 위해 필요한 역량과 지적 재산권을 지키는 전략을 유지해야 한다.

글로벌을 위한 글로벌, 로컬을 위한 로컬 R&D

기업들은 글로벌 R&D 네트워크에 대해 접근 방식을 세심하게 선택해야 한다. 특정 활동을 중앙 집중화할 필요가 있는 경우와 지역화해야 하는 경우를 각각 구분해야 한다는 의미다. 이러한 접근 방식은 기업의 장기적인 성공을 위한 전략적 네트워크 모델의 발전을 촉진하는 데 있다. 중앙 집중화에 적합한 활동으로는 높은 기술적 전문 지식이 필요한 복잡한 활동이나 전 세계에서 사용될 기술, 플랫폼 또는 아키텍처 개발이 포함된다.

반면, 지역 고객, 공급업체, 규제 당국 또는 사업 부문과의 긴밀한 상호작용이 필요한 경우에는 지역화가 더 적절할 것으로 보인다. 이러한 결정은 각 회사마다 집중하는 기술과 제품마다 다르며, 동시에 만일의 사태에 대한 헤징 기능으로 대안적인 네트워크 모델 개발도 준비해야 한다.

인터페이스 최소화 및 임계 질량 최적화

R&D 글로벌화의 숨겨진 단점 중 하나는 생산성 저하와 관리 복잡성 증가에 있다. 한 연구에 따르면, 새로운 사이트의 직원이 프로

젝트에 추가될 때마다 R&D 생산성이 평균 14% 감소한다. 이는 서로 다른 사무실, 지역 또는 시간대에서 일하는 사람들의 활동을 조정하는 데 추가적인 작업이 필요하기 때문이다. 선도적인 기업들은 이러한 문제를 인식하고 이를 합리적으로 제어하기 위해 노력한다. 생산성 저하 방지를 위해서는 다음과 같은 실천방안이 필요하다. 첫째, 단일 사이트를 할당함으로써 프로젝트 집중화를 통해 조정 작업을 최소화해야 한다. 아울러 지역 전문성을 활용해 특정 지역의 기술적 전문 지식을 최대한 활용함으로써 생산성을 향상시켜야 한다. 가능한 한 프로젝트를 단일 사이트에 할당하고, 각 R&D 사이트가 외부 자원에 불필요하게 의존하지 않고도 목표를 달성할 수 있도록 충분히 큰 규모를 유지해야 한다. 둘째, 적절한 규모 유지를 통해 각 R&D 사이트가 독립적으로 목표를 달성할 수 있도록 충분히 큰 규모로 운영해야 한다. 이를 '임계 질량 확보'라고 정의한다. 아울러 자원 분배 최적화를 위해 필요한 경우에만 다른 사이트의 자원을 활용해 효율적인 자원 분배에 집중해야 한다.

 이러한 인터페이스 최소화 및 임계 질량 최적화의 사례로는 먼저 구글을 들 수 있다. 구글은 각 R&D 센터가 독립적으로 운영될 수 있도록 충분한 인력을 배치하며, 프로젝트를 가능한 한 단일 위치에 집중시켜 관리 복잡성을 최소화하고 있다. 아울러 한국 기업인 삼성은 주요 R&D 센터를 한국에 두고 글로벌 프로젝트를 한국 본사에서 집중 관리함으로써 조정 작업을 줄이고 생산성을 유지할 수 있다.

장기 전략 및 R&D 운영 모델 수립

R&D 글로벌화는 지속적인 진화와 적극적인 관리가 필요한 과정이다. 글로벌 최고의 기업들은 장기적인 글로벌화 전략을 수립하고, 모든 사이트가 동일한 접근 방식, 프로세스 및 표준으로 운영될 수 있도록 R&D 운영 모델을 설계한다. 회사의 글로벌화 전략에는 R&D 시설의 위치와 미래 제품 세대가 개발될 장소에 대한 계획이 포함되어야 한다. 이 계획은 내부 투자 계획뿐만 아니라 인수합병(M&A) 결정에도 정보를 제공해야 한다.

각 산업과 기술 발전에 필요한 조건들은 시간이 지남에 따라 변화하기 마련이다. 따라서 R&D 전략은 네트워크 내에서 변경 가능한 요소와 조직의 역량을 유지하기 위해 반드시 보존해야 할 R&D 구조로 각각 정의되어야 한다. 또한 각 사이트 간 글로벌 인재 확보와 유지 시스템을 채택하는 방법에 대해 어떻게 시너지를 달성할 것인지를 진중하게 고려해야 한다.

한편 글로벌 R&D 운영 모델은 네트워크의 다양한 부분이 효과적으로 융합해 서로 협력할 수 있게 하며, 네트워크 변경 및 프로젝트와 자원 재배치를 단순화해야 한다. 이 모델은 단계별 게이트 및 리뷰와 같은 핵심 제품 개발 프로세스를 포함한다. 아울러 의사 결정이 어떻게 이루어지고 동시에 문제가 어떻게 격상될 것인지 등에 대해 조직 전반에서 사용되는 용어와 도구 표준화를 셋업해야 한다.

예컨대 IBM은 글로벌 R&D 운영 모델을 통해 전 세계의 R&D 센터들이 동일한 프로세스와 표준을 따르도록 함으로써 네트워크 내의 변화와 자원의 재배치를 용이하게 하고 있다. 화이자(Pfizer)는 장기적인 글로벌화 전략을 수립하고, 인재 확보와 유지에 중점을 둔 글로벌 시스템을 도입해 사이트 간 협업을 강화하고 있다.

인공지능(AI): 인공지능의 도전과제

AI 시장 규모는 2027년까지 4,070억 달러에 이를 것으로 예상된다. 오정보의 문제는 개선될 것이지만 기계가 선택한 최종 결론에 대한 인간의 신뢰 정도와 범위 등이 어느 정도까지 이루어질지에 대한 우려는 앞으로 AI의 과제가 될 것으로 보인다.

공상과학이 실제 과학으로 변해가다

마치 일부에서는 AI 산업에 상당한 버블이 존재함에 따라 조만간 AI 산업에 커다란 위기가 닥칠 것으로 얘기하지만 실상은 그렇지 않다. 이미 글로벌 산업경제 질서는 미래 AI 산업과 연관된 기술과 과학이 중심이 된 상태다.

인공지능(AI, Artificial Intelligence)은 인간의 정신과 일반적으로 연관되는 일부 인지 기능을 기계가 수행할 수 있는 능력을 말한다. 인간과 기계는 드디어 21세기 후기 문명사회, 즉 생산성의 천국에서 만난 짝이 되었다. 기계화된 작업자들 없이는 인간이 나갈 수 있는 세계의 범위는 그리 크지 않을 수 있다.

농업을 혁신한 바퀴에서부터 점점 더 복잡해지는 건설 프로젝트를 결속시킨 나사, 오늘날 로봇이 가능하게 한 조립 라인에 이르기까지, 기계는 우리가 상상하는 삶을 가능하게 만들었다. 그럼에도 불구하고, 즉 기계의 무한한 유용성에도 불구하고 인간은 오랫동안 기계에 대한 두려움을 가져왔으며, 특히 기계가 언젠가는 인간의 지능을 획득하고 독립적으로 행동할 가능성에 대한 두려움이 있는 것이 사실이다. 이러한 두려움과 호기심이 공상과학이 되었고, 또 이 공상과학이 실제 과학으로 변해왔다.

20세기의 이론가들, 예를 들어 컴퓨터 과학자이자 수학자인 앨런 튜링(Alan Turing)은 기계가 인간보다 더 빠르게 기능을 수행할 수 있는 미래를 상상했다. 튜링과 다른 이들의 작업은 곧 이것을 현실로 만들었으며, 개인용 계산기는 1970년대에 널리 보급되었고, 2016년에는 미국 인구 조사에서 89%의 가구가 컴퓨터를 보유하게 되었다. 오늘날 스마트 기계는 우리의 삶과 문화에서 일상적인 부분이 되었다. 일부 컴퓨터는 한 개인이 31,688,765,000년 동안 수행할 수 있는 계산을 단 1초 만에 수행할 수 있다. 이제는 단순한 계산을 넘어서, 기계는 인간과 몇몇 다른 종들만이 갖고 있던 기술과 지각을 획득하고 있다.

인공지능(AI)의 급속한 발전과 그 영향력

인공지능(AI)의 급속한 발전과 그로 인한 산업, 경제, 인력에 대한 영향을 잘 보여주는 주요 통계는 다음과 같다. AI는 2023년부터 2030년까지 연평균 37.3%의 성장률을 기록할 것으로 예상된다. 그랜드 뷰리서치(Grand View Research)에 따르면, 이토록 빠른 성장은 AI 기술이 우리 생활은 물론 산업 전반에 미칠 점진적인 영향력 확대를 의미한다.

AI 시장 규모는 2027년까지 4,070억 달러에 이를 것으로 예상된다. 2022년 약 869억 달러의 매출에서 약 5배가량 증가한 큰 성장을 보일 것으로 보인다. AI가 경제 성장에 미치는 파급효과는 AI의 미

〈표 1〉 AI와 글로벌 경제에 미치는 파급효과(단위: 조 미 달러)

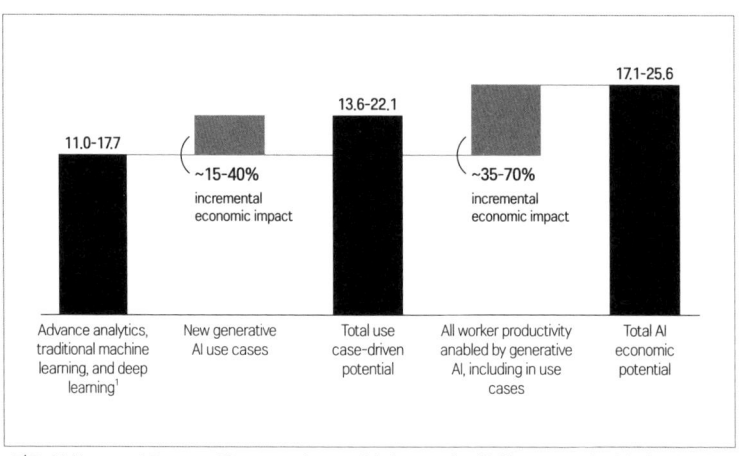

자료: Mckinsey and Company, The economic potential of generative AI: The next productivity frontier, June 14, 2023.

국 GDP 기여도로 살펴볼 수 있다. AI는 2030년까지 미국 GDP에 약 21%의 순증가를 가져올 것으로 기대된다. 아울러 AI와 함께 자율주행 자동차 기술과 빅 데이터 및 블록체인 기술은 모두 각각의 독립된 기술이 아니라 하나로 연결된 가치사슬적 융복화된 기술과 시장을 의미한다.

AI와 미래 산업은 다양한 방향으로 확산될 수 있다. 챗GPT는 출시 후 5일 만에 100만 명의 사용자를 기록했었다. 챗GPT의 빠른 채택 속도를 보여준다. 자율주행차의 확산은 2030년까지 10%의 차량이 자율주행차가 될 것으로 보인다. 자율주행차의 글로벌 시장은 2021년 2,030만 대에서 2030년 6,240만 대로 증가할 것으로 예상된다.

AI로 인해 비즈니스의 생산성 증가 역시 눈에 띄게 증가할 것이다. 64%의 기업들이 AI가 전체 생산성을 증가시킬 것이라고 믿고 있다. 포브스 어드바이저(Forbes Advisor)의 조사에 따르면, 기업들이 AI가 비즈니스 운영을 변화시킬 잠재력을 점점 더 신뢰하고 있음을 보여준다.

모바일 사용자의 음성 검색 사용에도 AI가 채택되어 현재 미국의 모바일 사용자 중 50%가 매일 음성 검색을 사용하고 있다. 하지만 사용자(소비자)의 75% 이상이 AI의 오정보에 대해 우려하고 있고, 이 점은 머지않아 크게 개선될 것으로 보인다. 다만 문제는 오정보보다 기계가 선택한 최종 결론에 대한 인간의 신뢰 정도와 범위 등이 어느 정도까지 이루어져야 하는가 등이다.[44]

산업 면에서 최근 고령화 혹은 초고령화 사회로 진입하는 추세는 노동력 부족에 대한 AI 채택을 불가피하게 할 것이다. AI는 인력 부족 문제를 보완하는 데 도움을 줄 것이다. 2024년 현재 이미 25%의 기업이 노동력 부족 문제를 해결하기 위해 AI를 채택하고 있다. 국가별로 미국은 25%의 기업이 AI를 사용하고 있으며, 43%는 그 잠재적 응용 가능성을 탐색하고 있다. 중국은 58%의 기업이 AI를 도입하고 있고, 30%는 통합을 고려하고 있어 가장 사용률이 높다.

인공지능(AI)이 노동력 및 고용에 미치는 영향을 살펴보면, AI로 인한 직업 상실 우려가 크다. 77%의 사람들이 AI가 2025년에 직업 상실을 초래할 수 있다고 우려하고 있다. 이는 기술이 고용 기회에 미칠 잠재적 영향에 대한 널리 퍼진 우려를 대변한다. AI로 인해 4억 명의 노동자가 이동할 수도 있다. AI가 발전하면서 전 세계적으로 4억 명의 노동자가 이동될 수 있을 것으로 예상되기 때문이다.

맥킨지(McKinsey) 보고서에 따르면, 2016년부터 2030년까지 AI 관련 발전이 전 세계 노동력의 약 15%에 영향을 미칠 수 있다고 한다. 이는 AI가 9,700만 개의 일자리를 창출할 것으로 추정되기 때문이다. 이는 노동력 이동 우려를 상쇄할 수 있는 가능성을 시사하기도 한다. 좀더 구체적으로 예를 들어보면, AI 지원을 위한 소프트웨어 엔지니어와 데이터 엔지니어 채용이 증가할 것이다. AI가 기업에 점점 더 통합됨에 따라 AI 지원 역할에 대한 수요가 증가하고 있다. 2022년에는 39%의 기업이 AI 관련 직책에 소프트웨어 엔지니어를 채용하고, 35%가 데이터 엔지니어를 채용했다.

재정적 측면에서 제조업이 AI로 인해 가장 큰 영향을 받을 것으로 예상된다.[45] 2035년까지 3.8조 달러의 이득이 예상된다고 한다. 한편 AI가 일반 비즈니스에 미치는 영향으로는, 기업의 4분의 1이 AI가 웹사이트 트래픽에 영향을 미칠 수 있다는 것이고, 이 점을 우려하고 있다.

포브스 어드바이저(Forbes Advisor)의 조사에 따르면, 24%의 기업 소유자들이 AI가 웹사이트 트래픽에 미칠 잠재적 영향을 우려하고 있으며, 이는 AI 통합에 대한 불확실성을 반영한다. 포브스 어드바이저(Forbes Advisor)에 따르면, 놀랍게도 97%의 기업 소유자들이 챗GPT가 비즈니스에 도움이 될 것이라고 믿고 있고, 기업의 3분의 1이 챗GPT를 사용해 웹사이트 콘텐츠를 생성할 계획이며, 44%는 여러 언어로 콘텐츠를 생성할 계획이라고 한다.[46] 60% 이상의 기업 소유자들은 AI가 고객 관계를 개선할 것이라고 강하게 믿고 있다. 이는 고객 상호작용을 강화하는 AI의 역할에 대한 긍정적인 전망을 나타낸다. AI 또한 이들 기업 소유자들은 AI가 생산성을 증가시킬 것이라고 믿고 있다. 특히 64%는 AI가 비즈니스 생산성을 개선할 것이라고, 42%는 AI가 업무 프로세스를 간소화할 것이라고 응답했다.

AI 기술에 대한 우려와 도전과제

하지만 43%의 기업은 기술 의존에 대해 우려하고 있으며, 추가로 35%는 AI를 효과적으로 사용하기 위한 기술적 역량에 대해 우려하

〈표 2〉 인공지능 사용에 대해 소비자가 우려하는 콘텐츠 유형

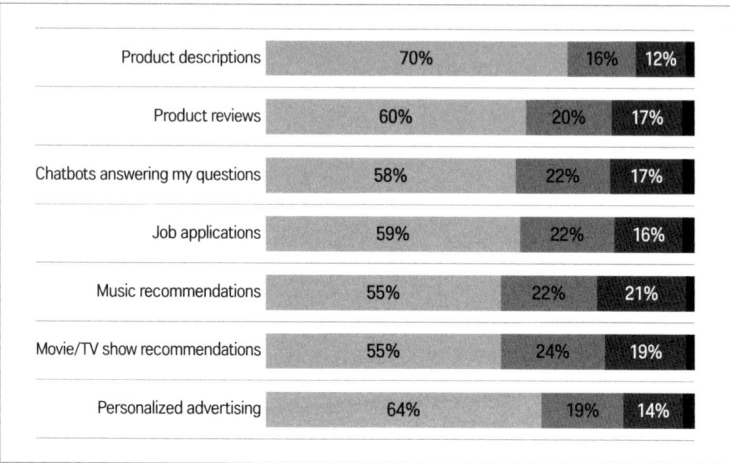

자료: Forbes Advisor

〈표 3〉 인공지능 사용에 대해 소비자가 우려하는 콘텐츠 유형

	내용
뉴스 기사	소비자들은 AI가 편향되거나 부정확한 뉴스를 생성해 잘못된 정보를 퍼뜨릴 가능성에 대해 우려하고 있다.
소셜 미디어 게시물	AI가 생성한 게시물이 잘못된 정보를 확산시키거나 여론을 조작하는 데 사용될 수 있다는 우려가 있다.
제품 리뷰	소비자들은 AI가 가짜 리뷰를 생성해 제품이나 서비스의 품질에 대해 잠재 구매자를 오도할 가능성을 두려워한다.
금융 조언	AI가 제공하는 금융 조언의 정확성과 신뢰성에 대한 우려가 제기되고 있다.
건강 정보	소비자들은 AI가 생성한 건강 콘텐츠가 잘못된 자가 진단이나 치료 제안을 초래할 수 있다는 점에서 신중하게 접근하고 있다.
교육 콘텐츠	AI가 철저히 검토되지 않거나 부정확한 교육 자료를 생산해 학습 결과에 부정적인 영향을 미칠 수 있다는 우려가 있다.
광고 및 마케팅	AI가 개인 맞춤형 광고를 생성하는 역할에 대해 회의적이며, 이는 프라이버시와 윤리적 문제에 대한 우려를 불러일으킬 수 있다.

⟨표 4⟩ AI의 활용가능 분야

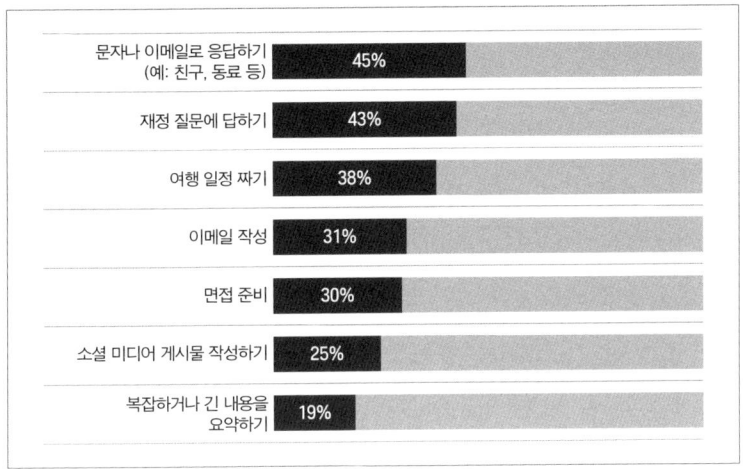

자료: Forbes Advisor

고 있다. 이러한 우려는 AI 기술 채택 시 조직이 직면하는 도전과 책임을 의미한다.

AI 신뢰 및 사용자 감정에서 '기업이 AI를 사용하는 것'에 대해 대다수의 소비자들이 우려하고 있다는 점은 향후 AI가 다양한 산업에서 더 큰 역할을 함에 따라, 소비자들의 우려를 해결하는 것이 기업에 중요한 과제가 될 것임을 시사한다. 하지만 65%의 소비자들은 AI를 사용하는 기업을 여전히 신뢰하고 있다. 이는 기업이 AI를 책임감을 가지고 투명하게 사용할 경우 소비자의 신뢰를 유지할 수 있으며, AI의 잠재력을 활용해 고객 경험을 개선할 수 있음을 시사한다.

절반 이상인 54%의 응답자가 AI가 작성된 콘텐츠를 향상시킬 수 있다고 믿었다. 이는 챗GPT와 같은 AI 기반 솔루션이 다양한 콘텐츠 생성 환경에서 텍스트 품질, 창의성 및 효율성을 높일 잠재력이 있음을 시사한다.

　2024년 가장 인기 있는 AI 사용 사례는 무엇일까? 첫째, 메시지 응답 AI이다. 이는 메시지에 신속하고 정확하게 응답하는 데 사용되고 있다. 둘째, 금융 관련 질문에 답변하고, 복잡한 재무 문제를 해결하는 데 도움을 주는 AI이다. 셋째, 여행 일정을 계획하고, 최적의 여행 경로와 활동을 제안하는 데 활용되는 AI이다. 넷째, 소셜 미디어 게시물을 작성해 콘텐츠 생성의 효율성을 높이고 창의적인 아이디어를 제공하는 AI이다. 이와 같은 다양성 덕분에 AI는 일상적인 업무를 혁신적으로 변화시키고 있다.

우주항공 및 방산: A&D 산업의 4가지 트렌드

A&D 제품 및 서비스에 대한 수요는 앞으로 계속될 것으로 예상된다. 하지만 공급망 문제, 긴 리드 타임, 인재 부족과 같은 지속적인 문제를 해결해나가야 한다. 이를 위해 A&D 기업들은 디지털화와 신기술 채택을 더욱 적극적으로 진행할 것이다.

A&D 기업들의 도전과제

2023년, 항공 우주 및 방위 산업(Aerospace and Defense Industry, A&D)은 제품 수요가 다시 팬데믹 이전 수준을 회복했다. 항공 우주 부문에서는 대부분의 국가에서 국내 상업 항공의 승객 수가 팬데믹 이전 수준을 초과했다. 이러한 항공 여행의 급증은 신규 항공기와 애프터마켓 제품 및 서비스에 대한 수요 증가로 이어졌다. 방위 부문에서는 새로운 지정학적 도전과 군 현대화 우선순위가 결합되어 2023년 무기 및 차세대 역량에 대한 강력한 수요를 촉발하기도 했다.

A&D 제품 및 서비스에 대한 수요는 2024년에 이어 2025년에도 계속될 것으로 예상된다. 상업 부문에서는 여행 수요가 지속적으로 증가할 것으로 보인다. 방위 부문에서는 지정학적 불안정이 커짐에 따라 제품 수요가 계속 증가할 것으로 예상되며, 첨단 항공 모빌리티와 같은 신흥 시장의 기업들은 상업화를 준비하면서 테스트 및 인증을 진전시킬 것으로 예상된다.

이러한 추세는 국내외 우주 항공 및 방위 산업을 모두 증진시킬 것으로 보이며, 수요 증가로 인해 A&D 기업들은 공급망 문제, 긴 리드 타임, 인재 부족과 같은 지속적인 문제를 해결하면서 새로운 도전에 직면할 수 있다.

이러한 도전에 대응하기 위해 A&D 기업들은 디지털화와 신기술 채택을 더욱 적극적으로 진행할 수 있으며, 이를 통해 비용 문제를 해결하고 새로운 수익 흐름을 창출함으로써 수익성을 달성할 수 있다. 이러한 기술들은 A&D 기업들이 더 탄력적인 공급망을 구축하고, 물류 문제를 완화하며, 새로운 인재를 유치하고, 신속하게 새로운 제품을 개발하는 기반이 될 수 있다.

A&D산업과 관련해 4가지 주요 트렌드에 대해 간략히 정리해보고자 한다. A&D 기업들이 다가오는 미래를 준비하면서 주목해야 할 주요 트렌드가 있다. 이들 트렌드는 도전과제를 해결하고 새로운 기회를 활용하는 데 도움이 될 것이다.

A&D 산업의 발전 정도는 미래 국가경제의 수준을 가르는 척도가 될 전망이다. '30만 개 이상의 부품 소재를 개발할 수 있다'는 의미

와 '이를 글로벌 공급사슬을 통해 조달해야 한다'는 의미는 동맹과 외교, 경제와 협력의 이미지를 모두 내포하기 때문이다.

중요한 문제로 떠오른 '인력 문제 해결'

항공우주 및 방산(A&D) 산업은 급격히 상승하는 급여 수준, 증가하는 이직률, 직장과의 관계에 대한 재평가, 그리고 치열한 구인 시장에 의해 주도되는 새로운 인재 환경에 직면해 있다. 팬데믹 이후로 더욱 심화된 직원들의 기대감은 A&D 기업들이 숙련된 인력을 유치하고 유지하며 개발하는 데 어려움을 겪는 요인이 되고 있다. 이러한 인력 문제는 A&D 기업들이 증가하는 수요를 충족시키기 위해 생산 운영을 확장하기 시작하면서 중요한 문제로 떠오를 것으로 보인다.

먼저 인재 유치와 관련해 미국 A&D 산업은 고용 측면에서 팬데믹 이전 수준을 초과했다. 2022년에 미국의 A&D 기업들은 10만 1,700명을 추가로 고용해 총 220만 명의 인력을 보유하게 되었으며, 이는 2021년 대비 4.87% 증가한 수치로, 팬데믹 이전인 2019년의 218만 명을 초과하는 수치다. 하지만 이러한 인력 증가에도 불구하고 A&D 기업들은 인재 부족 문제에 직면할 가능성이 높다.

인재 부족은 국내 여행 증가와 국가들의 무기 비축 증가로 인한 생산 수요를 저해할 수 있다. 현재 이 산업은 기술자, 제조업체, 엔지니어 등 다양한 분야에서 인재 유치에 어려움을 겪고 있다. 미국 제조업체들 중 약 3분의 2는 '질 높은 인력을 유치하고 유지하는 것'이 주요 비즈니스의 도전과제로 보고 있다.

당연히 A&D 제조업을 포함한 관련 제조업들은 숙련된 인재를 놓고 다른 산업들과 경쟁한다. A&D 기업들은 디지털 기술을 가진 인재가 자동차 산업(예: 전기차 및 자율주행차 부문)과 생명과학 산업(예: 의료기술 및 생명공학) 등 다양한 분야에서 디지털 일자리를 찾을 수 있다는 점을 인식하고 있다.

A&D 기업들은 변화하는 인력의 요구를 수용하기 위해 보상 외의 전략을 확대해야 할 필요가 있다. 미국 A&D 산업의 연평균 급여는 10만 8,900달러로, 전국 평균보다 약 55% 높은 수준이다. 그럼에도 불구하고 많은 Z세대 직원들은 광범위한 영향을 미치면서 주목할 만한 경력을 추구하고 있다. 이러한 기업들은 임무 중심의 마케팅 캠페인을 통해 인재를 유치하고, 직원의 가치와 회사의 가치가 일치하도록 더 전략적인 채용을 진행한다.

그렇다면 현재 근무하고 있는 인재를 유지하는 일은 어떻게 할 것인가? 상당수의 신입 채용에도 불구하고, 2023년 8월 기준 제조업에서의 구인 공석은 여전히 60만 4천 개였다. 또한 자발적 퇴직이 총 이직의 약 68%를 차지했다. A&D 산업은 직원들에게 특정 교육 기준과 보안 승인을 요구하는 기준과 기대치가 높다. 이는 특히 퇴직자 수가 증가하는 상황에서 인재 유지에 집중할 필요성을 의미하기도 한다.

A&D 기업들은 보상과 유연한 근무 조건을 통해 인재 유지와 직원 이직률 감소를 추진하고 있다. 제조업은 지난 2년 동안 원격 근무로의 전환이 있었으며, 평균 이직률이 19% 감소했다. 그러나 A&D는 2022 회계연도 첫 분기와 2023 회계연도 첫 분기 사이에 직원의 평균 시급이 4% 증가했다. 하지만 A&D 기업들은 유연성 혜택만으로는 인재 유지 수준이 일정 수준에 도달할 수 없을 것으로 보고 있다.

전미제조업자협회(NAM)의 2023년 2분기 제조업체 전망 조사에 따르면, 유연한 생산, 교대 근무 요구, 그리고 인력 집단 간의 차별화가 제조업체들이 근로자에게 유연성을 제공할 때 직면하는 주요 도전과제 중 일부로 보인다.[47] 업계는 인재 유치와 유지에 대한 새로운 방안을 탐색해야 할 것이다.

신기술을 추구하고 구현하는 것은 이익률을 해결할 뿐만 아니라 인력을 활성화하는 데도 도움이 될 수 있다. 직원의 직무 설명에 관계없이 A&D 기업들은 직원들이 첨단 기술과 교류할 수 있는 새로운 프로그램 시작을 고려할 필요가 있어 보인다. 퇴직자가 증가하고 인력의 평균 연령이 높아짐에 따라(A&D 인력의 약 26%가 55세 이상), 산업은 장기적으로 지속 가능한 운영과 보안을 위해 젊은 전문가를 교육해야 한다. A&D 부문의 모든 경력 직원들은 사이버 보안의 중요성에 대해 교육받아야 하며, 안전한 환경을 유지하는 데 있어 자신의 구체적인 책임을 명확히 이해해야 한다. 그런 점에서 이와 관련해 A&D 기업들의 인력 개발 전략은 인재를 유치하고 유지할 뿐만 아니라 안전한 환경을 보장하는 데도 도움을 줄 수 있을 것이다.

글로벌 공급망 복잡성으로 다층적 해결책이 요구되다

A&D 기업들은 글로벌 공급망의 지속적인 취약성과 혼란을 예상해야 하며, 이로 인해 생산 지연, 납품 지연, 원자재 및 부품 가격 상승이 발생할 수 있다. 원자재와 3차 공급업체부터 시작해 원래 장비 제조업체와 유지보수, 수리 및 개조(MRO) 제공업체에 이르기까지 공급망 전반에 걸쳐 숙련된 인력 부족, 인력 이탈, 자재 및 부품의 부족, 측정 가능한 인플레이션 등의 문제가 존재한다.

팬데믹 이후에 이러한 요인들은 자재 리드 타임의 증가와 공급업체의 계약 이탈을 초래해 운영, 프로그램, 재무 성과의 변동성을 증가시켰다. 제조업은 리드 타임에서 약간의 회복을 보였지만 아직 충분하진 않다. 생산 자재의 납품 시간이 2023년 8월 기준 100일에서 87일로 줄어들었지만 평균 리드 타임은 2024년 8월 기준 팬데믹 이전 수준에 도달하지 않았다. 2023년의 이러한 개선에도 불구하고, 원자재, 반도체, 마이크로전자 및 기타 주요 부품(예: 엔진 주조 또는 단조)의 계속되는 부족은 2024년에도 A&D 기업들에 주요 이슈로 남아 있다.

특히 방산 지원에 사용되는 중요 광물의 원자재 조달은 A&D 공급망에 있어 독특한 도전이다. 예를 들어 미국은 중국, 영국, 독일 등에서 갈륨(galium)의 순수 수입에 100% 의존하고 있다. 현재 중국은 13개의 주요 중요 광물 중 대부분의 수출을 주도하며, 각각의 시장 점유율은 50%에서 70% 사이를 차지한다. 미국은 단 한 가지에서만 선두를 유지하고 있을 뿐이다. 이러한 광물에 대한 의존은 단기적으로 대체가 불가능하기 때문에 A&D 기업들에 매우 중요한 변수가 된다.

지정학적 긴장이 종종 무역 장벽을 증가시켜 원자재와 첨단 기술 모두에 영향을 미치기 때문에 A&D 기업들은 주요 수입 제한과 민감한 항목의 수출 능력에 대한 제약을 경험한다. 특히 우주 기술, 전자기기 및 반도체와 같은 첨단 물질 기술에 의존하는 A&D 기업들은 향후 1년 동안 지정학적 사건을 면밀히 모니터링하고, 갈륨과 게르마늄과 같은 중요한 광물의 전략적 비축을 유지해야 한다.

아울러 부품 공급의 제한 또는 단일 출처 공급 문제는 계속해서 산업 내에서 도전과제가 되고 있다. A&D 산업은 대체 공급원 개발이 더디며, 생산 라인의 자격과 인증을 통한 산업 표준 및 요구 사항 충족이 어려운 과정이기 때문에 기존 생산에 의존해야 하는 경우가 많다. 이러한 기업들은 중요한 품목에 대해 추가 재고를 구축하고, 새로운 생산 옵션 개발을 계속하면서 유연한 공급망을 유지해야 한다.

마지막으로, A&D 기업들은 2024년에도 공급망 디지털화 및 자동화 옵션을 계속 활용할 것으로 보인다. 최근 딜로이트(Deloitte)의 공급망 연구에 따르면, 78%의 응답자가 디지털 솔루션이 공급망 전반의 가시성과 투명성을 향상시킬 것이라고 한다.[48]

A&D 공급망은 고객과 원래 장비 제조업체, 여러 단계의 공급업체, 유지보수 및 수리 제공업체로 구성된 복잡한 글로벌 생태계다. 이

러한 복잡성으로 인해 가치사슬 전반에 걸쳐 다양화와 투명성을 구현하는 것이 매우 어렵지만 이는 필수적이다. 전략적 원자재 비축, 긴 리드 타임 품목의 대량 구매, 대체 공급원 탐색, 운영 디지털화 등에 대해 선제적으로 대응체계를 구축한 A&D 기업들은 전체 공급망의 지속적인 취약성을 처리함으로써 상대적 경쟁력을 제고할 수 있다.

디지털 기술 채택을 통한 성장과 효율성의 극대화

A&D기업들은 디지털 혁신을 계속해서 강화하고 있으며, 2025년에는 이를 더욱 가속화할 것으로 보인다. A&D업계 선도 기업들은 모델 기반 기업(Model-Based Enterprise) 및 디지털 트윈(Digital Twin)과 같은 디지털 기술 개발을 주도하고 있다.

첫째, 생산 프로세스의 디지털 혁신에 대해 간략히 정리해본다. A&D 기업들은 규제 요구사항 및 특정 고객, 계약, 제품 사양으로 정의된 매우 복잡한 환경에서 운영된다. 프로세스와 기술을 현대화하고 통합하는 것은 A&D 산업이 생산 처리량과 비용 효율성을 개선하기 위해 중요한 단계이기 때문이다. 디지털 혁신을 수용하면 A&D의 생산 프로세스를 모든 단계에서 재편성해 산업화 주기를 대폭 단축하고, 효율성을 개선하며, 생산 수율을 증가시켜 품질 기준을 향상시킬 수 있다. 예컨대 디자인 단계에서 모델 기반 시스템 공학(Model-Based Systems Engineering) 접근법은 시스템의 가상 설계, 분

〈표 5〉 제조 복잡성이 높을 때 급격한 생산 확대로 인한 역효과

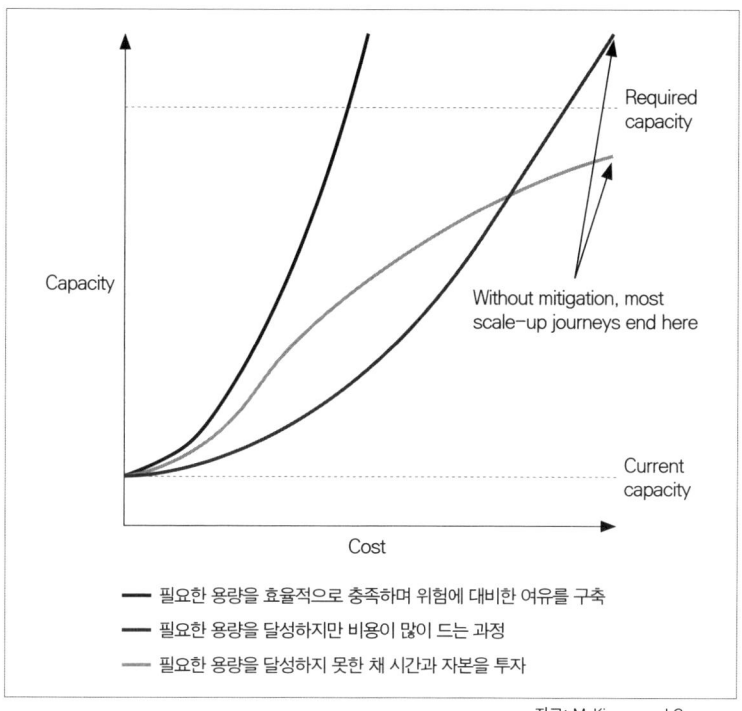

― 필요한 용량을 효율적으로 충족하며 위험에 대비한 여유를 구축
― 필요한 용량을 달성하지만 비용이 많이 드는 과정
― 필요한 용량을 달성하지 못한 채 시간과 자본을 투자

자료: McKinsey and Company

석, 검증 및 검토를 가능하게 해 새로운 제조 라인의 자격 및 인증 시간을 단축시킨다. 산업용 사물인터넷(IIoT) 기술을 활용하고 운영 기술(OT)과 정보 기술(IT) 시스템을 통합하면 제조 환경에서 더 나은 인사이트를 생성할 수 있다. 이러한 전방위 솔루션은 생산성을 개선하고 제품의 품질을 향상시킬 것이다.

디지털 혁신, 디지털 트윈과 같은 신기술의 영향은 최종 제품 생산으로 끝나지 않는다. A&D 기업들은 디지털 트윈 기술을 구현해

부품의 전체 생애 주기를 추적하고 유지보수 프로토콜을 개선할 수 있다. 또한 이는 애프터마켓 서비스에 대한 기회를 열어준다. A&D 시스템에서 생성된 방대한 데이터를 활용해 애프터마켓 기업들은 항공기나 시스템이 언제 어떻게 서비스가 필요할지를 예측하는 AI 기법을 구현할 수 있을 것이다. 따라서 A&D 기업들의 디지털 혁신 속도는 기업의 고유한 요구사항, 우선순위 및 가용 자원에 따라 다를 수 있지만 그럼에도 불구하고 디지털화는 A&D 기업들의 비즈니스 경쟁에서 주요 충분조건이다.

둘째, A&D 산업에서 디지털 기술 융합화의 강화 전략으로 인한 A&D 산업의 지속 가능성, 제품 혁신, 전시 방어에 대한 수요는 빠른 기술 진화를 초래할 것이다. A&D 기업들은 이미 디지털 기술, 특히 인공지능(AI) 및 생성형 AI(Generative AI)를 다양한 시나리오에서 탐색하고 적용하고 있다. AI는 운영을 간소화하고, 생산성을 향상시키며, 실시간 데이터 동기화를 가능하게 하고, 맞춤화 프로세스를 단순화한다. AI 솔루션은 조종석 항공전자 기술 개선, 유지보수 및 결함 모니터링 최적화 등 다양한 애플리케이션 등에서 비교 경쟁력을 강화하고 있다. 아울러 생성형 AI는 에너지 효율적인 설계 및 저탄소 제품을 만드는 데도 더 많은 기회를 제공한다.

이처럼 제품 개발을 넘어, 생성형 AI 기반의 가상 현장 보조자는 엔지니어의 문제 해결 능력과 생산성을 향상시킬 것으로 예상된다. AI 기술의 사용 사례는 인력 생산성 향상이 A&D 기업들의 인력 부족의 영향을 완화하는 한 가지 접근 방식이 될 수 있음을 시사한다.

A&D 기업들이 디지털 역량을 계속해서 향상시키면서, 이들은 기술에 대한 신뢰를 구축하고, 데이터 보안과 관련된 위험을 관리하며, 연방 또는 주 규제 활동을 모니터링할 것이다. 디지털 기술, 특히 AI에 대한 신뢰를 구축하기 위해서 A&D 기업들은 적절한 데이터 사용 및 구현된 알고리즘에 대해 완전히 이해해야 한다. 또한 증가하는 사이버 위험으로부터 민감한 데이터를 보호하기 위해 강력한 사이버 보안 위험 관리 조치 및 강화된 디지털 인프라 시스템에 상당한 투자를 할 수밖에 없다.

셋째, 법적 관행을 보장하기 위해 A&D 기업들은 이러한 디지털 기술의 책임 있는 사용에 대한 규제 집중을 더 면밀히 모니터링할 수 있다. A&D 기업들은 디지털 혁신에 영향을 미치는 주요 과제를 계속해서 추적하고, 이를 선택 사항이 아닌 경쟁 우위와 장기 성공을 위한 필수 요소로 간주할 것으로 예상된다.

국방 및 상업 분야의 발전과 A&D의 성장과 혁신

A&D 산업은 2024년 이후 국방 및 상업 부문 모두에서 글로벌 경제 및 지정학적 상황을 고려할 때 시장 확대가 예상된다. 국방 분야는 지리적 긴장 고조와 미래 능력의 필요성을 충족하기 위해 증가할 가능성이 높다. 상업 항공은 승객 항공편 수요 증가와 신흥 시장의 발전에서 비롯될 것으로 보인다.

먼저, 세계 국방 부문의 전망은 매우 긍정적이다. 2022년 기준 글로벌 국방비 지출은 2.24조 달러를 초과했다. 글로벌 지정학적 분쟁들은 국방 지출을 증가시키는 주요 원인으로 작용해왔으며, 앞으로도 계속 그럴 가능성이 크다. 미국 국방부(DoD, Department of Defense)는 2024 회계연도 예산으로 8,420억 달러를 요청했고, 이는 2023 회계연도 대비 3.2% 증가한 수치다. 2024년의 국방비 지출 증가는 상업 기술을 방산 응용에 적용하고, 신흥 방산 기술 및 제조에 대한 민간 자본의 활용을 극대화함으로써 혁신과 디지털 인프라를 촉진하고 있다.

미국 국방부는 AI 응용에 약 18억 달러(2023 회계연도 대비 63.6% 증가), 첨단 기술에 93억 달러, 조인트 전쟁을 위한 첨단 기술의 실험 및 평가에 6억 9천만 달러를 배정했다. 기술 자금의 대부분은 능력 향상과 대비 태세 개선에 집중될 것으로 예상되는 가운데, 미국은 차세대 공중, 지상 및 해상 차량을 구매하고 기존 차량을 현대화할 계획이다.

또한 각국 국방부의 투자 목적은 방산 공급망의 탄력성을 높이고 산업 기반의 안정성을 보장하며 미래의 수요를 충족하는 것이다. 역시 AI는 미국을 비롯한 주요국 국방력 강화에 있어 미래 갈등에서 전략적 우위를 유지할 수 있도록 지원하는 기술로 강조되고 있다. 마이크로전자기술, 첨단 추진 시스템, 양자 기술, 첨단 컴퓨팅 등 여러 기술 이니셔티브 등에 투자가 이루어지고 있다.

미국 국방부는 다양한 기관의 개발을 지원하고 있으며, 민간 부문(특히 중소기업 및 스타트업)과 학계를 참여시키고 혁신을 촉진하며 신기술의 통합을 가속화하기 위한 다양한 메커니즘을 구축했다. 방산 혁신 부서(DIU, the Defense Innovation Unit), 혁신 기술의 조달 및 배치 가속화(APFIT, Accelerating the Procurement and Fielding of Innovative Technologies) 프로그램, 국가안보 혁신 네트워크(NSIN, National Security Innovation Network) 등이 이에 포함된다.

우주 분야에 대한 각국의 지출은 증가하는 우주 능력 수요에 맞추어져 있다. 우주 재단(the Space Foundation)에 따르면, 2022년 기준 미국 정부의 우주 프로그램 지출은 모두 8% 증가했으며, 미국은 글로벌 전체 지출의 약 60%를 차지했다. 미국 우주방위사령부(USSF, The United States Space Force)는 2024 회계연도에 301억 달러를 예산으로 배정 받았으며, 이는 2023 회계연도 대비 15% 증가한 수치다.

한편 미우주방위군(USSF)은 사이버 보안도 중점을 두어 현대적인 인재 관리 프로세스와 준비된 전투 가능 우주군을 구축하는 데 집중하고 있다. 이 목적을 위해 USSF는 총 예산의 약 60%를 연구, 개발, 시험 및 평가(RDT&E)에 배정하고 있다. 국립항공우주국(NASA, The National Aeronautics and Space Administration)는 2024 회계연도에 271억 달러의 예산을 배정받아 2023 회계연도 대비 7% 증가한 수치로, 국제우주정거장(ISS) 연구와 우주 탐사에 지속적인 연구를 통해 과학적 및 경제적 기회를 창출하는 데 중점을 두고 있다.

주요국 국방예산이 증가했음에도 불구하고 인플레이션율의 상승은 국방 당국에 상당한 부담이 되고 있다. 실제로 주요국 국방비 성장률은 3.18%로, 현재 인플레이션율인 6%에 비해 상당히 낮은 수준이다. 미국의 국방비 예산은 2024년 기준 GDP 대비 3.1%이며, 2025년 바이든 정부가 미 의회에 제시한 국방비 규모는 8,500억 달러다. 이 규모는 2033년까지 2.8%로 감소할 것으로 예상되며, 이러한 제약 조건으로 인해 새로운 임무를 시작하거나 필수 활동의 우선 순위를 정하고, 이에 따른 자금을 재배치해야 할 필요성이 야기될 수 있다.

민간 분야 항공 산업의 발전도 지속될 것으로 보인다. 국제 및 국내의 민간 항공 산업은 2024년에 팬데믹 이전 수준으로 회복될 것으로 예상된다. 이로 인해 새로운 항공기 주문에 대한 수요가 증가하고 있다. 고급 항공 모빌리티(AAM, Advance Air Mobility) 및 우주와 같은 신흥 시장에 대한 지속적인 투자가 상업 지출을 증가시킬 것으로 보인다. 민간 항공 분야의 부활은 A&D 산업의 지속 가능한 성장에 도움을 줄 것은 물론 새로운 사업 기회를 만들어갈 수 있는 전략적 역량이 될 것이다.

민간 부문 항공 산업은 디지털화, 신제품 개발 및 AAM(Advanced Air Mobility)과 우주와 같은 미래 지향적인 연관 산업 분야에 중점을 둘 것으로 보인다. AAM 부문은 2024년에 대규모 제조 및 운영 능력을 구축하고, AAM 항공기 제조업체는 타입 인증을 달성하기 위해 노력하고 있다. 2025년에는 서비스 및 상용화 단계에 들어설 것이다. 향후 항공기 수요를 수용할 수 있는 시설을 만들기 위해 상당한 투자가 필요하다. AAM 산업은 새로운 수직 이착륙기 개발, 사용되지 않는 공항 현대화, 유지보수 및 수리 시설 구축, 충전 및 배터리 인프라 확장, 조종사 교육 시설 구축, 대중 인식 및 수용 촉진 등에 큰 관심을 가지고 있다. 하지만 AAM 제조업체들은 상용화를 위한 규모 확대와 지출 관리를 신중하게 해야 할 과제를 안고 있다.

글로벌 상업 우주 산업은 2023년에 자금 조달 방식의 변화를 겪었다. 그동안 각국 정부의 투자는 우주 산업의 성장에 기여했으나 2022년에 비해 속도는 느려졌으며, 상업 투자는 현저하게 감소했다. 2024년에는 업계 내에서 인수 및 합병(M&A)이 증가할 것으로 예상된다.

투자자들은 이전의 특별 목적 인수 회사(SPACs, Special Purpose Acquisition Companies)의 우주 기업에 대한 수익 전망이 충족되지 않을 것으로 예상될 경우 투자에 더 신중을 기할 가능성이 높다. 결과적으로, 우주 산업은 성장할 것으로 예상되지만 최근 몇 년간의 투자와 성장으로 회복되지는 않을 것으로 보인다. 우주 산업의 성장세는 보다 보수적인 우주 활동 추세에 맞춰질 것이다.

블록체인 기술과 AI: 금융자산의 토큰화

Web3.0은 새로운 유형의 인터넷으로, 새로운 기술들 위에 구축된다. 업계 일부 리더들은 토큰화가 자산 보유자에게 블록체인의 장점, 즉 연중 무휴의 기술 운용과 데이터 가용성 등을 제공하기에 금융 서비스와 자본 시장의 구조를 변혁시킬 것으로 본다.

토큰화된 시장 자본화

'토큰화(Tokenization)'는 실제 사물의 디지털 표현을 생성하는 과정을 말한다. 토큰화는 민감한 데이터를 보호하거나 대량의 데이터를 효율적으로 처리하는 데에도 사용될 수 있다.

최근 몇 년간의 사건들은 다음 인터넷 시대가 급속히 다가오고 있음을 분명히 보여준다. 그중 하나가 Web3.0이다. Web3.0은 블록체인을 통해 참가자들에 의해 제어되는 새로운 분산형 인터넷의 잠재력을 제공한다. Web3.0 애플리케이션은 '토큰화'라는 과정을 필요로 한다. 이 경우 토큰화는 자산을 더 접근하기 쉽게 만들기 위한 디지털화 과정이다.[49] 결제에서는 토큰화가 사이버 보안을 위해 사용되며, 결제 자체의 신원을 숨겨 사기를 방지하게 된다.[50]

몇 차례의 실패를 거쳐, 토큰화된 금융 자산이 시범 단계에서 대규모 개발 단계로 이동하고 있다. 토큰화된 시장 자본화는 2030년까지 약 2조 달러에 이를 것으로 예상된다. 이는 비트코인과 테더 같은 스테이블코인(stablecoin)을 제외한 규모다. 특히 현금 및 예금, 채권 및 상장지수증권(ETN), 뮤추얼 펀드 및 상장지수펀드(ETF), 대출 및 증권화와 같은 특정 자산 클래스와 관련된 조직이 가장 빠르게 채택할 것으로 예상된다. 블랙록(BlackRock)의 회장 겸 CEO인 래리 핑크(Larry Fink)는 2024년 1월 "앞으로 나아갈 다음 단계는 금융 자산의 토큰화이며, 이는 모든 주식, 모든 채권이 하나의 일반 원장에 기록된다는 것을 의미한다"라고 언급한 바 있다.

일반적으로 토큰화는 실제 사물의 디지털, 고유한 익명의 표현을 발행하는 과정이다. Web3.0 애플리케이션에서는 이 토큰이 블록체인에서 사용되며, 특정 프로토콜 내에서 활용될 수 있다. 토큰은 부동산이나 예술 같은 물리적 자산, 주식이나 채권 같은 금융 자산, 지적 재산과 같은 무형 자산, 또는 신원 및 데이터까지 다양한 자산을 나타낼 수도 있다.

Web3.0 토큰화는 여러 가지 유형의 토큰을 생성할 수 있는데, 예컨대 금융 서비스 산업에서는 안정적인 가치를 지닌 암호화폐인 스테이블코인이 있다. 스테이블코인은 실제 돈에 연동되어 교환과 복제가 가능하게 설계되어 있다. 또 다른 유형의 토큰은 NFT(Non-Fungible Token)다. NFT는 증명 가능한 희소성을 지닌 비교환 가능한 토큰으로, 사람들이 구매하고 판매할 수 있는 디지털 소유권 증명으로 이해된다.

앞서 언급했듯이, AI에서도 '토큰화'라는 개념이 사용되지만 Web3.0 토큰과는 이름만 같지 상당히 다르다는 점에 유의해야 한다. AI 애플리케이션에서 사용되는 대형 언어 모델(LLM, Large Language Model)은 'cat'이라는 단어를 토큰화해 'cat'과 다른 단어들 간의 관계를 이해할 수 있도록 한다.

Web3.0 토큰화가 금융 기관에 제공하는 이점은 다음 3가지로 요약할 수 있다. 첫째, 프로그래머빌리티(programmability)는 토큰에 코드를 삽입하고 스마트 계약(smart contracts)과 상호 작용할 수 있는 능력을 의미하며, 이는 높은 수준의 자동화를 가능하게 한다. 둘째, 조합성(Composability)은 네트워크의 다른 자산 및 애플리케이션과 상호 작용할 수 있는 능력을 의미한다. 셋째, 운영 효율성(Operational Efficiency)으로, Web3.0 토큰화는 프로세스를 간소화하고 거래를 자동화하는 데 도움을 줄 수 있으며, 이를 통해 운영의 효율성을 높일 수 있다. 이러한 이점들은 결국 효율성 향상, 유동성 증가 및 새로운 수익 기회를 제공할 것으로 보인다.

AI에서의 토큰화는 데이터를 분해해 패턴 감지를 용이하게 하는 데 사용된다. 방대한 양의 비구조적 데이터로 훈련된 딥 러닝(Deep learning) 모델을 기초 모델(foundation models)이라고 한다. 대형 언어 모델(LLMs)은 텍스트를 기반으로 훈련된 기초 모델이며, 이러한 모델은 미세 조정(fine-tuning) 과정을 통해 훈련을 반복하게 된다. 그 경로가 대량의 비구조적 텍스트를 처리할 뿐만 아니라 문장, 단어, 또는 단어의 부분 간의 관계를 학습할 수 있고, 그 결과 자연어 텍스트를 생성하거나 요약 및 기타 지식 추출 작업을 수행할 수 있게 된다.[51]

대형 언어 모델에서 일반적으로 사용되는 토큰화 기술에는 여러 가지가 있는데, 몇 가지를 간략하게 소개하면 다음과 같다. 첫째, 단어 토큰화(Word Tokenization)는 텍스트를 개별 단어나 단어와 유사한 단위로 나누고, 각 단어를 별도의 토큰으로 만든다. 단어 토큰화는 축약형이나 복합어에 어려움을 겪을 수 있다. 둘째, 문자 토큰화(Character Tokenization)는 텍스트의 각 문자를 개별적인 토큰으로 만든다. 이 방법은 명확한 단어 경계가 없는 언어나 문장 인식에 유용하게 작동한다. 셋째, 서브워드 토큰화(Subword Tokenization)는 자주 사용되지 않는 단어를 자주 발생하는 문자 시퀀스의 단위로 나눈다. 서브워드 문자 시퀀스는 다시 주어진 숫자 암호 코드로 전환되어 코딩으로 활용된다. 서브워드 토큰은 개별 문자보다는 크지만 전체 단어보다는 작다. 서브워드 토큰으로 단어를 나누면, 훈련 데이터에 없던 단어를 모델이 더 잘 처리할 수 있다.

넷째, 바이트 페어 인코딩(BPE, Byte Pair Encoding)은 하나의 서브워드 토큰화 알고리즘이다. BPE는 문자나 단어의 어휘로 시작해, 가장 자주 함께 나타나는 토큰들을 병합하는 기능을 가지고 있다. 다섯째, 형태소 토큰화(Morphological Tokenization)는 형태소를 사용하는데,

형태소란 특정 의미나 문법적 기능을 가지는 개별 단어나 단어의 부분이다. 예컨대 'incompetence'라는 단어는 3가지 형태소로 나눌 수 있다. 즉 'in-(부정을 나타내는 접두사)' 'competent(어근)' '-ence(상태나 품질을 나타내는 접미사)'로 나눈다. 형태소 토큰화에서는 각 형태소가 하나의 토큰이 되며, 이는 LLM이 단어 변형을 처리하고 문법 구조를 이해하며 언어적으로 정확한 텍스트를 생성하는 데 도움이 된다. 이와 같이 토큰화의 종류는 모델이 달성하려는 목표에 따라 달라지며, 필요한 결과를 얻기 위해 다양한 토큰화 방법을 조합해 사용할 수도 있다.

Web3.0을 가능하게 만드는 기술

Web3.0은 새로운 유형의 인터넷으로, 새로운 기술들 위에 구축된다. 다음과 같은 3가지 기술이 Web3.0의 핵심 요소다. 이 기술들은 다양한 혁신을 지원하기 위해 함께 작동하게 될 것이다.

첫째, 블록체인(Blockchain)은 디지털로 분산된 '탈중앙화된 장부'로, 컴퓨터 네트워크 전반에 걸쳐 존재하며 거래 기록을 용이하게 기록하는 기술이다. 새로운 데이터가 네트워크에 추가되면 새로운 블록이 생성되어 체인에 영구적으로 추가된다. 블록체인상의 모든 노드는 이러한 변화를 반영하도록 업데이트되되, 이로 인해 시스템은 단일 제어 지점이나 실패 지점에 의존하지 않게 된다.

둘째, 스마트 계약(Smart Contracts)은 특정 조건이 충족될 때 자동으로 실행되는 소프트웨어 프로그램으로 구매자와 판매자가 합의한 조건과 같은 계약 조건이 코드로 블록체인에 설정되어 아무나 변경할 수 없게 된다.

셋째, 디지털 자산 및 토큰(Digital Assets and Tokens)은 디지털로만 존재하는 가치 있는 자산들이다. 예를 들면 암호화폐, 스테이블코인, 중앙은행 디지털 통화(CBDC), NFT(대체 불가능한 토큰) 등이 포함되며, 아울러 예술 작품이나 콘서트 티켓과 같은 실제 자산의 토큰화된 버전도 포함될 수 있다.

토큰화가 제공하는 잠재적 이점

업계 일부 리더들은 토큰화가 자산 보유자에게 블록체인의 장점, 즉 연중 무휴의 기술 운용과 데이터 가용성 등을 제공하기 때문에 금융 서비스와 자본 시장의 구조를 변혁시킬 것으로 본다. 블록체인은 또한 거래 정산을 빠르게 하고, 특정 조건이 충족될 때만 활성화되는 내장 코드로 인해 높은 수준의 자동화를 제공한다. 아직 충분하고 다양한 경험적 증거가 많지는 않지만, 토큰화의 잠재적 이점을 정리하면 다음과 같다.

첫째, 빠른 거래 정산을 가능하게 한다. 토큰화는 연중 무휴의 가용성 덕분에 거래 정산이 빨라진다. 현재 대부분의 금융 정산은 각 당사자가 문서와 자금을 정리할 시간을 주기 위해 거래 실행 후 이틀 후에 이루어진다. 그러나 토큰화로 가능한 즉각적인 정산은 높은 이자율 환경에서 금융 기업에 상당한 비용 절감을 가져올 수 있다.

둘째, 운용비 절감이 가능해진다. 연중 무휴 데이터 가용성과 자산 프로그래머빌리티를 통해 운영 비용을 절감할 수 있다. 특히 서비스나 발행이 수동적이고 오류가 발생하기 쉬운 회사채와 같은 자산에 유용한 도구가 된다. 토큰의 스마트 계약에 이자 계산 및 쿠폰 지급과 같은 작업을 내장하면 이러한 기능이 자동화되고, 인적 자원의 노력이 줄어들 수 있다.

셋째, 접근의 민주화로 운영 집약적인 수동 프로세스를 간소화함으로써 소규모 투자자 서비스를 경제적으로 매력적인 제안으로 만들 수 있다. 그러나 진정한 접근의 민주화가 실현되기 전에 토큰화된 자산 배포는 상당히 확장되어야 할 것이다.

넷째, 스마트 계약에 의한 투명성 강화를 도모할 수 있다. 스마트 계약은 블록체인에서 발행된 토큰에 코딩된 지침 세트로, 특정 조건하에 자동으로 실행될 수 있다. 예를 들어, 탄소 배출권을 위한 스마트 계약에서는 블록체인이 거래되면서도 변경할 수 없고 투명한 기록을 제공할 수 있다.

다섯째, 저렴하고 유연한 인프라로 블록체인은 오픈 소스이기 때문에 전통적인 금융 서비스 인프라보다 본질적으로 저렴하고 반복적으로 개선하기 쉽다.

디지털 자산 토큰화에 대한 관심은 2017년 도입 이후 몇 년간 지속되었지만 큰 예측에도 불구하고 아직 의미 있는 방식으로 채택되지는 않고 있다. 2023년 기준 미국의 핀테크 인프라 회사인 브로드리지(Broadridge)는 자사의 분산 원장 플랫폼을 통해 매달 1조 달러 이상의 거래를 지원하고 있고, 비트코인과 이더리움 등의 ETF 시장이 각각 개설되는 추세로 볼 때 미래 신금융자본주의 시대에 중요한 자산으로서 인지도는 점증할 수 있다는 판단이다.

Web3.0 자산의 토큰화

일반적으로 자산 토큰화에는 4가지 단계가 포함된다.[52]

첫째, 자산 소싱 과정을 거친다. 토큰화의 첫 번째 단계는 자산을 어떻게 토큰화할 것인지 결정하는 것이다. 예를 들어 머니 마켓 펀드를 토큰화하는 것과 탄소 배출권을 토큰화하는 것은 다를 수밖에 없다. 이 과정에서는 자산이 증권으로 취급될지, 원자재로 취급될지와 적용되는 규제 프레임워크를 파악해야 한다.

둘째, 디지털 자산 발행 및 관리가 가능해진다. 디지털 자산에 물리적 대응물이 있는 경우 해당 물리적 자산은 양측 모두에 중립적인 안전한 시설로 이동해야 하며, 이후 자산의 디지털 표현을 블록체인에서 생성하기 위해 토큰, 네트워크 및 규정 준수 기능이 선택된다. 디지털 자산에 대한 접근 권한은 배포를 기다리는 동안 저장된다.

셋째, 배포 및 거래를 위해 투자자는 디지털 자산을 저장할 디지털

지갑을 설정해야 하는데, 자산에 따라 공식 거래소의 대안으로서 더 느슨하게 규제되는 보조 거래 장소가 자산을 위해 만들어질 수 있다.

넷째, 자산 서비스 및 데이터 조정 관리가 필요하다. 자산이 투자자에게 배포된 후에는 지속적인 유지 관리가 필요한데, 여기에는 규제, 세금 및 회계 보고서 작성, 기업 행동에 대한 통지 등이 포함된다.

 CHAPTER 5에서는 CHAPTER 1에서 CHAPTER 4까지의 내용을 시나리오로 구성해 2025년 단기 한국경제 전망을 비롯해 2025~2029년 중기 경제 전망을 각 시나리오별로 정리했다. 한국경제 전망의 주요 변수로는 GDP경제성장률, 금리 및 환율 전망 등에 초점을 두었다. 한국경제의 잠재성장률이 2%에서 1%대 중후반으로 하락하는 가운데 양극화, 노인 빈곤 및 지속 가능한 성장동력의 부재가 뚜렷하다. 대부분의 국가경제는 10년 단위의 중장기적 국가 경제 발전계획을 들고 가야 한다. '중단 없는 전진'이 마치 오래된 낡은 구호같이 들릴지는 모르지만 실상 이는 '지속 가능한 성장'의 또 다른 말이다. 한국경제는 2025년 다소 지연된 미국경제의 둔화 혹은 침체 과정과 함께 중국경제의 부동산 버블 붕괴 시 나타날 사회적 불안을 모두 고려해야 한다. 소위 '위기 대응 능력(contingency plan)'이 보다 구체적이고 현실적인 문제로 이해될 필요가 있다. 따라서 CHAPTER 5에서는 2025년 한국경제 전망과 함께 향후 5년간 주요국 경제와 한국경제의 경쟁 및 협력 관계에 주목할 필요가 있다. 1990년 이후 한국경제가 지금껏 성장동력으로 들고 온 반도체 산업에 대한 투자도 1983년의 일이다. 국가경제는 최소한 10년 단위의 발전전략을 강구할 필요가 있다.

CHAPTER 5

2025~2029년 한국경제 전망 시나리오

'위기 관리' 계획은 과연 존재하는가?

미국경제가 둔화 조짐을 보이고 있다. 부정할 수 없는 사실이다. 장단기 금리 역전 현상에 따라 이 현상이 나타난 지 1년이 지나면 반드시 경기 둔화가 올 확률이 100%다. 경기 침체의 선제적 신호다. 우리에게는 '위기 관리' 계획이 반드시 필요하다.

매우 불투명해진 시장 상황

2024년 8월 5일 미국 경기 침체 우려 등 악재가 겹치면서 코스피 지수는 이날 하루만 234.64p 미끄러졌다. 거래 종목 100개 중 99개가 하락했고, 팬데믹 이후 4년 5개월 만에 코스피와 코스닥 급락으로 두 시장에서 선물과 현물 모두 사이드카와 서킷브레이커(Circuit Breaker)가 잇달아 발동되었다.[53]

서킷브레이커는 직전 거래일 대비 8% 이상 하락할 때 1분간 지속해 발동하는 경우지만 이날 6% 급락이 있을 때 1단계 적용으로 이

〈표 1〉 1948년 이후 미국 경기 침체와 실업률(단위: %)

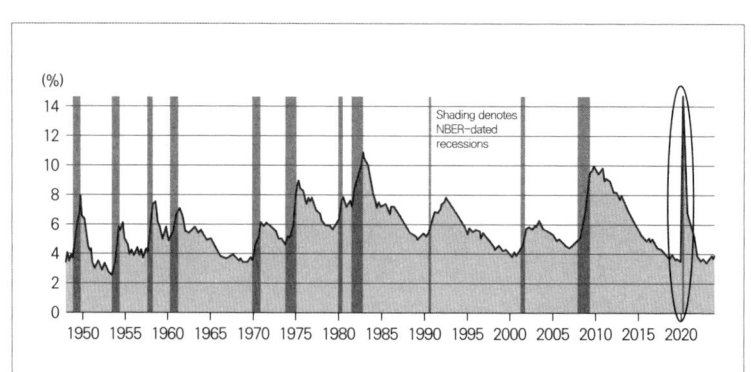

날 두 시장은 20분간 거래가 중단되었다. 코스피 시장에서 서킷브레이커가 발동된 것은 44년간 단 6번으로, 그만큼 시장 상황이 매우 불확실해졌다는 점을 시사한다.

이렇게 된 배경은 다음과 같이 8가지로 요약된다. 하지만 이들 내용에서 겉과 속을 자세히 들여다보면 좀더 미세한 배경까지 살펴볼 수 있다.

첫째, 미국경제 상황이 경기 침체 국면으로 진입하고 있다는 판단이다. 여기엔 당시 나온 실업률, PMI 제조업 지수, 주요 기술 기업들의 실적 및 미 연준의 금리 인하 타이밍 등을 지적할 수 있다. 둘째, 중국경제의 경기 침체 국면이 길어질 수 있다는 점이 반영되었다. 셋째, 지정학적 불확실성, 즉 이스라엘-이란 간의 전쟁 확전 가능성 등에 대한 불안감이 확산된 점이 반영되었다.

먼저, 당시 미국 주요 경제 지표 가운데 실업률은 전월 4.1%에서

〈표 2〉 실시간 삼 법칙(Sahm's Rule) 경기 침체 지표(단위: %p)

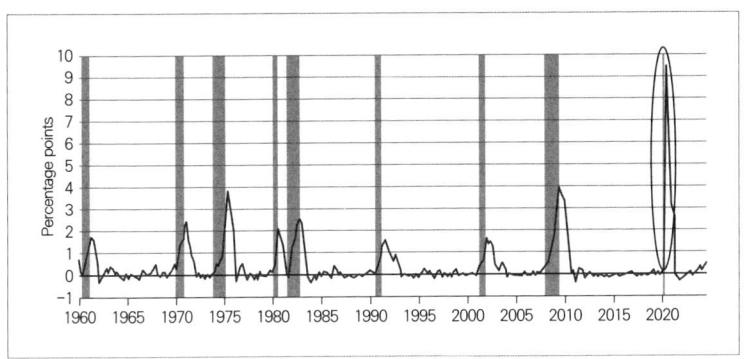

자료: NBER.org

4.3%로 상승했다. 이는 실업률의 3개월 이동평균이 지난 12개월 동안 최저치보다 최소 0.5%p 상승할 때 발동되는 클라우디아 삼에(Claudia Sahm)에 의한 통계적 법칙인 '삼의 법칙(Sahm Rule)'이 적용된 것으로 해석된다. 앞서 설명한 바 있듯이 통계적 법칙이라고는 하지만, '삼의 법칙'은 실제 0.5% 이상 넘어가는 구간 뒤에는 1번 빼고 모두 경기 침체에 접어들었고, 그 한 번마저도 3개월 뒤에 경기 침체가 왔음을 〈표 1〉에서 볼 수 있다. 실제적으로 이 규칙은 너무 잘 작용한다. 그래서 항상 연준을 보면 인플레이션 지표인 CPI와 근원 생산자가격 지수(PPI)와 함께 실업률 지표를 봐야 한다. '삼의 법칙'은 아직까지 유효해 경제 지표를 측정하는 하나의 법칙으로 통용되며, 그래서 자본시장 투자자들이 많이 참조하는 법칙이다.

〈표 2〉에서 미국 실업률이 0.5%p 이상 넘어가는 구간 뒤에는 경기 침체가 반드시 발생한 것을 볼 수 있다. 회색 막대선이 경기 침체

〈표 3〉 미 재무성 국채 장단기 금리의 역전 현상과 경기 침체 가능성(단위: %)

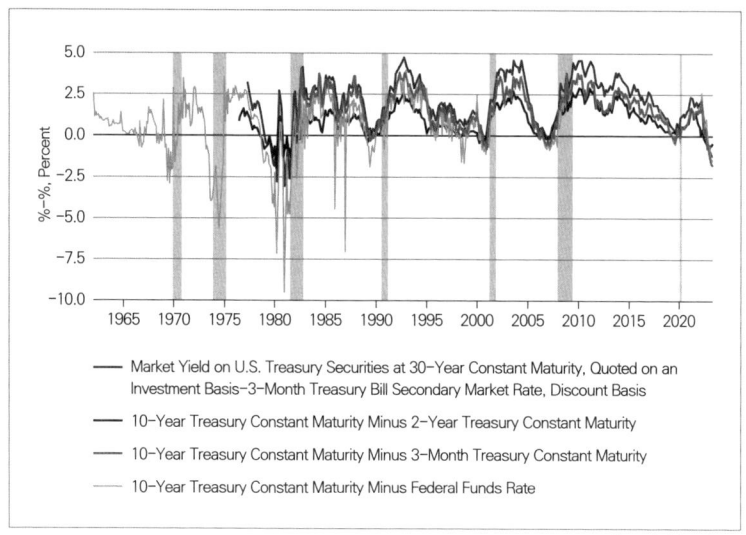

자료: 미연방준비은행

를 나타내는 구간이다. 다만 2020년 이후 경기 침체는 매우 짧은 기간에 걸쳐 있다. 이 침체 국면이 미국의 통화 및 재정 확대를 통해 막아낸 결과, 경기 침체가 지연되어오다가 최근 실업률 발표와 함께 본격적인 경기 침체 시작을 알리는 신호탄으로 해석된 것이다. 이러한 경기 침체는 앞서 지적한 대로 '장단기 금리차가 발생한 순간부터 1년 이후 경기 침체가 100% 확률로 발생한다'는 학계의 이론과 크게 다르지 않다.

미국의 경기 침체 우려가 커지자 외국인이 코스피를 하루 만에 1조 5,283억 원 팔아치우는 '패닉셀(panic sell, 공포심에 따른 급격한 매도)'이 지수를 끌어내렸다. 우리나라 시가총액 1위인 삼성전자는

10.30% 미끄러졌고, SK하이닉스 역시 9.87% 내리며 대장주도 힘을 쓰지 못했다. 이날 코스피에서 거래된 종목 937개 종목 중 상한가 한 개를 포함해 단 11개 종목만 상승세를 보였다. 문제는 이 같은 증시 패닉 상태가 얼마나 오래 지속될 것인가에 있다.

세계경제에 도사리고 있는 리스크들

여기서 중요한 점은 그날의 폭락을 단순히 복기하자는 것이 아니다. 2024년 8월 2일 미 증시의 급락과 일본, 대만 및 한국 증시 급락이 과연 진정으로 무엇을 의미하는지 속내를 찾아낼 수 있어야 한다.

첫째, 지표 그대로 읽어야 한다. 즉 미국경제가 둔화 조짐을 보이고 있다. 부정할 수 없는 사실이다. 장단기 금리 역전 현상에 따라 이 현상이 나타난 지 1년이 지나면 반드시 경기 둔화가 올 확률은 100%다. 경기 침체의 선제적 신호다.

둘째, 미 연준의 금리 인하 타이밍이 늦었다. 사실이다. 미 연준은 2024년 7월쯤 0.25%p 인하해서 시장의 반응을 살펴볼 수 있었다. 하지만 그 같은 결정을 2024년 9월 이후로 늦춤으로써 오히려 월가와 시장의 '빅 컷(Big cut)' 요구가 강화되었다. 즉 시장은 0.5%p 정도 크게 인하하라는 것이다. 2024년 9월 0.5%p 인하 이후 11월과 12월 두 번 더 남은 공개시장회의에서도 모두 0.75%p 인하를 함으로써 적어도 2024년 말에는 4.0%~4.25% 정도로 정리하고, 2025년에는 다시 0.5%~1.0%p 인하, 3.0%~3.75% 수준을 맞추라는 시장 명령(?)에 가깝다.

셋째, 미 대선을 앞두고 민주당과 공화당 모두 금리 인하 속도를 높일 것을 주문한다. 사실 이번 고물가의 원인은 팬데믹이었고, 트럼프 행정부의 무차별적 재정 지원이 원인의 한 부분이다. 따라서 2024년 8월의 블랙 프라이데이(Black Friday)는 해프닝으로 끝날 수도 있고, 아니면 중장기적 경기 침체 가능성에 대한 선제적 경고음으로 봐야 한다.

넷째, 증시급락 현상의 근원 중 또 다른 하나는 밸류에이션 고평가 부담이 제기되었기 때문이다. 나스닥과 다우 존스 및 S&P500 모두 조정 국면에 진입한 것으로 보인다. 반도체 공급망 재편 우려도 유럽, 일본, 한국, 대만 증시를 각각 3%, 6%, 4% 및 4% 급락을 가져왔다. 최근 AI 버블 논란 등 기술주 조정이 불가피한 상태에서 아마존 주가는 과도한 AI 지출 우려로 8.8% 하락했고, 인텔은 1만 5천명 인력 구조조정 소식과 4분기부터 배당금 지급 중단 계획 등 부정적 소식이 시장에 전해지면서 무려 26%나 급락한 것이다.

다섯째, 중국경제 침체가 예사롭지 않다. 중국이 좋든 싫든 중국경제의 둔화 내지 침체는 세계경제에 부정적 파급효과를 가져온다. 2024년 하반기 이후부터 원자재와 곡물, 원유 등 글로벌 상품 시장에서는 광범위한 가격 하락이 진행되고 있다. 특히 2024년 7월에는 구리와 기초금속에 대한 투자자들의 대규모 매도가 목격되기도 했다. 이에 구리 가격은 2024년 5월 고점인 톤당 1만 1천 달러에서 약

20%나 하락했다. 이는 원자재 최대 소비국인 중국의 지속적인 성장 둔화로 인한 수요 감소가 주요 원인이다.

아울러 2024년 7월 차이신 제조업 PMI 지수도 9개월 만에 처음으로 확장 기준 50을 하회함으로써 내수 및 수출부진의 신호로 향후 중국경제 성장 전망이 하향 조정될 수 있다는 의미가 된다. 중국 100대 도시의 2024년 7월 신규주택 가격 역시 전월대비 0.13% 올라 7개월 만에 가장 낮은 성장률을 기록했으며, 기존 주택의 경우 전월 대비 0.74% 하락하면서 27개월 연속 하락을 보이고 있다.

이번 결과는 중국 당국의 노력에도 부동산 경기 부진이 지속되고 있는 것을 반증하며, 이는 부동산 위기 신호와 함께 중국경제 침체에 대한 강력한 신호로 받아들일 수밖에 없을 것으로 보인다. 중국경제의 침체는 미국경제에도 결코 긍정적인 소식이 될 수 없다. 시장이 축소되기 때문이며, 기업 실적도 하향 조정되고, 따라서 실업률 지표도 올라갈 것이 예상되기 때문이다.

여섯째, 중동에 다시 전운이 감돌고 있다. 팔레스타인 무장세력 하마스의 수장 이스마일 하니예가 암살당한 사건을 놓고 이스라엘과 이란의 전쟁 가능성이 미국과 유럽의 중재 노력에도 격화되고 있었기 때문이다. 이스라엘의 테헤란 암살 작전 이후 보복을 선언한 이란은 주변국의 만류에도 불구하고 전쟁을 불사하겠다는 의지를 재차 밝히고 있었다. 이스라엘 역시 이란에 대한 선제타격을 검토하는 등 강경 대응을 예고하고 있었던 시점에 다급해진 건 지정학적 위기에 빠진 아랍 국가들이다. 당시 OPEC+는 기존의 생산정책을 유지할 것이라는 발표와 함께, 필요할 경우 당초 220만 배럴 일일 감산 정책도 중단 혹은 증산으로 선회할 수 있다는 유연한 정책으로 전환함으로써 글로벌 경기 둔화에 따른 수익 감소에 오히려 더 신경을 쓰는 모습을 보였다.

요약하자면, 2024년 8월 2일 미국 증시의 블랙 프라이데이와 8월 5일 아시아 및 유럽 시장의 증시 대폭락은 추세적 증시 상황 변화라기보다는 일시적이고 단기적인 미 연준에 대한 강력한 메시지와 함께 미 대선을 앞둔 해리스와 트럼프 후보 등에 대한 일종의 시장 메시지 역할을 담당한 것으로 보인다. 누가 과연 미국경제를 살릴 것인가? 즉 누가 글로벌 헤게모니를 지키면서 미국경제의 고물가 및 고금리, 실업률 상승의 문제를 막아낼 것인가가 2024년 11월 5일 미국 대선의 향배에 주요 핵심 요소가 될 것이다.

한국경제가 맞닥뜨릴 리스크

2023년의 전망에서도 밝혔듯이, 현재의 한국경제는 1983년 한국경제와 닮은 꼴이다. 1985년 프라자 합의 및 세 번에 걸친 미일 반도체 협정 등 한국경제를 둘러싼 지정학적 상황 변화와 중동 전쟁의 확산 가능성 등과 같은 지정학적 위험 요인에 노출되어 있기 때문이다.

과거 역사의 반복을 거부하지만, 좀더 오래 전 중세 이후 근대 유럽사의 시대변화에 비교하자면 14세기와 16세기에 걸친 르네상스 시대 이후 사회와 글로벌 지정학적 변화를 생각할 수밖에 없을 듯하다.

다만 1983년과는 한 가지 다른 점이 있다. 당시 한국은 삼성전자의 반도체 투자 진출을 공식화한 반면, 현재의 한국경제는 어떤 뚜렷한 디지털 기반 기술에 대한 투자를 발표하거나, 했던 바가 없다는 것이다. 당시 삼성전자의 반도체 산업 투자 공식화는 8년 후 인터넷과 개인 컴퓨터 산업 등 본격적인 디지털 산업의 발전으로 한국경제에는 '잭 팟'을 가져다주었다. 하지만 최근 인공지능(AI)이나 mRNA 백신과 같은 바이오 분야 원천기술은 더 이상 '패스트 팔로우(Fast follower)' 전략을 기대하기는 쉽지 않다. 미국을 비롯한 선진국 경제가 더 이상 미래 첨단 산업과 관련한 원천 기술을 쉽게 이전하거나 경쟁국가에 내어줄 가능성이 거의 없기 때문이다. 대부분 제조업 생산, 즉 보호무역주의 정책에 대한 우려를 표명하지만 실제 가장 중요한 '보호무역주의' 정책은 '과학과 원천기술'에 대한 보호주의 정책이다.

보다 아날로그적인 측면에서도 한국경제는 미국경제와 중국경제의 회복이 없이는 경기회복을 기대하기엔 역부족이다. 따라서 경제외적 변수인 지정학적 리스크와 경제내생변수인 미국 및 중국경제의 향방 등은 보호주의 무역정책이 강화될 경우 한국경제가 맞닥뜨릴 리스크의 단면을 보여주고도 남음이 있다.

2024년 8월 2일 '블랙 프라이데이(Black Friday)'와 8월 5일 '블랙먼데이(Black Monday)'는 괜한 엄포성 패닉이 아니다. 이와 함께 금리인하 시점을 가리키는 '피봇팅(pivoiting)'의 시기가 미국경제와 중국

경제의 침체 국면 진입의 시작을 알리는 것인지 등은 한국경제에 있어서 2025년 단기 전망과 2025~2029년 중기 전망의 핵심 변수가 될 전망이다.

여전히 존재하는 경기 침체 가능성

요약하자면, 미국경제는 향후 경기 향방 및 미 연준의 금리 인하 수준이 주요 관심사로 부상한 것이 사실이다. 아울러 미 연준의 금리정책에 대한 월가의 패닉의 속내는 월가가 미 대선에 던지는 대선관련한 메시지일 가능성도 있다. 아무래도 월가는 카멀라 해리스 쪽인 듯하다. 트럼프가 "카멀라 해리스의 경제정책이 미국경제를 더욱 침체에 빠지게 할 것"이라며 공격하는 이면에는 유럽 및 중국 등의 주요 경제가 자신이 대통령직에 당선될 경우 불어닥칠 보호무역주의 정책에 대한 우려를 반영한 것이라 보여지기 때문이다.

이런 가정을 토대로 지난 2024년 7월 말에 발표된 7월 ISM 제조업 PMI 및 고용 보고서를 통해 미국 제조업과 고용 등이 크게 둔화된 것이 확인되었고, 미국경제의 본격적인 침체 국면 진입에 대한 우려도 반영되었다. 따라서 다수의 투자은행들은 연준이 예상보다 강력한 금리 인하에 나설 것을 주문하고 있다. 예컨대 Citi와 JPMorgan 등의 경우 미 연준이 연내 세 번의 공개시장회의를 통해 모두 1.25%p의 금리 인하를 보여줄 것을 기대하고 있다. 성급한 일부에서는 2024년 8월 중 미 연준이 긴급회의를 열고 금리 인하를 단행할 것으로 보는 관측도 있다.

반면에 UBS와 같은 투자은행은 경기 침체 국면 진입 가능성이 낮다고 판단한다. 고용이 다소 둔화되기는 했지만 소비가 여전히 양호하기 때문이다.

미국경제는 2024년 하반기 혹은 2025년 상반기 중 경기 둔화 국면을 지날 확률이 높아 보인다. 미 연준이 만일 9월에 금리를 0.5% 수준으로 인하할 경우, 이는 마치 미국경제가 침체국면에 진입했다는 신호로 이해될 여지도 있다.

한편 중국 정부는 중국경제가 2023년에는 5.2% 성장했지만 2024년 목표치는 약 5%로 내다보고 있다. 여기에다 만일 트럼프가 당선되어 모든 중국 수입품에 대해 60% 관세를 부과할 경우, 중국의 국내총생산(GDP)은 2.5%p 감소할 전망이다. 이는 중국의 2024년 경제성장률 5.2%의 절반 수준이다. 이에 대한 맞대응으로 중국 정부가 달러당 환율을 5~10% 절하하면서 달러당 위안화 환율을 8위안 수준으로 급격히 절하할 수도 있다. 지난 2023년의 전망에서 판공승 중국 인민은행 총재의 기용이 이 같은 환율전쟁에 대비하기 위함이라는 점을 밝힌 바 있다.

사실 2024년 8월 2일 글로벌 증시의 패닉현상은 시장이 지나치게 과도한 반응을 보인 것으로 해석할 수도 있다. 하지만 앞서 지적한 바대로 첫째, 장단기 금리 역전, 둘째, 실업률의 점증, 셋째, 미 연준의 금리 인하 타이밍 실기, 넷째, 대선에 대한 월가의 지지 후보에 대한 간접적인 메시지 등이 담겨 있을 수 있다. 다섯째, 2024년 8월 2일과 5일 보여준 '검은 금요일'과 '검은 월요일' 사태는 미국경제 및 금융 시장의 신호를 고려할 때 경기 침체 가능성이 여전히 존재한다는 것을 명확히 한 것은 분명한 사실이다.

"문제는 부동산 시장이야, 바보야!"

이런 중차대한 국면에서 한국경제의 '위기 관리(Contingency plan)' 계획은 과연 존재하는가? 무엇보다 부동산 관련 건설과 주택 부문 문제가 단초가 될 수 있다. "문제는 부동산 시장이야, 바보야!"가 미국경제, 중국경제 및 한국경제에 공통의 핵심 과제일 수 있다.

중국경제에서 부동산이 GDP에 차지하는 비중이 30%를 넘고, 부동산이 중산층 자산에서 차지하는 비중은 60~70%에 육박하고 있다. 2023년 말 기준으로 우리나라 가계의 순자산 중에서 부동산 비중은 75%에 이른다. 2024년 7월 18일 발표된 국민대차대조표에 따르면 가계 및 비영리단체 순자산의 50.3%가 주택이다. 주택 이외 부동산은 25.2%이며, 주택을 포함한 전체 부동산의 비중은 75.5%(50.3%+25.2%)나 되었다. 한편 명목 국내총생산(GDP) 대비 부동산 대출잔액 비율은 2017년 13.1%에서 2023년 24.1%로 급등함으로써 '부동산 불패 신화'는 아직도 이어지고 있는 셈이다. 주택가격 변동률과 명목 GDP 대비 가계부채 비율 변화의 상관관계를 보면 우리나라가 0.62로, 미국(0.46), 호주(0.3), 스웨덴(0.37), 노르웨이(0.04) 등으로 가장 높다. 이는 주택가격이 1% 오르면 GDP 대비 가계부채 비율이 0.62%p 오른다는 뜻이다.

    글로벌 경제는 마치 부동산이라는 지연뇌관으로 서로 엉켜 있는 듯하다. 만일 중국에서 '부동산 버블 붕괴'가 일어난다면, 글로벌 경제는 2008년 서브프라임 모기지 사태와 같은 극도의 경기 침체 상황에서 쉽게 벗어날 수 없을 수도 있다. 중국경제의 부동산 버블 붕괴가 중국 주요 은행 및 중앙정부 및 지방정부의 부실 문제로 확산되는 가운데 중국발 금융시장의 '싱크 홀(sink hole)'이 지난 2008년 미국발 서브프라임 모기지 사태와 같은 글로벌 경제의 위기 상황을 가져올지 예의주시할 필요가 있다.

한국경제 시나리오의
8가지 가정

미국경제 연착륙 또는 회복 모드가 경기 침체로 급변할 수 있기에 미국 연준의 금리정책은 다소 완화될 가능성이 높다. 미국 대통령에 누가 당선되든지 대중국 관세철폐 가능성은 낮다, 그리고 여전히 중국경제의 향방이 한국경제에 있어 매우 중요하다.

미중 간 주요 이슈 변화 및 시나리오 가정

2024년 이후 한국경제 시나리오를 다음과 같은 8가지 가정을 전제로 해 2025년 이후 한국경제를 예측해보자.

첫째, 2024년 11월 5일 미국 대선 이후, 카멀라 해리스와 트럼프 가운데 누가 대통령에 당선될 것으로 보는가? 개인적으로는 앞서 설명한 3가지 이유로 카멀라 해리스의 우세를 예상한다. 카멀라 해리스가 민주당 전당대회에서 47대 미 대선 민주당 후보로 결정된 이상, 미셸 오바마나 힐러리 클린턴 등의 대안은 논외로 한다.

둘째, 미국경제는 2024년 하반기 이후 경기 침체 국면을 연착륙시킬 수 있을 것인가, 아니면 실패할 것인가?

셋째, 중국경제는 2024년 이후 경기 둔화가 심화될 것인가 또는 회복될 것인가? 중국경제의 지연뇌관은 '지방정부융자기구(LGFV)'와 부동산 시장을 덮고 있는 '그림자 금융'의 부실화 가능성이다. 만일 연착륙에 실패한다면, 2008년 미국발 서브프라임 못지 않은 큰 충격이 시장에 가해질 전망이다.

넷째, 중국 시진핑 주석의 리더십과 정치체제는 안정적 또는 불안정적이다.

다섯째, 중동의 지정학적 리스크와 함께 러시아-우크라이나 전쟁의 종전이 이루어진다 또는 이루어지지 않는다.

여섯째, 미중 간 갈등 구조가 악화 또는 개선된다.

일곱째, 국제 유가와 원자재 가격이 하향안정 또는 상향조정된다.

여덟째, 한국경제는 대외 정치경제환경에 유용한 거시 및 미시경제 정책 대응이 가능한 전략적 유연성을 보유하고 있다 또는 보유하고 있지 않다.

다음에 나오는 표에서 각 항목별 괄호 안의 숫자는 사건이 일어날 확률인데, 임의적인 숫자다. 이 확률이 90% 이상일 경우에는 '매우 확실', 70% 이상은 '확실', 51%와 50%는 불확실, 30%는 매우 불확실, 0%~20% 이하일 경우는 일어날 가능성이 매우 낮음으로 각각 정의한다.

2023년 이후 미중 간 주요 이슈 변화 및 시나리오 가정 요약

미국	정치	대선	대선	해리스 (51%)
				트럼프 (49%)
	경제	통화	금리	인하 1회 (99%)
				인하 2회 이상 (95%)
		재정	재정	적자 (100%)
				흑자 (0%)
		산업	IRA, CHIPs, AI	강화 (70%)
				폐기 (30%)
	외교	대중동	이스라엘	적극지원 (40%)
		대중국	무역	제재 강화 (90%)
		대유럽	나토	협력 (70%)
				약화 (20%)
			러시아-우크라이나	종전/휴전 (70%)
				지속 (30%)
중국	정치	시진핑 체제	강화	강화 (70%)
			약화	약화 (20%)
	경제	통화	금리	확대 (90%)
		재정		확대 (90%)
		산업	부동산	버블 붕괴 (50%)
				안정,연착륙 (30%)
				안정,현상유지(20%)
	외교	대미	무역	악화 (70%)
				현상유지 (20%)
			대만	긴장 악화 (30%)
				현상 유지 (70%)

시나리오의 구체적인 구성과 내용

시나리오는 다음과 같이 8가지로 구성한다.

첫째, 미 대선에서 해리스가 승리하고, 통화정책에서 금리는 2025년 3.75%를 기준 금리 수준으로 가정한다. 재정정책은 현재 기조(IRA 및 CHIPs 법안 등 보조금 정책)를 그대로 유지하는 것으로 한다. 이는 해리스가 근소한 차이로 승리하는 것을 가정한다는 의미다. 특히 미 연준은 기준금리를 2024년 9월 1차례 0.5%p 인하한 후 11월과 12월 모두 0.75%p 추가 인하함으로써 미국경제의 침체 국면을 타개하려 할 것으로 가정한다. 따라서 2025년 미국 연준의 기준금리는 3차례 각각 0.25% 인하를 가정할 때 3.5~3.75%로 가정한다.

한편 지난번에 이어 민주당 정부하에서의 재정정책은 여전히 적자기조가 불가피할 것으로 가정한다. 통화긴축의 피보팅 타이밍이 그릇될 경우, 미국경제 연착륙 또는 회복 모드가 경기 침체로 급변할 수 있고, 이는 세계경제에 총체적 위기 가능성으로 이어질 수 있다는 점에서 미국 연준의 금리정책은 다소 완화될 가능성이 높다.

둘째, 대중국 무역정책과 관련해 해리스가 대통령에 당선된다 하더라도 미국의 이해관계 측면에서 트럼프와 바이든의 대중국 무역정책 기조를 거의 그대로 견지할 것으로 본다. 즉 누가 당선되든지 대중국 관세철폐 가능성은 낮다. 다만 트럼프가 주장하듯 급격한 관세 인상은 지양할 것으로 본다. 특히 반도체 장비 및 완제품 수출과 관련한 직간접 수출 규제는 더욱 강화할 것으로 보인다.

미국의 대대만 전략은 중국의 외교안보적 전략에 대해 직간접 압박용으로 지속될 것으로 보인다. 중국으로서는 경제문제가 심각하다는 점에서 대대만 정책 기조를 강경하게 가져가기엔 다소 불편할 듯 보인다. 따라서 미중 양국 모두 전쟁과 같은 최악의 상황에 대해서는 매우 부정적 입장일 것이다. 중국 입장에서 대미 포지셔닝은 겉과 속이 다른 형태로 전개될 가능성이 높다. 겉은 미국에 대한 러시아와 공동전선을 형성하는 듯 보일 수 있지만, 속내는 중국경제에 대한 미국 기업들의 투자 증대와 협력을 바랄 수밖에 없을 것이다.

셋째, 러-우 전쟁의 종전 혹은 휴전 시나리오와 함께 2025~2029년 경제 전망을 하는 상황에서 이스라엘-가자 및 이스라엘-이란 등 중동의 지정학적 상황을 고려할 때 앞서 언급한 미국 내외의 가정과 함께 지정학적 요인을 감안할 경우 각각 서로 다른 2가지 가정이 포함될 수 있어 이는 향후 모두 4가지 시나리오로 확장될 수 있다.

중국경제의 향방은 한국경제에 매우 중요하다. 홍콩을 포함할 때 한국경제의 대중국 수출 의존도는 30%에 달한다. 중국경제는 1970년대 후반 개방 이후 지금까지 한 번도 합리적이고 효율적인 거시 및 미시정책을 통해 경제 위기를 극복한 경험이 없다. 하지만 지난 2024년 7월 26일 중난하이에서 열린 당외 인사 좌담회에서 시진핑 주석은 "중국경제 발전의 일부가 어려움에 직면해 있다"는 발언을 통해 실질적으로 중국 공산당 중심의 사회주의 정치체제와 경제 질서상의 자유시장체제가 어떻게 조화롭게 발전하며 중국 국민들의 요구를 충족시킬지에 대한 과제가 지속적인 난제로 남아 있다고 고백한 것에 주목할 필요가 있다.

이러한 사건이 시진핑 주석의 정치적 입지가 당장 약화된 것으로 해석되지는 않겠지만 자칫 중국경제가 위기론에 휩쓸릴 경우 중국의 정치체제와 경제질서는 매우 혼란스러운 상황이 벌어질 가능성도 배제할 수 없다. 이 같은 사실은 이번 시나리오 구성에 중요한 가정으로 설정했다. 만일 중국경제 침체가 장기적으로 지속되거나, 일시적으로 미국발 서브프라임 모기지 부실 사태나 1995년 일본 부동산 시장의 버블 붕괴와 같은 부동산 시장의 파멸을 가져올 때 한국경제뿐 아니라 세계경제는 공황에 준하는 위기적 상황에 진입할 것으로 예상된다.

2024년 이후 한국경제가 어떤 형태로 '지속 가능한 성장'을 해 나갈지는 10년 전 우리가 뿌린 '씨앗'을 찾아야 알 수 있다. 현재로서는 '씨앗'도, 그리고 그 어떤 씨앗을 심었다 할 수 있는 '텃밭'과 그 크기도 자세히 알려져 있지 않다. 10년 전이라 함은 일본의 아베노믹스가 시작되던 2013년을 말한다.

2008년 서브프라임 부동산 위기 당시 미국과 그 여파로 재정위기를 겪어야 했던 유럽 선진국들은 과연 무슨 생각을 하고 있었을까? 2006년 미국은 서브프라임 모기지 부실 가능성이 미 의회에서 연일 상하원 관련 상임위원회의 청문회 안건이었고, 금 가격이 온스당 2천 달러를 돌파할 수 있다는 우려가 나오고 있었으며, G7보다 G13 혹은 G20의 필요성이 워싱턴 싱크탱크들로부터 나오던 시기였다. 독일경제는 2006년 미래 먹거리를 만들기 위해 정부 경제부처가 만든 TF가 I4.0이었다는 점은 앞에서도 여러 번 강조했었다. 그 결과로 나온 것이 '딥 마인드(Deep mind)'의 인공지능 기술은 아니었을까?

한국경제는 10년 전인 그 당시 무엇을 준비하고 있었을까? 시장은 정직하다. 한국경제 성장률은 2010년 6.8%에서 2013년 3.16%로 하락했고, 중국경제 역시 같은 기간 동안 10.65%에서 7.77%, 일본은 4.1%에서 2.0%, 베트남과 인도네시아는 각각 6.42%에서 5.5%, 6.22%에서 5.56% 둔화되고 있었다. 당시에도 미국경제와 세계경제는 비슷한 성장 추세를 보였으며, 앞으로도 이 같은 사실은 지속될 것이다. 그렇다면 2025년 이후 글로벌 경제의 향방은 여전히 미국경제에서 찾아야 한다. 중국경제는 대체 경제가 아니라 보완 경제라는 점에서 미국경제의 연착륙이나 회복세가 우선 중요하다.

이를 위해 미국은 무엇을 하고 있을까? 한국경제는 과연 무엇을 준비해야 할까? 인공지능(AI) 기술이 이제서야 우리 기업들의 코 앞에 닥친 미래 기술이며 먹거리라는 것을 알았다면 더 큰 일이다. 글로벌 메모리 반도체 시장의 약 40%에 가까운 점유율을 가지고 있는 반도체 강국이 미래 인공지능 사업에 대한 미국과 유럽 선진국들의 조용한 준비를 몰랐다면, 정부보다 기업들의 생존 경쟁력에 매우 야박한 평가를 할 수밖에 없다.

위에서 설정한 내용을 모두 포함해 2025년 이후 한국경제 성장 시나리오를 수정했다. 『2024~2028년 경제예측』에서 나왔던 시나리오별 결과에서 시나리오 2를 기준 시나리오로 설정했다. 지금 글로벌 경제상황을 토대로 당시 결과를 살펴보면 큰 의미의 오차가 발

2025~2029년 한국경제 전망 시나리오 1~8

	S1	S2	S3	S4	S5	S6	S7	S8
미국								
대선	해리스	해리스	해리스	해리스	트럼프	트럼프	트럼프	트럼프
금리인하	8~10회	8~12회	8~10회	8~12회	8~10회	8~12회	8~10회	8~12회
	3.0~3.5%	2.0~3.0%	3.0 - 3.70	2.5 - 3.0	2.5~3.0%	1.5~2.5%	2.0~2.5%	1.0~2.0%
재정부채/GDP[3]	130%	133%	140%	130%	140%	135%	144%	128%
무역	온건 보호	온건 보호	온건 보호	온건 보호	강경 보호	강경 보호	강경 보호	강경 보호
동맹	지속	지속	지속	지속	지속	지속	지속	지속
GDP 성장률[1]	2.22(1.9)	2.1	2.1	2.0	2.2	2.2	2.1	2.1
인플레이션	2.0(2.0)	2.1	2.2	2.1	2.3	2.3	2.3	2.4
중국								
통화	팽창	팽창	팽창	팽창	팽창	팽창	팽창	팽창
재정	팽창	팽창	팽창	팽창	팽창	팽창	팽창	팽창
부동산[2]	붕괴	지연뇌관	지연뇌관	붕괴	붕괴	지연뇌관	지연뇌관	붕괴
그림자금융[2]	붕괴	잠재	위기	붕괴	붕괴	잠재	위기	붕괴
LGFV[2]	붕괴	잠재	위기	붕괴	붕괴	잠재	위기	붕괴
수출	둔화	둔화	둔화	둔화	둔화	둔화	둔화	둔화
소비	둔화	둔화	둔화	둔화	둔화	둔화	둔화	둔화
$/위안	7.3~7.7	7.0~7.2	7.5~7.8	8.0~8.5	8.0~8.5	7.0~7.2	7.5~7.8	8.0~8.5
인플레이션	1.0~1.5	2.1	1.7~2.1	1.0~1.5	0.5~0.8	1.5~1.9	1.0~1.3	0.2~0.6
재정부채/GDP3	130	102	120	130	130	110	120	135
GDP[1]	1.5(4.1)	3.6	3.0	1.0	1.0	3.3	2.5	0.0
한국								
금리	2.8~3.3	1.75~2.0	2.5~2.8	3.0~3.5	3.0~3.5	2.1~2.4	2.5~2.75	3.0~4.0
원/달러	1450	1150	1320	1300	1360	1440	1500	1650
엔/달러	155	138	145	150	150	140	150	160
원/위안화	165	190	185	168	168	185	170	160
KOSPI	2000~2200	3000~3300	2200~2300	2000~2100	2000~2100	2800~2900	2200~2300	2000~2300
인플레이션	1.2	2.0	2.0	1.0	1.0	2.2	1.5	1.0
재정부채/GDP[3]	70	58	65	70	70	60	65	70
GDP[1]	1.7(2.3)	2.4	2.0	1.8	1.7	2.1	2.4	1.6

주: 1. 미국, 중국 및 한국 5년 연평균 경제 성장률은 2025년~2029년 연평균 추정치. 괄호안의 숫자는 2025년 한 해 전망치. 시나리오 2의 경우 기본 시나리오. 2. 중국의 부동산, 그림자 금융, LGFV는 상호 밀접한 연관성으로 인해 모두 같은 방향으로 발생하는 것으로 가정. 3. 재정부채/GDP는 각 국 경제 GDP 대비 재정부채 규모를 %를 표시. 여기서 GDP는 2025년~2029년간 연평균 GDP 및 연평균 재정부채로 추정

생하지 않은 것을 알 수 있다. 따라서 이번에도 지난번 가정과 전망치를 토대로 일부 수정된 가정들을 참조해 2025년 이후 한국경제의 성장 시나리오를 구성했다.[54]

여기서 강조할 점은 다음과 같다. 한국경제가 더 이상 신산업과 과학기술 분야 투자를 중장기적 관점에서 실행에 옮기지 않고 '패스트 팔로우 경제(Fast Follower economy)' 전략을 선택한다면, 일본식 '잃어버린 30년'의 결과에서 보듯 한국경제의 잠재성장률 하락과 저성장 추세를 피할 수 없다. 더구나 65세 인구가 전체 인구에서 차지하는 비중이 20%를 넘어가는 초고령화 사회로의 진입은 노동생산성과 소비여력의 감소로 중장기적인 내수 및 수출 부진에 따른 만성적인 경기 둔화 상황을 피할 수 없을 것으로 보인다.

한국경제는 1997년 이후 아시아 외환위기를 겪으면서 산업 인프라 투자와 신기술 개발에 미진했으며, 새로운 산업 기술 개발과 경쟁력 제고 측면에서 후발 주자로서의 장점과 이점은 거의 소진된 상태다. 원천기술 없이는 더 이상 글로벌 메가 경쟁 시대에 독보적인 경쟁력을 갖출 수 없다. 이를 위해서는 인재 양성이 절대적으로 필요한바, 필자가 10여 년 전에 주장했던 과학과 기술 분야의 개척을 위한 인력 육성책이 나와야 한다.

'오리지널'이 되기는 확률적으로 매우 낮을지 모르지만 그로 인해 만들어가는 부가가치 규모는 '패스트 팔로우'의 과학 기술이 만들어내는 부가가치보다 월등히 높을 수밖에 없다. 성장 지체로 인해 한정된 파이를 놓고 양극화와 사회적 갈등이 심화되는 것은 사회의

'경제 하려는 의지(willingness to economize)'는 물론 공동의 이해관계를 추구하려는 공감대마저 무너뜨릴 가능성이 높다. 한국경제의 구조적 리포맷팅과 리부팅이 필요한 이유를 더욱더 강조해도 지나치지 않은 이유다.

2025~2029년
한국경제 시나리오 1~12

만일 중국경제의 부동산 버블 위기가 연착륙 신호를 보일 경우 2025년 이후 3년 동안 한국 증시는 미국과 중국경제의 성장과 회복기조의 강도에 따라 그동안 정체되어 왔던 투자분위기가 일시에 분출되면서 3300선을 뚫을 가능성이 매우 높다.

시나리오의 전제

시나리오를 위한 가정은 앞서 얘기한 바대로 미 대선 결과, 미국과 중국의 경기회복과 위기 가능성에 대한 거시 및 미시적 요인들을 우선해 고려했다. 지난번 전망에서는 러시아-우크라이나 전쟁의 종전 혹은 휴전과 지속 가능성에 대한 내용들을 담았으나 이번 전망에선 일시적이고 단기적 불확실성을 가져올 수 있는 변수로 보아 이번 시나리오 구성에는 그 비중을 상당히 낮추었다. 무엇보다 2024년 11월 5일 미 대선에서 카멀라 해리스와 도널드 트럼트의 당선 가능성을 다시 둘로 나누어 모두 8개의 시나리오로 정리했다.

전망 시기는 2025년부터 2029년까지 5년이며, 환율 및 주가지수의 전망치는 이들 5년 기간의 연평균 전망치다. 예컨대 2025년 이후 미국과 중국경제가 2023년 장단기 금리차이의 역전이 발생한 결과 당초 예상되었던 2024년부터 경기 침체 내지는 둔화 현상이 나타날 것으로 지난 번 전망에서는 가정했다. 그러나 이런 둔화와 침체가 1년여 지연된 것으로 가정할 때 미국과 중국 등 주요국 경제둔화는 2025년부터 본격화될 가능성을 염두에 두었다.

아울러 2025년 주요국 경기 둔화 과정이, 2026년부터 미국경제는 회복될 수 있는 국면에 진입한다는 가정이 가능하지만 반대로 중국경제는 부동산 위기로 급냉할 수 있다는 점을 감안했다. 이는 2027년부터 2029년까지 미국과 중국경제 모두 성장과 회복기조 구축을 전제로 했을 때의 지표들이다. 적어도 시진핑 주석의 '정직한' 고백이 중국으로서도 자유주의 시장경제질서를 받아들일 수밖에 없다는 제한적 글로벌 규칙과 질서에 대한 인식이 2025년 전망과 같이 연도별 전망에는 적극적으로 반영하지 않았지만, 2026년 전망부터는 좀 더 적극적으로 고려해 반영하는 것으로 정리했다.

시나리오의 전제는 다음과 같다. 첫째, 세계경제는 미국경제의 회복을 필두로 회복기조에 들어간다. 둘째, 미국과 세계경제가 회복되는 가운데 중국경제는 부동산 및 금융시장 위기 가능성이 잠재하거나 현실화될 경우 한국을 비롯한 아시아 경제는 상당한 충격을 받을 수 있다. 셋째, 미중 간의 무역거래와 기술 개발에 대한 경쟁은 한편으로는 세계경제에 불규칙적인 사이클 파동을 가져올 수 있지만 중장기적으로는 산업구조 전환과 기술발전의 단초가 될 수 있다는 점에서 긍정적으로 평가했다.

다만 향후 5년 간 미국의 기술 표준화와 룰 세팅 파워가 중국에 비해 한계적이면 절대적으로 앞설 것으로 가정했다. 인공지능(AI) 등 일부 디지털 정보통신 산업과 컴퓨팅 알고리즘 프로그램 및 플랫폼 개발에 있어 중국경제의 비약적인 발전도 가능하다는 점은 부분적으로 반영했으나, 부동산 시장의 3가지 위험요인(부동산 LGFV, 그림자 금융, 가격 급락)의 비중이 월등히 높다는 점을 우선 고려했다. 넷째, 2025년 한 해 전망은 지난번과 같이 별도의 4가지 시나리오로 정리했다.

2025년부터의 미중 및 한국경제 전망 요약

미 대선 결과, 카멀라 해리스와 도널드 트럼프 중 누가 당선된다 하더라도 기본적인 재정 및 통화정책은 크게 차이가 나지 않을 것이다. 즉 통화정책에서 금리 인하가, 재정정책에서 미국경제의 활황을 기대할 수 없다는 점에서 적자 행진은 불가피해질 전망이다. 특히 한때 작은 정부를 주장하던 레이건 전 공화당 대통령 시대와 달리 트럼프 전 정부에서도 큰 정부를 지향한 점을 감안할 때 반도체지원법(CHIPS ACT)과 인플레이션감축법(IRA) 및 기후환경 등에 대한 보조금 정책이 유지될 것이라는 가정 아래 미국 정부의 GDP 대비 재정 적자 규모는 130%선을 상회할 가능성이 높다. 시나리오 1에서 8까지 해리스 정부와 트럼프 정부 등 각각의 경우 금리 인하와 재정 적자의 불가피성으로 인해 근본적인 정책 변화는 기대하기 어렵다. 다만 트럼프는 좀 더 친기업정서, 동맹에 대한 비용 부담 요구권, 보호무역주의 정책에 대한 상대적으로 강한 드라이브 정책 등이 차이가 날 것으로 전망된다.

각 시나리오별 2025~2029년 연평균 미국의 GDP 성장률은 2%대 초반이 될 것으로 예상했다. 중국경제는 향후 1~2년간 통화 긴축과 함께 재정팽창정책을 국내 부동산 개발, 그림자 금융 및 LGFV 부실화를 막기 위한 다양한 정책을 시행할 것으로 보인다. 이 같은 거시경제 정책기조는 2029년까지 5년 연속 지속될 것으로 보인다. 다만 중국경제는 앞에서 언급된 부동산 실물경제와 금융경제 관련 잠재적 위험요인에 대한 조용한 해법을 강구할 것인지, 아니면 곪은 상처를 도려내는 강경 정책을 도입할 것인지는 전적으로 시진핑 주석의 판단에 달려 있다.

미국경제의 회복이 가시화되더라도 미중 간 갈등문제로 인해 무역거래는 둔화될 가능성이 높다는 점이 중국 수출과 내수 모두 미중 간 무역거래 갈등, 국내 실물 및 금융경제의 위기 가능성 등에 따라 둔화될 확률이 높아 보인다. 여기서 말하는 둔화는 급락의 의미보다 중국 정부가 국내 경제문제 해결을 위해 미국과 적절한 융합적 해법 찾기에 나설 경우 다소 위기 문제에 숨통을 트게 하면서 2025년부터

2029년까지 중국경제가 어느 정도 안정 기반을 구축하는 데 긍정적일 것으로 가정했다.

이 경우 중국은 미국 기업들에 투자법 개정 혹은 수정에서 외국인 투자를 좀 더 유연하고 광범위하게 개방할 가능성이 높아 보이며, 대중국 직접투자가 확대되면서 중국경제는 유동성 증가에 따른 내수 확대로 다시 정상적인 경제 성장 과정으로 진입할 가능성도 있어 보인다. 하지만 과거 1970년대 후반 개방 이후 보여주었던 두 자리 수 이상의 경제 성장률은 더 이상 불가능하다.

시나리오 1~8까지 5년 연평균 한국 기준 금리수준은 1.7%~3.5%가 될 것으로 보인다. 향후 5년 동안 중국경제의 부동산 버블 붕괴 위험이 다소 누그러질 경우 한국 부동산 시장도 미국경제 회복을 순풍삼아 안전 운항을 할 가능성이 높다. 대중국 수출 등에 긍정적 신호가 나타날 경우 단기간에 환율 하향 안정과 주가지수 상승도 가능하다. 따라서 향후 5년간 대미 달러 환율 평균은 1,150원~1,360원, 대달러 엔화 환율은 138엔~160엔, KOSPI 주가지수는 2000~3300선을 타고 움직일 듯하다. 만일 중국경제의 부동산 버블 위기가 연착률 신호를 보일 경우 2025년 이후 3년 동안 한국 증시는 미국과 중국경제의 성장과 회복기조의 강도에 따라 그동안 정체되어 왔던 투자분위기가 일시에 분출되면서 3300선을 뚫을 가능성이 매우 높다.

미중 및 한국경제 시나리오 1~8[55]

2024년 11월 5일 제47대 미국 대통령으로 해리스의 당선을 가정하고 금리 인상은 향후 5년간 8회~10회 정도 실행할 것으로 설정했다. 각 회마다 0.25%씩 할 수도 있고, 한두 차례 정도 0.5%p씩 인하할 수도 있을 것으로 보인다. 민주당의 해리스 정부가 들어설 경우 트럼프 정부보다 좀 더 보수적으로 완만한 금리 인하가 예상된다. 트럼프의 경우 보다 친기업적 정서를 가지고 있기 때문에 미국경제를 살린다는 명분으로 가파른 금리 인하를 주문할 가능성이 높아 보인다. 물론 미국 대통령이 연방 준비은행의 공개시장 회의에 간섭할 가능성은 전혀 없지만, 그렇다고 해서 정무적 판단을 역으로 미 연준이 무시하기도 부분적으로 어려울 수 있기 때문이다.

한편 재정 정책에 있어 해리스 정부는 당분간 재정팽창 정책을 통해 IRA 및 CHIPS 법안 등 기술지원 보조금 정책을 실시할 것으로 보인다. 트럼프는 이 법안들을 즉각 폐지하겠다는 입장이지만 막상 대통령에 당선될 경우 미 의회와 협력 관계에서 미국의 리쇼어링 정책을 강화할 가능성이 높은 가운데 쉽사리 이들 법안을 폐지하기는 쉽지 않을 듯하다. 5년 연평균 미국의 GDP 성장률은 미국 잠재성장률 수준인 2.1%로 보았다.

한편 중국경제는 통화 팽창정책을 통해 저금리 정책과 지불 준비율 인하, 국내 부동산 개발, 그림자 금융 및 LGFV 부실화를 막기 위한 다양한 정책에도 불구하고 위기가 잠재하거나 현실화될 가능성,

즉 붕괴 시나리오도 포함했다. 미국경제의 회복이 중국 수출과 내수에 도움을 줄 수 있으나 내부적인 부동산 버블 붕괴와 금융시장 혼란을 막기에는 역부족일 듯하다. 시진핑 주석이 2024년 7월 26일 중국경제가 사실상 어렵다고 발언한 것은 매우 의미심장하다. 당장 본인의 정치적 입지가 약화될 수 있음에도 불구하고 사실상 미국에 화해의 제스처를 보낸 것으로 이해할 수 있다.

2024년 하반기 이후 2025년 중국경제가 보호무역정책의 완화 및 협력 재개 등 미국의 지원이 없을 경우 본격적인 부동산발 위기는 2년 후, 즉 2027년부터 2028년 사이에 붕괴, 위기 혹은 잠재 연착륙 시나리오로 전개될 것이라고 가정한다. 따라서 중국 위안화의 대미 달러 환율은 현재 미 달러당 7.0 위안대에서 7.2위안을 기준으로 부동산 버블 붕괴 시에는 8.0대까지 치솟을 수 있다고 보았다. 하지만 자유시장 환율제도가 아닌 중국 공산당 정부의 적극적인 개입을 가정하고 약 3조 달러의 외환보유고와 개인들의 저축률 등을 고려할 때 중국 위안화의 5년 연평균 대미 달러 환율이 8위안 이상 급등할 가능성은 상대적으로 낮을 수도 있다.

한국경제는 현재 3.5%에서 소비자 물가 하락과 함께 1.7~2.0%로 하락할 것으로 가정했다. 가계, 자영업자와 소상공인, 부동산 PF 부실 대출 및 기업부채의 해소 방안이 잠재적 뇌관으로 남아 있지만, 향후 5년 동안 중국경제의 부동산발 위기 가능성과 함께 8가지 시나리오를 구성했다.

만일 향후 1년 이내에 중국발 부동산 버블 붕괴가 가시화될 가능성을 전제로 할 경우 우리나라의 금리는 3.5~4.0%대까지 상승이 불가피하다. 그 경우 한국경제도 대중국 수출 등에 상당한 타격이 불가피해지면서 단기간에 환율급등과 주가지수 급락은 불가피하지만, 2026년부터 다시 미국경제 성장과 중국경제 회복 기조에 따른 지표 상승으로 금리 하락, 환율안정 및 주가지수 반등 등을 기대할 수 있을 것이다. 따라서 향후 5년간 대미 달러 환율 평균은 기본 시나리에서 1,150원으로 지난 번 가정에 비해 100원 정도 하락한 수준을 전망했다. 하지만 만일 중국발 부동산 버블 붕괴에 따른 중국경제위기가 가시화될 경우 대미 달러 환율은 다시 1,300원대 중반 이상으로 급등할 가능성을 가정했다.

한편 엔화의 대미 달러 환율은 기본 시나리오 2에서 138엔 수준으로 중국발 위기가 본격화될 경우엔 150엔에서 160엔 대로 다시 절하될 것으로 예상했다. 중국 위안화의 대미 달러 환율 역시 190위안을 기본 시나리오로 했으며, 중국발 경제위기가 본격화될 경우 대미 달러 환율은 200위안을 넘어설 것으로 보인다. 이때 한국 원화의 대미 달러 환율은 1,400원에서 1,500원 대 사이로 급등할 가능성도 있다.

한편 KOSPI 주가지수는 2000~3300선을 유지할 것으로 예상된다. 다만 2025년 이후 중국경제가 위기 상황을 맞이할 경우 투자분위기가 일시에 냉각되면서 단기적으로는 2000선 아래로 내려갈 가능성을 배제할 수 없다.

미중 및 한국경제 시나리오 9~12

시나리오 9~12는 2025년 한 해 동안의 경기 상황에 대한 시나리오다. 가장 중요한 가정은 '미국 대선 결과 카멀라 해리스 현 부통령이 승리한다'는 가정이다.[56] 트럼트 전 대통령의 극우적 포지셔닝과 함께, 유럽 및 중국 등에서조차 그의 동맹정책과 무역정책에 대해 긍정적인 평가를 보이지 않는다는 점도 글로벌 질서 변화에서 중요한 변수로 부상하고 있다는 점을 주목할 필요가 있다.

미 대선이 한국경제에 미칠 파급효과와 함께 대중국 및 대일본 등의 대외정책 기조에 있어서도 바이든 대통령이 차별화해 온 동맹국들과의 관계 개선이 도널드 트럼프 전 대통령의 대동맹정책보다 미국의 국가 이해관계에 더 실리적이라는 판단을 주목할 수 있다. 따라서 카멀라 해리스 부통령이 당선될 경우의 수를 보다 높은 것으로 가정하기로 한다.

다만 트럼프가 당선된다 하더라도 미국경제의 침체 국면 진입에 대한 기본 정책, 즉 통화 및 재정정책의 향방은 별다른 차이를 보이지 않을 것이라는 점에서 만일 트럼프가 당선된다 하더라도 조세 부문에 부자 감세, 대외 무역 부문에서 관세 확대 및 증가 등 몇몇의 특정 정책을 제외하고 민주당 바이든 정책과 큰 대조를 보일 것이라고 보지 않는다. 바이든 행정부도 트럼프의 대중국 견제 정책을 포기하거나 완화하기보다 같은 방향으로 정책기조를 유지했다는 점을 강조할 필요가 있다. 미국 대통령의 대외 정책 및 국내 경제 문제는 가장 우선적으로 미국의 국가 이해관계를 중시한다는 점과 거의 대부분 대외 관계와 관련된 법안은 미 의회가 결정하고, 심지어 미 정부 예산안까지 미 의회가 책정 및 결정한다는 점에서 더욱 그렇다.

2025년 미국경제의 핵심은 좋든 싫든 중국경제의 글로벌 경제질서에 대한 책임과 협력에 달려 있다는 점이다. 즉 중국경제에서 부동산 버블 붕괴와 관련된 부동산 가격의 폭락 가능성, 그림자 금융 및 LGFV 부실 문제 등이 미국의 투자기업들과 정부, 그리고 중국 정부가 어떤 합의와 협력을 이루어낼지에 달려 있다 해도 과언이 아니다. 피상적으로 미중 관계를 볼 때와 실질적이고 실리적인 입장에서 양국 간의 관계를 바라볼 때 이들 국가는 분명히 양국의 이해관계에 절충안을 찾으려 할 것이다. 중국으로서도 이러한 문제를 자존심을 건드리지 않는 선에서 원만한 협력안을 마련해낼 경우 미국 기업들의 대중국 부동산 시장 투자 및 금융시장 투자를 반대할 이유가 없기 때문이다.

만일의 경우 양국에서 모두 상업용 부동산 시장과 민간 부동산 관련 그림자 금융과 LGFV 등의 거대 버블이 터질 경우 세계경제는 급랭하고 대불황 같은 경기 침체 상황이 일어날 수 있다는 점은 너무나 명확히 공유하는 개념일 것이다. 다만 이 경우에 있어 미국보다 중국경제에 여유가 많지 않다는 점도 양국을 비롯해 글로벌 경제가 잘 이해하고 있는 부분이다.

하지만 미국과 중국 중 어느 한쪽에서만 버블이 붕괴된다면, 연착륙에 성공한 국가는 반대급부를 갖게 된다. 마치 2008년 서브프라임 모기지 붕괴로 중국경제가 2년 후 세계 2위 경제로 급부상했듯이 말이다. 따라서 최악의 시나리오는 시나리오 12가 된다. 중국의 부동산 버블이 거의 완전하게 붕괴된다는 가정이다. 이 경우 미국은 중국발 부동산 붕괴에 따른 모든 경제적 이득을 취하려 들 것이다. 그러면 중국의 위안화 환율은 외환위기 수준으로 달러당 8위안 수준을 거뜬히 뛰어넘을 것이다. 중국경제의 GDP 성장률은 1.0%로 실질 성장률은 마이너스를 기록할 것이 분명하다.

부동산 시장의 부분적 경착륙 시나리오는 시나리오 11로 가정했다. 중국 부동산 시장의 버블 붕괴가 부분적으로 발생할 조짐을 보일 때 중국 인민은행과 외국계 투자자들에 대한 시장 개방 정책은 중국경제 위기의 확산을 막으려는 방향으로 전개될 가능성이 높다. 한국경제가 1998년 외환위기 당시 경험한 바대로 IMF의 구제금융을 신청하는 수준으로까지 전개되지는 않겠지만 중국으로서는 그동안 벌어놓았던 외환보유고 부문을 풀어내고, 금 매각 등을 통해 급한 불을 끄려고 할 것이다. 자칫 곧바로 금융시장의 부실화로 연결될 경우 중국 국부가 일시에 내외국민과 투자자들에 의해 이탈하게 된다는 교훈은 이미 1998년 아시아 외환위기 당시 홍콩을 최일선으로 삼아 중국 본토로까지 경제위기가 확산되는 것을 '금'으로 막은 전력이 있기 때문이다. 따라서 시나리오 11은 이러한 가정을 토대로 중국경제 성장률은 2.0%, 위안화 대미 달러 환율은 7위안 중후반대로 급등할 가능성을 가정했다.

시나리오 11과 12에 따라 한국경제의 향방은 중국경제의 불확실성에 대부분 노출된다는 점에서 한국경제의 성장률, 환율, 금리 및 KOSPI 주가지수의 향방도 중국의 지표들과 크게 차이를 보이지 않을 것으로 본다. 따라서 시나리오 11과 12의 경우 한국경제는 각각 1.5%와 1.3%의 저성장 국면을 피할 수 없을 것으로 판단된다. 이때 원 달러 환율 역시 2025년 한 해 1500선을 상회할 가능성도 배제할 수 없다. 하지만 시나리오 11과 12가 나타날 확률은 앞서 설명한 미중 관계의 실리적 측면을 고려할 때 상대적으로 낮은 것으로 가정했다.

시나리오 9와 시나리오 10은 상대적으로 중국발 부동산 버블 붕괴, 그림자 금융의 부실 및 LGFV의 부실에 따른 최악의 경우를 효율적으로 방어할 경우를 가정한다. 시나리오 10은 2025년 기준 시나리오로 설정했다. 즉 미 연준은 해리스 정부하에 세 차례 정도 금리를 인하할 경우 연방준비은행의 기준금리는 3.75~4.0% 또는 3.5~3.75% 수준을 유지할 것으로 보인다. 즉 공개시장회의에서 기준금리를 모두 시나리오 9와 같이 세 번 인하한다 하더라도 최소 한 번은 0.5%p '빅 컷(big cut)'을 단행할 가능성이 높다. 이는 미 연준의 금리 인하가 모두 네 번에 걸쳐 이루어지는 것과 같은 효과지만 필요할 경우 0.5%p 인하가 시사하는 바를 감안할 때 해리스 정부가 미국경제의 빠른 회복을 위해 최선을 다한다는 의미를 함축한다는 점에서 주목할 만하다.

한편 시나리오 9와 10의 경우 미국경제는 각각 1.7%와 1.9%의 GDP 성장률을 보일 것으로 가정했으며, 중국경제의 부동산 버블

〈표 4〉 한국 주요 거시경제 지표 전망(단위: %)

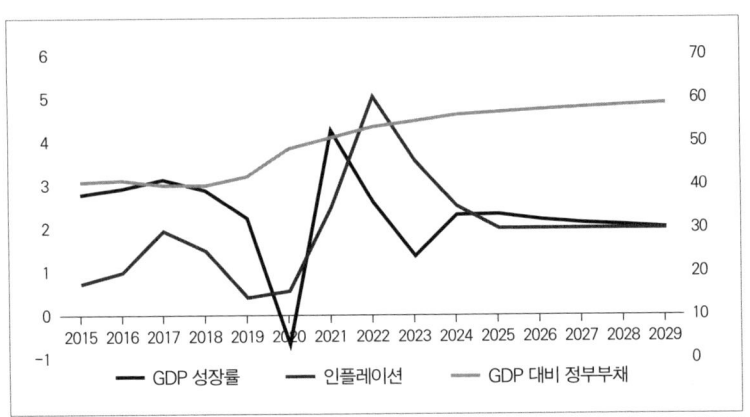

자료: IMF, 세계은행

이 문제될 경우 미국경제 역시 시나리오 11과 12에서 1.5%와 1.3%로의 하락으로 예측되었다. 중국경제의 기본 시나리오에서는 경제성장률은 4.1%, 인플레이션과 GDP 대비 재정부채는 각각 1.7%와 93%로 전망한다. 중국경제의 부동산 버블이 완전히 붕괴로 가지 않는 상황에서 여러 가지 부동산 개발기업들의 부실 및 파산 소문과 그림자 금융, LGFV 등 금융시장 부실화 문제가 지지부진하게 지속될 경우는 시나리오 11의 경우로 했다. 이때 중국의 2025년 경제 성장률 3.0%, 소비자 물가는 1.5%, GDP 대비 재정부채는 재정확대로 인해 110%에 이를 것으로 각각 예측되었다. 한편 대미 달러 환율은 7.2~7.3위안을 기본 시나리오로 보았으며, 시나리오 11과 12의 경우는 앞서 설명한 바대로 환율 급등으로 8위안을 넘어서는 것으로 전망했다.

2025~2029년 미중 및 한국경제 전망 시나리오 9~12

	시나리오 9	시나리오 10²	시나리오 11	시나리오 12
미국				
대선	해리스	해리스	해리스	해리스
통화, 금리¹	인하 3회	인하 3회	인하 4회	인하 4회
	3.75-4.0%	3.75%-4.0%	3.5%~3.75%	3.5%-3.75%
무역	온건, 보호	온건, 보호	온건, 보호	온건, 보호
재정부채/GDP(%)	125	130	125	130
인플레이션(%)	2.3	2.1	1.8	1.5
GDP 성장률(%)	1.7	1.9	1.5	1.3
중국				
통화	팽창	팽창	팽창	팽창
재정	팽창	팽창	팽창	팽창
부동산	잠재	잠재	위기	붕괴
그림자 금융	지연뇌관	지연뇌관	위기	붕괴
LGFV	잠재	잠재	위기	붕괴
수출	둔화	둔화	둔화	둔화
소비	둔화	둔화	둔화	둔화
대미 달러 환율	7.2-7.3	72-7.3	7.5-7.7	7.8-8.3
재정부채/GDP(%)	101	93	110	120
인플레이션(%)	1.7	1.7	1.5	1.4
GDP성장률(%)	3.5	4.1	3.0	1.0
한국				
금리	1.75-2.0	1.5-1.75	2.75-3.5	5.0-5.25
원/달러 환율	1330 - 1360	1320 -1350	1450 - 1500	1500 -1600
엔/달러 환율	150 - 160	145 - 150	165 - 175	170 - 180
KOSPI 주가 지수	2400 - 2600	2500 - 2800	2200 - 2300	2000 - 2200
재정부채/GDP(%)	57	57	62	65
인플레이션(%)	2.0	2.0	1.8	1.5
GDP 성장률(%)	2.0	2.2	1.7	1.3

주: 1. 2025년 해리스 새정부가 출범하기 전 미 연준은 현재 5.25%~5.5%의 기준금리를 적어도 2번, 0.5%p 인하해 미 기준금리는 2025년 1월 4.5% ~ 4.75%로 시작한다. 한편 2025년 공개시장회의의 기준금리 인하는 모두 3회~4회에 걸쳐 0.25%p씩 인하, 0.75&포인트 인하하는 것을 기본 가정으로 한다. 2. 시나리오 10을 2025년 기준 시나리오로 가정한다.

기준 시나리오 10에 따르면, 한국경제는 2025년 2.2%, 인플레이션 2.0%, 대미 달러환율은 평균 1,330원, 주가지수는 2500~2800선을 유지할 것으로 전망했다. 한편 한국은행은 미국의 금리 인하와 함께 1.5~1.75%로 기준금리를 인하할 가능성이 높아 보인다.

고물가, 고금리, 고환율이 한국경제에 미친 파급효과

많은 자영업자와 소매업체들이 판매 부진을 호소하고 있다. 소비자들이 더 저렴한 제품으로 갈아타거나 완전히 소비를 줄이고 있기 때문이다. 여기에 임금 상승률은 둔화되고 있다. 하지만 한국의 고소득자들은 완전히 다른 세상을 살아가고 있다.

3년째 접어든 인플레이션과의 싸움

주요국들의 인플레이션이 2%대에 진입하고 있지만 사실상 정상화 국면에 진입했다는 확신을 갖기엔 아직은 시기상조라 할 수도 있다. 인플레이션은 언제든 재발할 가능성이 잠재한다.

첫째, 경기활성화를 위한 정부의 대규모 재정정책 여진이 남아 있고, 둘째, 중앙은행의 완벽한 실시간 소비자 물가 상승에 대한 대응은 현실적으로 불가능하며, 셋째, 새로운 물가 상승 요인이 발생할 시에 인플레이션은 과거보다 더 빠르고 지속적으로 확대될 수 있다.

넷째, 인구 고령화에 따라 노동력 부족은 근로자들의 임금협상력을 강화함으로써 비용 상승 인플레이션(cost push inflation) 가능성이 잠재하고, 다섯째, 지정학적 위험 요인이 지연뇌관으로 여전히 남아 있고, 국가 간 무역 전쟁 혹은 관세 전쟁 등으로 글로벌 공급망이 여전히 불안하기 때문이다.

많은 이들이 3년째 인플레이션과의 싸움에 접어들고 있다. 점심값이 1만 원을 훌쩍 넘기면서 국민 경제의 중심에서 균열이 확대되고 있다. 그동안 주식 시장은 완만한 상승세를 보이고(한국 증시는 예외적인 상황이라고 할 수도 있겠지만), 가계 재산은 사상 최고 수준이며, 투자 수익도 그 어느 때보다 높다. 반면 일부 가정의 팬데믹 시대 저축은 고갈되고 있으며, 신용 카드 및 자동차 대출 연체율이 급증하고 있다. 1988년 24.7%대였던 저축률은 2024년 8월 기준 4%대로 떨어졌다.

우리나라 가계가 팬데믹 3년 동안 사회적 거리두기에 따라 소비가 급감하면서 약 100조 원 이상을 초과저축한 것으로 나타났다. 2023년 7월 24일 한국은행의 '팬데믹 이후 가계 초과저축 분석 및 평가'에 따르면 팬데믹 이후 우리나라 가계 부문 초과저축은 (약 100~130조 원으로 추산) 명목 국내총생산(GDP)의 4.7~6.0% 수준이다.[57]

더구나 이렇게 모은 돈은 대출 상환이나 소비에 쓰지 않고, 유동성 높은 자산으로 갖고 있었다. 부동산 경기가 회복 조짐을 보이기만을 기다리는 가운데 초과저축이 부동산 시장으로 흘러갈 경우 디레버리징(부채 축소)에 차질을 빚을 수 있다.

최근 한국경제에서 경고 신호가 더 많은 저소득 및 중산층들 사이에서 이런 현상이 두드러지고 있다. 고물가와 고금리에 따른 대출비용 급등으로 인해 이익이 감소하는 사람들과 높은 자산 가격과 채권 수익으로 혜택을 보는 사람들 사이의 분열은 피할 수 없는 상황이다. 이러한 혼란은 한국을 비롯한 미국, 일본 등 많은 선진국 경제의 소비자들에게 미래 경제에 대한 신뢰와 전망을 혼란스럽게 하고 있으며, 이는 경제 성장, 기업 비즈니스 계획 및 자산시장 투자를 결정하는 데 있어 가장 기본적인 실물경제 지표가 된다.

인플레이션은 사실상 대부분의 정치인들과 경제인들에게는 그들의 역할과 책임 측면에서 큰 타격을 줄 수 있는 내용들이다. 한국의 정치 및 경제인들이 비교적 그러한 관점에서 미국과 영국, 일본 등 주요 선진국 정치와 경제인들에 비해 훨씬 더 자신들에 대한 책임문제를 회피할 수 있는 기회나 인식이 넓게 퍼져 있는 것도 사실상 경제문제에 대해 그들에게 면죄부를 주는 것과 같다.

소비자 물가의 급등은 사실상 팬데믹에 따른 공급 및 가치사슬의 붕괴와 러시아-우크라이나 전쟁에 따른 원자재 가격의 급등이 원인일 수 있다. 비난의 대상이 정치 및 경제인이 아니라, 경제외적인 지정학적 불확실성이 될 수도 있다. 다만 한국경제의 경우 이 같은 고물가, 고금리 및 고환율에 따른 압박이 고스란히 정부의 어떠한 효율적이고 합리적 정책에 대한 고마움도 느끼지 못한 채 고스란히 국민들의 부담으로 다가온다는 점이다.

혹자는 자칫 한국 정부의 경기부양책이나, 한국은행과 같은 중앙은행의 통화확대가 고물가를 부추길 수도 있다고 항변할 수도 있다.

국민 다수가 가격 상승의 원인과 해결책을 제시할 해법을 찾는 동안 한국경제는 경기 침체에 대한 우려를 뒤로한 채, 모두가 자신들의 자산과 부를 어떻게 늘리거나 지킬 것인지에 대해 골몰하고 있는 것은 아닌가?

과거 한국경제의 '소득주도 성장'은 임금을 인상시켰고, 최근에는 최저임금이 마침내 1만 원을 돌파하는 결정이 이루어지기도 했다. 근로자들에 대한 합리적이고 평등한 대우를 반대할 사람은 아무도 없다. 우리 모두가 노동을 근간으로 소득을 발생시킬 수밖에 없기 때문이다. 각자의 호주머니가 두둑해질 때 우리는 주변인들에 대한 생각은 크게 걱정하지 않는다. 대부분의 사람들은 한국은행이 고물가 체제를 광범위한 혼란 없이 억제할 수 있을 것이라는 희망에 대해 그 어떠한 기대도 할 수 없을 뿐만 아니라 크게 관심을 가지지도 않는 것은 아닐까?

하지만 소비자의 지속적인 회복력과 고소득자의 지출이 다른 지역의 둔화를 상쇄할 수 있을지는 한 번쯤 고민해봄 직하다. 소위 '낙수효과(spillover effect)'는 실질적인 것인가? 경제학자들이 압력을 완화할 수 있는 금리 인하를 기다리는 가운데, 고물가와 대출 비용의 누적은 일부 국민들의, 특히 중산층의 생활 유지 능력을 제한하기 시작한다. 이들 대부분이 자영업과 소상공인의 지위를 가지고 있다고 보면, 팬데믹 이후 문화 및 생활패턴의 변화는 경제 생태계가 아닌 자연 생태계에서 지극히 당연한 변화가 아닐 수 없다.

사람은 아무리 많은 돈을 번다 하더라도, 여전히 '가난하다' 혹은

'더 배가 고프다'라고 느끼는 게 본능적 반응이다. 어쩌면 우리 국민들 중 일부는 팬데믹 이후 소득이 더 늘어났다고 할 수 있다. 하지만 앞서 살펴보았듯이 식료품에서 문화생활 등 레저까지 모든 분야의 물가 상승으로 인해 실질적인 지출은 저축에서 돈을 더 빼써야 할 정도로 풍족하지 않은 게 사실 아닐까?

많은 소비자들이 해외여행이나 주변 문화시설을 이용하는 데 지난 팬데믹 이전보다 제한적 한계를 느끼기 시작하고, 일반 편의점이나 디스카운트 가게에서 물건을 사기보다, 저가의 제품을 판매하는 '노브랜드'나 '다이소'와 같은 가게에서 쇼핑하는 것이 일상이 되어가고 있다. 어린 자녀를 둔 가정의 경우 맞벌이 부부는 보육비를 절약하기 위해 부모에게 의존하거나, 정부가 더 많은 육아시설의 복지 정책을 펼칠 것을 주문하기도 한다.

하지만 이들은 가끔은 '최상위 몇 퍼센트가 모든 돈을 가지고 있다'라고 생각할 것 같다. 그러나 그들은 대부분 일반 국민들과 같은 삶을 사는 것은 아닐까? 강남에 살면서도 '강남에 살아도 별 것 없다'던 사람의 생각은 어떤 사고(思考) 구조를 가지고 있을까?

세계경제 변화의 중요한 이슈가 된 양극화 문제

팬데믹 이후 임금 상승은 명목적으로라도 근로자의 주간 중위소득 수준을 물가 상승으로 감안하면 대체로 큰 변화가 없을 것으로 추

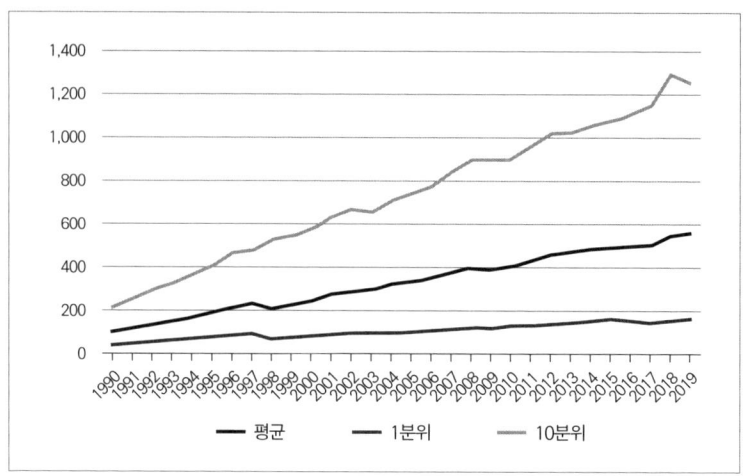

〈표 5〉 한국 최상위 10%와 최하위 10%의 소득격차 변화 추세

자료: 한국은행, 통계청, 한상완, 곽수종의 경제프리즘, 연합인포맥스 TV

정할 수 있다. 하지만 많은 사람들은 이와 같은 논리에 쉽게 동의하지 못할 듯하다. 한상완 전 현대경제연구원 원장은 지난 1990년 대비 2019년 최상위 10%와 최하위 10%의 소득이 200만 원 격차에서 1천만 원으로 5배 상승한 것을 지적한 바 있다. 하위 계층과 중산층 등 일부 근로자들의 임금 인상이 있었다 하더라도 팬데믹이 닥친 초기의 인플레이션 충격에서 여전히 벗어나기 위해 싸우는 중이다.

1990년부터 2019년까지 중산층과 저소득층 국민들은 부유층보다 더 빠르게 인플레이션을 겪었을 것이다. 아마 이는 주택 및 식료품 가격이 주요 원인이었을 것으로 보인다. 일반적으로 인플레이션을 억제하기 위한 강력한 조치가 더 높은 대출 비용과 약화된 노동시장을 통해 저소득층에 불균형적으로 타격을 주기 때문이다.

이러한 요인들이 많은 가계의 예산을 압박하고 있다. UBS의 연방 데이터 분석에 따르면, 팬데믹 동안 축적된 초과 저축은 미국 하위 40% 소득층에서 완전히 고갈된 것으로 조사되었다. 따라서 미국에서도 신용카드 연체율은 2010년 대공황 이후 최고 수준이다.

많은 다수의 자영업자와 소매업체들은 판매 성장률이 둔화되고 있음을 얘기하고 있다. 소비자들이 더 저렴한 제품으로 갈아타거나 완전히 소비를 줄이고 있기 때문이다. 여기에 임금 상승률은 둔화되고 있으며, 타이트한 노동 시장에서의 추가적인 여유는 노동자들에게 더 큰 고통을 가져올 수 있다.

하지만 과연 고소득자들에게는 어떤 현실이 펼쳐지고 있을까? 주식과 주택 가치에서 비롯된 이익 외에도 배당금과 이자로 어느 때보다 더 많은 현금을 주머니에 넣고 있을 많은 부유한 사람들에겐 고물가는 그다지 큰 문제가 아니다. 오히려 그러한 고물가 현상을 상대적 우월감으로 차별화된 현대 시대에 개인의 효용은 더 늘어난 것으로 볼 수도 있다. 자본 시장은 큰돈을 저축한 고객과 장기 투자자에게 추가적인 혜택을 제공한다. 사람들은 부동산을 소유할 때 그 자산 때문에 인플레이션이 자신에게 미치는 피해나 손실보다 더 많은 돈을 벌고 있다고 믿는다.

팬데믹 이후 고물가, 고금리 및 고환율 등이 발생하면서 '양극화 문제'는 앞서 살펴본 2025년 이후 5년 세계경제 변화에 중요한 이슈가 될 전망이다. 여기에 인공지능 및 디지털 정보통신 기술 등 첨단 개인정보 활용 기술이 추가되면서 양극화 문제는 더욱더 양적/질적인 모든 것의 문제로 점차 확대, 확산될 조짐을 보이고 있다.

2025~2029년 경제대예측은 양극화 문제 해결과 같은 특정한 목적을 위한 전망서가 아니다. 하지만 급변하는 경제 생태계에서 양극화 문제를 이대로 방치할 때 소위 피라미드 구조상의 먹이사슬처럼 우리 모두의 모습을 자칫 가치사슬의 매듭으로만 보는 관점은 적어도 우리가 가장 피해야 할 중요하고 기본적인 모습이 아닐까?

인플레이션을 비롯해서 점차 격화될 경제전쟁의 중심에서는 가진 자와 가지지 못한 자 간의 대결이 어떤 형태로든 우리의 미래 삶에 중대한 영향을 가져다줄 것이라는 점에 대해 한 번쯤 깊게 고민할 필요가 있다. 고물가와 고금리에 시달리는 많은 이들에게 실제로 무조건적인 혜택을 주기보다, 나름 실질적이고 투명한 선별적 대응체계를 구축하는 방법이 매우 중요한 시기가 된 듯하다.

부록

2023년의 2024년 경제대예측 전망 시나리오

2023년의 2024년 경제대예측 전망 시나리오와 현재 경제 상황과 비교 및 2025년 대전망과 차이를 확인하고자 할 경우 부록 자료를 참고하기 바란다.

미국 및 중국의 정치경제 환경 시나리오와 한국 주요 경제지표 변화 시나리오

	시나리오 1	시나리오 2	시나리오 3	시나리오 4
미국				
대선	바이든	바이든	바이든	바이든
통화, 금리	인상 1회	인상 1회	무인상	무인상
재정, 소득세	팽창, 유지	팽창, 유지	유지, 인상	유지, 인상
산업	지원	지원	지원	지원
러시아-우크라이나 전쟁	휴전/종전	지속	휴전/종전	지속
대나토 협력	유지	유지	유지	유지
GDP 5년 평균 성장률	2.2	1.78	2.0	1.7
중국				
통화	팽창	긴축	팽창	긴축
재정	팽창	팽창	긴축	팽창
부동산	위기	잠재	위기	연착륙
그림자 금융	위기	잠재	위기	잠재
LGFV	위기	잠재	위기	잠재
수출	회복	둔화	회복	둔화
소비	둔화	둔화	침체	둔화
대미 달러 환율	6.9-7.3	6.5-7.0	7.1-7.7	6.9-7.3
GDP 5년 평균 성장률	3.6	4.3	3.1	4.0
한국				
금리	3.5-5.0	3.5-4.0	3.5-4.5	4.0-5.5
대미 달러 환율	1250-1300	1180-1250	1210-1350	1150-1260
대엔화 환율	950-1100	1000-1100	980-1080	1000-1100
KOSPI 주가 지수	2900-3200	3000-3300	2700-3000	2800-3000
GDP 5년 평균 성장률	1.6	2.2	1.4	2.0

주: 이들 8가지 시나리오 가운데 시나리오 2를 기준 시나리오로 가정한다. 참고로 이 표의 8개 시나리오는 2023년부터 2028년까지의 연평균 대미 달러에 대한 위안화와 원화의 환율과 대일 엔화에 대한 원화 환율을 각각 나타낸다. 코스피 주가지수 역시 2023년부터 향후 5년간의 평균 지수 밴드를 나타낸다. 미국 5년 연평균 경제 성장률은 IMF의 2023~2028년 추정치의 평균으로, 시나리오 2의 경우 기준데이터 이다. 중국의 5년 연평균 경제성장률 역시 IMF의 2023~2028년 추정치의 평균으로, 시나리오 2의 경우가 기준데이터이다. 한국 5년 연평균 경제성장률은 IMF의 2023~2028년 추정치의 평균으로, 원데이터는 시나리오 2의 2.2%이다.

	시나리오 5	시나리오 6	시나리오 7	시나리오 8
미국				
대선	트럼프	트럼프	트럼프	트럼프
통화, 금리	무인상	무인상	피보팅	피보팅
재정, 소득세	팽창, 인상	팽창, 인하	긴축, 인상	긴축, 인하
산업	지원+리쇼어링	지원+리쇼어링	지원	지원
러시아-우크라이나 전쟁	휴전/종전	지속	휴전/종전	지속
대나토 협력	재편	엑시트	재편	엑시트
GDP 5년 평균 성장률	2.0	1.8	2.2	1.8
중국				
통화	팽창	긴축	팽창	긴축
재정	팽창	팽창	긴축	팽창
부동산	위기	위기	잠재	잠재
그림자 금융	위기	위기	잠재	잠재
LGFV	위기	위기	잠재	잠재
수출	회복	둔화	둔화	악화
소비	회복	둔화	둔화	악화
대미 달러 환율	7.2-7.8	7.2-7.7	7.0-7.5	7.0-7.5
GDP 5년 평균 성장률	4.0	2.5	3.6	3.9
한국				
금리	3.5-4.0	4.0-5.0	3.5-4.0	3.0-3.5
대미 달러 환율	1230-1350	1300-1400	1250-1350	1250-1350
대엔화 환율	1050-1150	900-1000	1100-1200	1100-1200
KOSPI 주가 지수	2700-2900	2700-2900	3200-3400	2500-2800
GDP 5년 평균 성장률	2.0	1.1	1.6	2.0

미주

1. 세계은행이 2024년 발표한 글로벌 GDP규모는 2015년을 기준년도로 보면 2000년의 48.39조 달러에서 2023년 92.83조 달러로 약 90.8% 증가했다. 1인당 GDP의 경우 같은 기준으로 2000년 기준 7,875.2 달러에서 11,567.2 달러로 약 46.84% 상승한 것으로 조사되었다.
2. 동아시아는 한국, 중국, 일본, 몽골, 북한, 대만을 포함하는 지역으로, 여기에는 홍콩과 마카오를 별도로 해 중국 주권하에서 자치 지위를 인정하되 통계는 별도로 각각 구한 값을 산정했다.
3. ESG는 '환경(Environmental), 사회(Social) 및 지배구조(Governance)'를 의미하며, 기업 또는 회사에 대한 투자 시 지속 가능성과 윤리적 영향을 측정하는 3가지 주요 요소를 의미한다. 대부분의 사회적 책임 투자자들은 투자를 선별하기 위해 ESG 기준을 사용해 기업을 평가하게 된다. ESG는 자본 시장에서 사용되는 일반적인 용어로, 투자자들이 기업의 행동을 평가하고 향후 재무 성과를 결정하는 데 사용될 전망이다. 즉 ESG 지표는 글로벌 지속 가능성 기준에 맞추려는 기업들에 벤치마크 역할을 하는 가운데 환경, 사회 및 지배구조 요인은 비재무적 성과 지표의 하위 집합으로, 책임성을 보장하고 기업의 탄소 발자국을 관리하기 위한 시스템을 갖추는 것과 같은 윤리적, 지속 가능성 및 기업 지배구조 문제를 포함한다. ESG 요소를 통합한 투자 펀드의 수는 이번 2010년 초부터 급격히 증가하고 있으며, 앞으로 10년 동안에도 계속해서 크게 증가할 것으로 예상된다.

4. 세계적 팬데믹과 2020년의 다른 위기의 여파로 2025년의 삶이 어떻게 될 것인지에 대한 설문조사에 약 915명의 혁신가, 개발자, 비즈니스 및 정책 리더, 연구자 및 활동가들이 응답했다.

5. 밀리미터파기계(mmWave machines)는 광대역 전송이 가능해 위성통신, 이동통신, 무선 항행, 지구 탐사, 전파 천문 등 다양하게 사용된다. 아울러 안테나와 송수신 장치를 소형화할 수 있는 장점도 지니고 있다. 반면에 안테나의 개구 면적이 작아 단일 안테나 간의 전송에서 낮은 주파수 대역에 비해 상대적으로 경로 손실이 높다는 단점도 있다. 빛의 성질에 가까운 강한 직진성으로 고체 물질을 잘 통과하지 못하는 특성이 있으며, 대기 손실과 강우 감쇠의 영향을 많이 받는다. 이러한 밀리미터파의 단점으로 이동통신 분야에서는 본격적으로 활용되지 않았으나 넓은 대역폭을 확보할 수 있어 5G에 사용될 후보 대역으로 선정되기도 했었다. 주로 100GHz 이하의 대역을 5G 밀리미터파 대역으로 고려한다. 다음 백과 인용. https://100.daum.net/encyclopedia/view/55XX83500023

6. 긱 경제(gig economy), 공유 경제 또는 접근 경제라고도 불리는 이 경제는 정규직 상근 직원보다는 독립 계약자와 프리랜서가 임시 및 시간제 직책을 채우는 데 크게 의존한다. 즉 긱 노동자들은 유연성과 독립성을 가지지만 직업 안정성이 거의 없거나 전혀 없다고 볼 수 있다. 긱 경제에서는 고용주가 건강 보험 및 유급 휴가와 같은 혜택을 제공할 필요가 없을 때 비용을 절감할 수 있다. 따라서 긱 경제는 유연한 모델을 통해 노동자, 기업 및 소비자에게 이익을 줄 수 있다. 일반적으로 긱 노동자들은 정규직 노동자와 같이 유급 휴가나 병가를 받지 못하며 임금이 피크임금 이후 하락하는 등의 변동성을 갖게 된다.

7. 피터슨 국제경제연구소에 따르면, 이 협정은 미국의 연간 실질 소득을 1,310억 달러 증가시킬 것으로 분석되었다.

8. 아이젠하워 전 대통령은 미국이 만에 하나 망하는 경우가 있다면 그것은 '군

산복합체'라는 것이 가장 핵심 원인이 될 것이라고 언급했다.
9. 1848년 2월 21일에 런던에서 독일어로 처음 출간되어, 19세기와 20세기 초 유럽 각국의 사회당 및 공산당의 주요 정강정책 가운데 하나인 『공산당 선언(The Communist Manifesto)』은 카를 마르크스와 프리드리히 엥겔스가 공동으로 집필하고 발표한 선언문으로, 총 4개의 장으로 구성되어 있다.
10. 중국 공산당이 1941년부터 1945년까지 연안에서 진행한 대중운동이다. 공산당 내 '나쁜 풍조'를 뿌리 뽑고 당원과 홍군을 진정한 마르크스-레닌주의자로 육성시키기 위한 운동이었다.
11. 문화대혁명(무산계급 문화대혁명)은 1966년부터 1976년까지 10년 동안 중국에서 일어난 대규모 파괴 운동, 친위 쿠데타이자 내란이다. 일명 '20세기판 분서갱유'라 부르기도 한다. 중국 내에서는 우회적으로 십년동란(十年动乱) 등으로 부르지만 명분과는 달리 실상은 대약진 운동의 실패로 권력이 약화된 마오쩌둥(毛泽东)의 권력 투쟁, 즉 사욕으로 일어난 사태로 보아야 한다. 당시 대약진 운동과는 달리 수천 년 문화재까지 마오쩌둥과 홍위병 세력들에 의해 상당수 파괴되었다.
12. 시진핑은 제20차 당 대회 이후 연안 방문을 통해 당의 초창기 시절을 떠올리며 동료 당원들에게 투쟁 정신을 이어가라고 격려한 바 있다. 이는 시진핑이 당의 역사적 투쟁 정신을 계승하고 있음을 보여준다.
13. 영국의 전래동화인 '골디락스와 곰 세 마리(Goldilocks and the three bears)'에 등장하는 금발머리 소녀의 이름에서 유래한 골디락스경제(Goldilocks economy)는 경기과열에 따른 인플레이션과 경기침체에 따른 실업을 염려할 필요가 없는, 즉 너무 뜨겁지도 않고 너무 차갑지도 않은 최적 상태의 경제를 의미한다.
14. 데이비드 리카도의 1817년 저서 『정치경제학과 조세의 원리(On the Principles of Political Economy and Taxation)』에서 무역 교역국은 상대국에

비해 더 효율적으로 생산할 수 있는 상품에 집중할 경우 (즉 기회비용이 상대적으로 낮은 상품) 교역국 모두의 전반적 부를 증가시킬 수 있다고 강조한다.

15. The Foreign Affairs, What Drives Putin and Xi , A Conversation With Stephen Kotkin and Orville Schell, June 30, 2023

16. Daniel W. Drezner, Why Kissinger Went to China Again, There was something in it for both sides, 2023. 7.22, POLITICO. Vivian Wang, Kissinger Meets Top Officials in China and Gets a Warm Greeting, 2023. 7.18. New York Times

17. 지난 2024년 6월 18일 푸틴의 북한 방문과 관련한 주요 내용은 '동용승, 북러조약 체결과 중러관계, 2024년 7월 Opt.' 보고서를 인용 및 요약 정리했다.

18. 다만 북한 외무성 대외정책실은 6월 30일 한·미·일 연합훈련 '프리덤 에지'에 대해 '아시아판 대서양조약기구(NATO)'라고 규정하고 강력 규탄한다는 공보문을 노동신문에 게재한 바 있다. 김여정 부부장은 7월 7일 담화를 통해 한국의 서해 및 휴전선 일대의 실사격 훈련 재개와 한·미·일 프리덤 에지 훈련을 비난하며 윤석열 대통령 탄핵까지 언급하면서 북한의 군사행동 가능성으로 위협했다. 한국 정부는 9·19군사합의의 무효화 전면 효력정지에 따라 서해 연평도 인근 해상 훈련 및 휴전선 인근에서 K9 실사격 훈련을 재개하는 등 대북 공세를 강화하고 있다.

19. 중국은 1856년 제2차 아편전쟁으로 체결된 베이징조약에서 우수리강 동쪽의 연해주 지역을 러시아에 넘겨주게 되었고, 그 결과 동해 출해권이 봉쇄되는 결과로 이어졌다.

20. 만일 도로건설이 구체화될 경우 사실상 중국의 출해권 확보는 더욱 어려워지게 된다. 중국이 출해권을 확보하기 위한 단기 처방은 나진항이나 블라디보스토크항에 중국이 항만을 조차하는 방식일 것이다. 보다 나아가서는 두만강 하구에 내항을 건설해 중국 영토와 직접 연결되는 항만에서 군함을 비롯

한 중국 선박의 출입을 북한과 러시아로부터 보장받는 형태가 되어야 한다. 그런데 철도뿐 아니라 도로까지 설치할 경우 중국선박의 출입은 현실적으로 불가능해지게 된다.

21. 블로그 주니, 미국의 특이한 예비 경선, '코커스(caucus)'. 블로그 씨시, 미국 선거, 프라이머리와 코커스.

22. '슈퍼 화요일'이 만들어진 배경은 18세기 미국 건국 당시로 거슬러 올라간다. 당시 대부분의 유권자들은 농부였기 때문에 주말은 휴식과 예배의 날이어서 투표하기에 적합하지 않았다. 이동에 많은 시간이 걸렸던 당시에는 주말 다음 날인 월요일, 돌아오는 주말을 준비해야 하는 목요일과 금요일 역시 많은 유권자들의 참여가 어려웠다. 수요일은 농부에게 가장 중요한 농작물을 파는 날이었기 때문에 결국 화요일만 남은 것이다. 한편 조 바이든 대통령은 2020년 대선 경선 초반만 해도 아이오와주 코커스, 뉴햄프셔 프라이머리에서 모두 고전했었다. 하지만 14개 지역이 동시 경선을 실시한 그해 '슈퍼 화요일'에 10개 지역에서 승리를 거머쥔 뒤 결국 대선 후보가 되었고 대통령에 당선되었다. '슈퍼 화요일'에 가장 많은 지역이 동시 경선을 치른 시기는 2008년이다. 그해 민주당은 23개 지역, 공화당은 21개 지역에서 경선을 실시했다. 김보라, 올해 '슈퍼 화요일'은 3월 5일… 16개 지역서 경선, 동아일보, 2024년 1월 18일.

23. https://www.realclearpolling.com/latest-polls/president 참조

24. Morning Consult Pro. 2024. 7. 29

25. 수압파쇄법(水壓破碎法, hydraulic fracturing) 혹은 프래킹(fracking)은 고압의 액체를 이용해 광석을 파쇄하는 채광 방법이다. 고압의 '프래킹 액체' (대부분 물과 모래 혹은 다른 증점제를 추가한 프로판드 등이 사용된다)를 드릴구멍에 집어넣어 심층에 매장된 광물들을 파쇄해 천연가스, 석유, 그리고 소금 등이 잘 흐를 수 있게 만든다. 이렇게 수압파쇄가 끝나고 나면 작은 입자로 된 프로판

트를 집어넣어서 이 균열들을 유지시킨다. 따라서 자연환경 훼손과 관련해 민주당은 이 같은 기술적 접근법에 대해 반대를 해온 입장이다. (다음 백과사전 인용). Politico는 부통령 해리스의 프래킹 금지 지지를 "트럼프의 비난"이라고 표현한 제목을 변경했다. 한편 해리스는 2020년 민주당 대통령 경선 기간 동안 여러 차례 금지 지지를 공개적으로 표현했음에도 불구하고, Politico는 이를 "트럼프의 비난"으로 묘사했다. 원래 제목은 "트럼프의 비난 이후 해리스 캠페인, 프래킹 금지하지 않을 것을 약속"이었다. 해리스 캠페인은 민주당 후보로서 프래킹을 금지하지 않을 것이라고 밝혔고, 트럼프는 캠페인 집회에서 해리스의 초기 프래킹 입장을 언급하며 그녀의 입장 번복을 지적한 바 있다. 해리스 캠페인은 Politico에 "트럼프의 프래킹 금지에 대한 거짓 주장은 그가 중산층의 희생을 대가로 석유 및 가스 임원들을 부유하게 만들려는 계획을 은폐하려는 명백한 시도입니다"라고 언급하면서 "바이든-해리스 행정부는 역사상 최대의 기후 변화 법안을 통과시켰으며, 그들의 지도하에 미국은 사상 최고 수준의 국내 에너지 생산을 기록했습니다"라는 점을 반박 자료로 언급했다.

26. J. D. 밴스 부통령 후보는 지난 2021년 폭스(Fox, 전통적 보수 성향 매체) 뉴스 인터뷰에서 카멀라 해리스 부통령을 비롯한 민주당 인사들을 향해 '자식이 없어 비참한 '고양이 여성들(childless cat ladies)'이 미국도 비참하게 만들려 한다며 발언한 적이 있다. 여기서 '고양이 여성들'이란 아이를 낳지 않고 고양이를 키우는 중년 독신 여성을 비하하는 표현이다. 다분히 성차별적이고 비난받아 마땅한 발언이다.

27. J. D. 밴스 공화당 부통령 후보의 독신이거나 자녀가 없는 여성들을 모욕하는 언행은 잔인하고 실패할 가능성이 커 보인다.

28. 공화당 대선 후보 도널드 트럼프는 카멀라 해리스가 최근에야 자신의 흑인 유산을 강조하기 시작했다고 허위 주장했다. 그는 시카고에서 열린 미국 흑

인 언론인 협회 행사에서 "나는 그녀가 흑인이라는 것을 몇 년 전에야 알았고, 이제 그녀는 자신을 흑인으로 알려지길 원한다고 말한다. 그래서 잘 모르겠다. 그녀가 인도인이냐 흑인이냐?"라고 말했다. 이 발언은 트럼프가 과거에 하와이에서 태어난 오바마 대통령이 출생증명서를 위조했으며 케냐에서 태어났다는 허위 음모론인 '버서리즘'에 열광적으로 기여한 사례와 유사한 것으로 비판받고 있다. 트럼프가 흑인 및 기타 소수 민족 정치인들의 자격을 의문시한 사례는 이뿐만이 아니다. 그는 공화당 경선 라이벌인 니키 헤일리의 인종적 배경에 대해서도 광범위하게 언급한 바 있다. 민주당원들은 해리스에 대한 최근 발언에 신속하게 반응했으며, 소셜 미디어 사용자들 또한 트럼프를 인종차별주의자로 비난했다. Independent, 2024. 8. 1

29. 로-웨이드 사건(Roe v. Wade, 410 U.S. 113, 1973년)은 헌법에 기초한 사생활의 권리가 낙태의 권리를 포함하는지에 관한 미국 대법원의 가장 중요한 판례다. 당시 미국 대부분의 주는 여성의 생명이 위험한 경우가 아닌 한 낙태를 금지하고 있었는데, 로-웨이드 판결로 여성의 성적 결정권을 국가가 간섭할 수 없다고 판결한 것이다. 로 판결에 따르면, 낙태를 처벌하는 대부분의 법률들은 미국 수정 헌법 제14조의 적법절차조항에 의한 사생활의 헌법적 권리에 대한 침해이므로 헌법에 어긋나는 법(위헌)이다. 이로 인해 낙태를 금지하거나 제한하는 미국의 모든 주와 연방의 법률들이 폐지되었다. 이 사건의 판례는 미국 대법원이 내린 판결 중 역사상 가장 논쟁이 되었고, 정치적으로 의미가 있는 판례 중 하나이다. 실제 미국 대선에서는 후보의 사상을 판단하는 기준이 '낙태 찬성과 낙태 반대'일 정도로 여성의 성적 자기결정권 인정/불인정은 정치적으로도 의미가 크다. 하지만 동 판례는 2022년 6월 24일에 도브스 대 잭슨 여성 건강 기구 사건(Dobbs v. Jackson Women's Health Organization)에 대한 판결에서 연방 대법원은 해당 사건에 대해 수정 헌법 제14조는 낙태권에 대한 보장을 포함하지 않는다고 판결했다. 이로써 로-웨

이드 사건 판례는 무효화되었다.

30. 현재 미국 교육부는 공립학교에서 개인 기도는 허용하지만 공무원은 학생들이나 학교 당국이 낭독할 기도를 지시할 수 없다고 명시하고 있다.

31. Rakesh Kochhar, The State of the American Middle Class Who is in it and key trends from 1970 to 2023, May 31, 2024

32. Jeffrey Wenger, Most Americans Consider Themselves Middle-Class. But Are They?, RAND, May 14, 2021

33. 세계은행은 2023년 기후변화와 관련한 보고서에서 전 세계 온실가스 배출량의 10% 정도가 74개 저소득 국가에서 발생하지만 이들 국가가 기후 변화의 영향으로 가장 큰 피해를 입을 것이라고 분석했다. 1980년대와 비교했을 때, 이들 국가는 지난 10년 동안 약 8배 더 많은 자연 재해를 경험했으며, 향후 기후 변화가 통제되지 않으면 2050년까지 2억 명 이상의 사람들이 자국 내에서 이주해야 하고, 이로 인해 최대 1억 3천만 명이 빈곤에 빠지고, 수십 년간의 고군분투한 개발 성과가 무너질 수 있다고 전망했다. Stephane Hallegatte, Mook Bangalore, Laura Bonzanigo, Marianne Fay, Tamaro Kane, Ulf Narloch, Julie Rozenberg, David Treguer, and Adrien Vogt-Schil, Shock Waves: Managing the Impacts of Climate Change on Poverty, World Bank Group, 2016

34. 설문조사 기간 당시에는 바이든이 사퇴하기 전이었다.

35. 실업률의 상승은 사람들이 일자리를 찾기 위해 더 많이 나서면서 발생한 것이지, 사람들이 일자리를 잃어서 발생한 것은 아니다. 노동 참여율, 즉 일할 수 있는 나이의 사람들이 취업 중이거나 일자리를 찾고 있는 비율은 62.7%로, 2024년 6월의 62.6%에서 증가했다. 참여율이 증가하지 않았더라면 실업률은 4.1%에 머물렀을 것으로 보인다.

36. 2024년 7월의 일자리 증가는 의료 부문에서 5만 5천 개, 건설 부문에서 2만

5천 개, 여가 및 접대 산업에서 2만 3천 개가 추가되었다. 반면, 정보 부문은 2만 개의 일자리를 잃었다. 일자리 증가 둔화는 허리케인 베릴의 영향일 수도 있다. 허리케인은 2024년 7월 8일 텍사스에 상륙했으며, 이는 노동부가 고용 통계를 수집하는 주 초기에 해당한다. 노동부는 2024년 7월의 전국 고용 및 실업 데이터에는 "식별 가능한 영향이 없다"고 밝혔으나, 많은 경제학자들은 이를 의심하고 있다. 예컨대 제프리스의 경제학자 토머스 사이먼스는 휴스턴 지역에서 100만 명 이상의 고객이 전력 공급 중단을 겪었고, 폭풍 후에는 텍사스에서 실업 보험 청구 건수의 주간 지표가 눈에 띄게 증가했다고 지적한다. 반면 노동부는 2024년 7월 동안 날씨로 인해 일할 수 없었던 인원이 46만 1천 명이라고 발표했고, 지난 10년간 자료에서 매년 7월의 날씨로 인해 일하지 못한 평균 인원은 3만 7천 명 정도로 발표했었다. 2024년 8월의 일자리 수치는 이러한 폭풍 효과가 사라지면서 반등할 가능성이 있어 보인다.

37. Jason Douglas Follow와 Rebecca Feng, Feared in the West, China's Manufacturers Struggle at Home, 2024. 7.21

38. 중국 전체 중장기 대출 잔액에서 제조업이 차지하는 비중이 2019년만 해도 5%에 그쳤지만 2023년 29%로 치솟은 배경에는 '제조 강국 전략'이 있다.

39. 중국의 재무 안전성 지표인 3가지 레드라인은 부동산 개발업체가 준수해야 하는 금융 안정성 기준으로 부동산 개발업체들이 과도한 부채를 지지 않도록 하고, 재무 건전성을 유지하기 위해 설정된 규제다. 첫째, 부채 비율 레드라인(Debt Ratio Red Line)은 부동산 개발업체의 총 부채가 총 자산의 일정 비율을 초과하지 않도록 설정된 기준이다. 둘째, 단기 부채 비율 레드라인(Short-term Debt Ratio Red Line)은 단기 부채가 총 부채의 일정 비율을 초과하지 않도록 설정된 기준으로, 개발업체가 장기적인 재무 계획을 세우고 단기 부채의 비율을 관리하도록 해 유동성 문제를 방지하기 위함이다. 셋째, 부

채 서비스 비율 레드라인(Debt Service Ratio Red Line)은 개발업체가 부채 상환을 위해 사용하는 자금의 비율을 제한하는 기준이다. 개발업체가 자산을 활용해 적절히 부채를 상환할 수 있도록 보장하며, 부채 상환 부담이 과도하게 커지지 않도록 하기 위함이다.

40. 시마오의 전 감사인인 프라이스워터하우스쿠퍼스(PwC)조차도 몰랐던 사실이며, PwC는 2022년 3월에 시마오의 감사직에서 사임했다.

41. Brian Spegele, Rebecca Feng, Trillions in Hidden Debt Drove China's Growth. Now It Threatens Its Future, Wall Street Journal, 2024. 7. 14

42. 2021년 중국의 부동산 거품이 터지면서 주택 판매가 급감하고 가격이 하락했다. 민간 개발업체들은 지방 정부로부터 토지를 구매하는 데 관심을 보이지 않았기 때문에 9개의 '지방정부융자기구(LGFV)' 중 하나인 동청이 대신 나섰다. 동청은 빌린 자금을 사용해 대규모 토지를 구매하고 정부의 재정을 보충하면서, 동청의 자회사들이 2022년 이후 새로 개발된 지역에서 판매된 토지의 67%를 구매한 것으로 나타났다.

43. 2023년 말에 중국 재무부는 리우저우의 부채 문제를 공개적으로 비판하며 8명의 시 도시 지도자와 '지방정부융자기구(LGFV)' 경영진을 문책했었다. 전 시장의 체포 외에도 동청의 전 회장이 뇌물 수수 혐의로 기소되었다. 하지만 이러한 감시에도 불구하고, 2024년 리우저우의 '지방정부융자기구(LGFV)'들은 6억 4,700만 달러 규모의 9개 채권 발행을 허가받았다.

44. Forbes Advisor. Over 75% Of Consumers Are Concerned About Misinformation From Artificial Intelligence

45. https://www.accenture.com/us-en/case-studiesnew/artificial-intelligence/evolving-financial-services

46. Ketherine Haan, 24 Top AI Statistics And Trends In 2024, Forbes Advisor, 2024. 7. 15

47. National Association of Manufacturers, NAM manufacturers' outlook survey: Second quarter 2023, June 7, 2023.
48. Paul Wellener, Kate Hardin, Stephen Gold, and Stephen Laaper, Meeting the challenge of supply chain disruption, Deloitte Insights, September 21, 2022.
49. AI 모델과 새로운 결제 방식에서도 토큰화라는 과정을 사용하는데, 이는 Web3.0의 토큰화와는 관련이 없다.
50. AI에서의 토큰화에 대한 자세한 설명은 McKinsey Company의 'How does tokenization work in AI?, 2024년 7월 보고서를 참고하기 바란다.
51. 토큰화가 이러한 과정을 가능하게 하는 방법은 먼저 LLM에 입력 텍스트가 제공되면, 텍스트를 토큰으로 분해한다. 이어 각 토큰에는 고유한 숫자 식별 코드가 할당되며, 이 식별 코드는 LLM에 다시 입력되어 처리된다. 특정 LLM 모델은 토큰 간의 관계를 학습하고, 학습된 패턴을 기반으로 응답을 생성하는 것이다.
52. Anutosh Banerjee, Julian Sevillano, and Matt Higginson, From ripples to waves: The transformational power of tokenizing assets, June 20, 2024
53. '사이드카(Sidecar)'는 선물시장의 변동성으로 현물시장의 혼란이 발생할 때 이를 방지하기 위한 제도다. 즉 만일 주식 선물 가격이 떨어지면 현물 매도 물량이 급증해 현물 시장도 급락할 위험이 있으므로 이때 선물 및 현물의 프로그램 매매를 5분간 중지시켜 시장을 냉각시킬 목적으로 발동된다. '사이드카'는 선물가격이 전일 종가 대비 코스피 5%, 코스닥 6% 이상 급등락하는 상황이 1분 이상 지속될 때 거래 시스템에 의해 자동으로 발동되며, 5분이 지나면 해제된다. 한편 '서킷 브레이커(Circuit Breaker)'는 거래소에서 거래를 일시적으로 중단하는 비상용 조치다. 증시가 급격한 불확실성(지나친 긍

정적 평가) 등으로 인해 패닉에 의한 매도(매수) 행위가 발생해 주가 급락(급등) 사태가 발생할 때 이를 억제하기 위해 시도한다. 이런 조치는 개별 증권뿐만 아니라 S&P 500과 시장 지수에도 일반적으로 사용된다. 서킷 브레이커는 전 세계 거래소에서 가격이 미리 정의된 수준에 도달하면 자동으로 거래를 중단하도록 프로그램되어 있다. 1987년 10월 미국에서 사상 최악의 주가 대폭락사태인 블랙먼데이(Black Monday) 이후 주식시장의 붕괴를 막기 위해 처음으로 도입된 제도이다. 우리나라는 한국증권거래소가 하루에 움직일 수 있는 주식의 가격 제한폭이 지난 1998년 12월 종전 상하 12%에서 상하 15%로 확대되면서 손실 위험이 더 커진 투자자를 보호하기 위해 도입했다. 코스닥시장에는 2001년 10월 15일 도입되었는데, 현물주식과 선물옵션의 모든 거래를 중단시키는 현물 서킷브레이커는 종합주가지수가 전일에 비해 10% 이상 하락한 상태가 1분 이상 지속되는 경우 모든 주식거래를 20분간 중단시킨다. 서킷브레이커가 발동되면 30분 경과 후에 매매가 재개되는데 처음 20분 동안은 모든 종목의 호가접수 및 매매거래가 중단되고, 나머지 10분 동안은 새로 호가를 접수해 단일가격으로 처리한다. 선물 서킷브레이크는 선물·옵션시장에서 선물가격이 상하 5%, 괴리율이 상하 3%인 상태가 1분간 지속되면 5분간 매매를 중단하고, 10분간 호가를 접수해 단일가격으로 처리한다. 주식시장 개장 5분 후부터 장이 끝나기 40분 전인 오후 2시 20분까지 발동할 수 있고, 하루에 한 번만 발동할 수 있다. 한 번 발동한 후에는 요건이 충족되어도 다시 발동할 수 없다.

54. 구체적인 미시적 경제 지표 값들은 지난번 전망과 같이 전적으로 저자가 판단해 정리한 것임을 밝혀둔다. 이들 경제지표들의 구체적 수치와 값들은 다양한 글로벌 주요 기관들과 투자은행 및 연구소들의 전망치를 참고로 해 저자의 직관에 의존해 기술한 것들이다. 숫자의 개념보다 그 방향성에 주목했으면 한다.

55. 2023년의 2024년 경제대예측 전망 시나리오와 현재 경제 상황과 비교 및 2025년 대전망과 차이를 확인하고자 할 경우 부록 자료를 참고하기 바란다.
56. 2024년 11월 5일 치러질 미 대선을 앞두고 실시되는 각종 여론 조사 결과는 주요 여론 조사기관 및 대상, 그리고 시의적 이슈들로 인해 매우 가변적이다. 하지만 이 책을 집필하는 당시 나름 유력한 여론조사 결과는 매사추세츠대학교 애머스트 캠퍼스에서 2024년 7월 29일부터 8월 1일까지 실시한 여론조사 결과를 인용했다. 이 조사에 따르면, 지난 2024년 1월에 비해 대통령 선거에서 7p의 변화가 있었다. 이번 조사에서 도널드 트럼프 전 대통령이 조 바이든 대통령에 대해 4p 앞서던 것이, 카멀라 해리스 부통령이 민주당 대선 후보가 된 직후 트럼프를 3p 앞서는 결과로 나타났다. 더구나 〈뉴욕 타임스〉의 2024년 8월 6일 기사에 따르면, 모두 9개 설문조사기관의 설문조사에서 카멀라 해리스가 도널드 트럼프 전 대통령을 3p 이상 앞서는 것으로 조사되었으며, 이 기사가 나온 시점을 기준으로 카멀라 해리스 후보가 도널드 트럼프 전 대통령을 앞서기 시작한 것으로 분석되었다.
57. 박성하 차장·조주연·오태희·김형지 과장 외 2인, BOK 이슈노트, 조사국 동향분석팀, 한국은행, 2023. 7. 24

■ 독자 여러분의 소중한 원고를 기다립니다

메이트북스는 독자 여러분이 소중한 원고를 기다리고 있습니다. 집필을 끝냈거나 집필중인 원고가 있으신 분은 khg0109@hanmail.net으로 원고의 간단한 기획의도와 개요, 연락처 등과 함께 보내주시면 최대한 빨리 검토한 후에 연락드리겠습니다. 머뭇거리지 마시고 언제라도 메이트북스의 문을 두드리시면 반갑게 맞이하겠습니다.

■ 메이트북스 SNS는 보물창고입니다

메이트북스 홈페이지 matebooks.co.kr

홈페이지에 회원가입을 하시면 신속한 도서정보 및 출간도서에는 없는 미공개 원고를 보실 수 있습니다.

메이트북스 유튜브 bit.ly/2qXrcUb

활발하게 업로드되는 저자의 인터뷰, 책 소개 동영상을 통해 책에서는 접할 수 없었던 입체적인 정보들을 경험하실 수 있습니다.

메이트북스 블로그 blog.naver.com/1n1media

1분 전문가 칼럼, 화제의 책, 화제의 동영상 등 독자 여러분을 위해 다양한 콘텐츠를 매일 올리고 있습니다.

메이트북스 네이버 포스트 post.naver.com/1n1media

도서 내용을 재구성해 만든 블로그형, 카드뉴스형 포스트를 통해 유익하고 통찰력 있는 정보들을 경험하실 수 있습니다.

STEP 1. 네이버 검색창 옆의 카메라 모양 아이콘을 누르세요.   STEP 2. 스마트렌즈를 통해 각 QR코드를 스캔하시면 됩니다.
STEP 3. 팝업창을 누르시면 메이트북스의 SNS가 나옵니다.